사도행전 1

# 누가 이 세상을 변화시킬 것인가?

박정근

사도행전 1
누가 이 세상을 변화시킬 것인가?

초판 1쇄 발행 2009년 10월 5일

지은이 | 박정근
펴낸이 | 정종현
펴낸곳 | 도서출판 누가
편집 | 아트엘
제작 | 이영목

등록번호 | 제20-342호
등록일자 | 2000. 8. 30
서울시 동작구 상도2동 186-7
전화 | (02)826-8802  팩스 | (02)825-0079

정가 12,000원
ISBN 978-89-92735-28-5

파본은 교환해 드립니다.
이 출판물은 저작권법에 의해 보호를 받는
저작물이므로 무단 복제할 수 없습니다.
독자의 의견을 기다립니다
lukevision@hanmail.net

# CONTENTS

## 차례
### 서문

**1 누가 이 세상을 변화시킬 것인가?** 행1:1~11 ······ 10
하나님의 왕국을 설명하러 오신 예수
해받으러 오신 예수
신앙의 체험을 가지라
참증인이 돼라
구체적인 증거의 삶을 살라

**2 어떻게 하나님의 능력을 덧입을 것인가?** ······ 36
행1:12~26
자신의 잘못을 뉘우치는 자
집중해서 기도하는 자
마음을 바꾸는 자

**3 교회가 처음 시작되던 날** 행2:1~13 ······ 58
교회는 무엇인가?
교회의 성격 – 바람
교회의 성격 – 불
교회의 성격 – 방언

**4 성령 충만한 자들의 할 일** 행2:14~22 ······ 80
예언
비전
꿈

**5 성령 충만의 주체 – 예수 그리스도** 행2:22~36 ······ 102
예수님의 삶
예수님의 죽음
예수님의 부활

## 6 이 세대에서 구원받기 위하여 행2:37~41 ......... 126
하나님의 말씀을 받아들이라
하나님의 말씀에 나를 맡기라
하나님의 말씀으로 나를 바꾸라

## 7 교회 – 영혼의 보금자리 행2:42~47 ......... 150
배우는 교회
사랑하는 교회
예배하는 교회
선교하는 교회

## 8 교회 – 무엇을 세상에 줄 것인가? 행3:1~10 ......... 172
올바른 진단
올바른 해결책-영적 관심
올바른 해결책-예수님을 체험
올바른 해결책-예수님과의 교제

## 9 기적 같은 삶을 사는 법 행3:12~26 ......... 194
능력은 오직 하나님께만
올바른 믿음을
회개하고 돌이키라

## 10 종교 생활과 신앙생활의 차이 행4:1~12 ......... 216
종교 생활의 특징-잘못된 교리
종교 생활의 특징-이기주의
신앙생활의 특징-부활의 능력을 체험하며 사는 삶
신앙생활의 특징-예수님의 삶을 기초로 삼는 삶

## 11 성령 충만한 삶의 특징 행4:13~20 ········ 238
세상을 이기는 담대함
하나님 앞에서
부름 받은 삶

## 12 성령의 역사를 일으키는 기도 행4:21~31 ········ 260
하나님의 뜻
기도의 대상
기도의 대상-창조의 하나님
기도의 대상-계시의 하나님
기도의 대상-역사의 하나님
올바른 내용

## 13 은혜 받은 자의 특징 행4:32~35 ········ 282
하나 되기
믿음에 행함이
이기심이 사라진다

## 14 격려의 사람을 찾습니다 행4:36~37 ········ 302
이웃의 필요를 먼저 채우라
이웃을 믿으라
이웃을 목적으로 바라보라
넘어진 자를 일으켜 세우라

## 15 죽음의 가면 행5:1~11 ········ 322
하나님보다 사람을 더 의식하는 죄
거짓의 죄
하나님을 만홀히 여기는 죄악

## 16 그리스도인의 위상 행5:12~32 ········ 344
하나님의 능력을 나타내는 삶
증거하는 삶
온전한 순종의 삶

# 서문*

　역사는 중요하다. 한 개인이나 사회가 살아 온 발자취를 연구하면 그들이 잘했던 일을 본받을 수 있고 또한 그들이 실수했던 잘못을 되풀이하지 않을 수 있기 때문이다. 그래서 인류는 끊임없이 역사를 공부하는지도 모른다. 감사하게도 하나님은 이 땅에 교회를 세우실 때의 모습을 상세하게 기록해 놓으셨다. 사도행전에는 성령의 강림과 더불어 어떻게 이 땅에 교회가 탄생했으며 처음 세워진 초대 교회의 구조와 모습은 물론 초대교회 성도들의 활동들이 상세히 기록되어 있다. 예루살렘에서 시작된 선교가 사마리아를 거쳐 어떻게 로마까지 도달하였는지 그리고 그 선교를 위해 교회지도자들과 성도들이 어떻게 헌신하였는지 모든 기록들이 가감 없이 기록되어 있다. 오늘날 교회가 이 소중한 역사를 소유하고 있는 것은 큰 축복이 아닐 수 없다. 만일 이 역사의 기록이 없었다면 오늘 교회는 방향의 상실과 더불어 수많은 시행착오를 거듭하였을지도 모를 일이다.

　오늘 교회와 성도들은 이 사도행전의 렌즈에 자신의 모습을 조명해 볼 필요가 있다. 하나님이 이 땅에 세우셨던 교회의 모습과 오늘 우리의 모습 사이에 상이한 간격은 없는지, 지도자와 평신도 할 것 없이 모두 사역자가 되어 한 마음으로 복음을 전하던 초대교회의 열정을 우리가 제대로 계승하고 있는지, 또한 자신의 집을 기꺼이 모임 장소로 내어 놓아 집에서 함께 교제하며 말씀을 나누며 서로를 위해 기도하던 그 사랑을 이어받고 있는지 우리는 돌아보아야 한다.

    나는 약 2년이라는 짧지 않은 세월 동안 이 소중한 역사의 기록들을 오늘 우리의 삶에 조명해 보고자 사도행전 전체를 매 주일 강단에서 설교하였다. 그 동안 부족한 설교를 매 시간 열린 마음으로 들어주며 아낌없는 기도와 사랑으로 성원해 준 성도들에게 감사의 마음을 전한다. 실패든 성공이든 역사를 통해 교훈을 배우는 자는 지혜로운 자이다. 이 졸저가 하나님이 기뻐하시는 교회를 이루고자 하는 모든 이들에게 유익한 교훈이 되기를 소원한다.

    이 땅의 모든 교회가 아름다워지기를 바라며 박 정근.

# 1

누가 이 세상을
::  변화시킬 것인가? ::

사도행전 1 | 제 1 장

# 누가 이 세상을
# 변화시킬 것인가?

데오빌로여 내가 먼저 쓴 글에는 무릇 예수의 행하시며 가르치시기를 시작하심부터 그의 택하신 사도들에게 성령으로 명하시고 승천하신 날까지의 일을 기록하였노라 해받으신 후에 또한 저희에게 확실한 많은 증거로 친히 사심을 나타내사 사십 일 동안 저희에게 보이시며 하나님 나라의 일을 말씀하시니라 사도와 같이 모이사 저희에게 분부하여 가라사대 예루살렘을 떠나지 말고 내게 들은 바 아버지의 약속하신 것을 기다리라 요한은 물로 세례/침례를 베풀었으나 너희는 몇 날이 못 되어 성령으로 세례/침례를 받으리라 하셨느니라 저희가 모였을 때에 예수께 묻자와 가로되 주께서 이스라엘 나라를 회복하심이 이때니이까 하니 가라사대 때와 기한은 아버지께서 자기의 권한에 두셨으니 너희의 알 바 아니요 오직 성령이 너희에게 임하시면 너희가 권능을 받고 예루살렘과 온 유대와 사마리아와 땅 끝까지 이르러 내 증인이 되리라 하시니라 이 말씀을 마치시고 저희 보는 데서 올리워 가시니 구름이 저를 가리워 보이지 않게 하더라 올라가실 때에 제자들이 자세히 하늘을 쳐다보고 있는데 흰 옷 입은 두 사람이 저희 곁에 서서 가로되 갈릴리 사람들아 어찌하여 서서 하늘을 쳐다보느냐 너희 가운데서 하늘로 올리우신 이 예수는 하늘로 가심을 본 그대로 오시리라 하였느니라

행 1:1~11

*사람은 누구나* 역사관을 가지고 살아갑니다. 유식하게 '관' 하니까 배운 사람들만 역사관을 갖고 살아가는 것 같습니다만, 사실 모든 인간은 자기 나름대로의 역사관을 가지고 있습니다. 그 대표적인 것을 몇 가지로 나누어 볼 수 있는데 첫 번째가 '반복 사관'입니다. 학자들이 이야기하기를 지구의 역사는 끊임없이 반복된다고 말합니다. 대부분의 한국 사람들이 바로 이러한 사관을 무의식적으로 마음속에 품고 살아갑니다. '설마 내가······.' 하는 생각을 할지 몰라도 우리는 불교 문화권 안에 살고 있기 때문에 어쩔 수 없는 것 같습니다.

그래서 어떤 고통이나 조그마한 어려움이 오게 되면 우리가 늘 하는 이야기가 있습니다.

"아이고, 내가 전생에 무슨 죄를 지어서 이 모양인가?"

또는 "우리 조상들이 무슨 죄를 지었는가?"

아니면 "조상을 잘 모셔야 한다. 묘자리를 잘 써야 한다"라고 합니다. 왜 그렇습니까? 조상의 기운이 내게 미쳐서 반복적으로 어떤 역사가 일어난다는 반복 사관을 가지고 있기 때문에 그렇습니다.

나이 드신 분들이 1970년대 가수 조영남이 부른 '돌고 도는 물레방아 인생'이라는 노래를 좋아했던 이유도 우리 마음속에 반복 사관이 은연중에 자리 잡고 있기 때문입니다.

또 하나의 역사관은 '숙명 사관'을 들 수 있습니다. 인류나 개인의 역사는 이미 태어날 때부터 다 정해져 있다는 것입니다. 그러니까 아무리 노력해 봐야 소용없다고 생각합니다. 그래서 시집간 딸이 구박받고 돌아오면 "아이고, 네 팔자가 왜 그 모양이냐?" 하고 친정엄마가 딸을 붙들고 웁니다.

또 조금이라도 안 좋은 일이 있으면 "오늘의 재수가 왜 이러는가?" 하면서 재수를 운운합니다. '재수(財數)'라는 말을 국어사전에서 찾아보면 '재물이 생기거나 좋은 일이 있을 운수'라고 나옵니다. 우리 한국 사람들은 운수에 관심이 무척 많습니다. 그래서 '오늘의 운수가 어떠한가?' 새해가 되면 '올해 닭띠의 운수는 어떠할까?' 궁금히 생각하며 한 해의 운세를 봅니다. 운수(運數)란, 숙명으로 당하는 행복과 불행을 말합니다. '이미 정해져 있어 인간의 힘으로는 어쩔 수 없는 천운'입니다. 내가 어떻게 할 수 있는 것이 아니고, 하늘의 명으로 내게 다가오는 행복과 불행입니다. 그것을 우리가 그저 미리 알고자 하는 것이며, 내 운명은 이미 다 정해져 있다고 생각합니다.

또 한 가지 역사관이 있습니다. 오늘날 동서양을 막론하여 현대인들 마음속에 자리 잡고 있는 것 중 하나가 '진화론적인 사관'입니다. 이것은 인류의 역사나 개인의 삶이 진화론의 원칙에 의해 이루어진다고 믿는 것입니다. 인류 역사는 과거부터 현재까지 발전되어 왔고, 앞으로도 계속 발전해 갈 것입니다. 그래서 언젠가 이 땅에는 계속된 발전의 결과로 말미암아 유토피아, 지상 낙원을 이루게 될 것이라고 믿는 주장입니다. 그 대표적인 사람이 '앨빈 토플러(Alvin Toffler)'입니다. 아주 유명한 '미래의 충격(Future shock)'이라는 책을 쓴 사람입니다. 이 책이 세계 베스트셀러 중의 베스트셀러가 된 이유는 무엇입니까? 진화론적 사관이 우리 마음속에 자리 잡고 있기 때문이 아닐까요?

읽어 보신 분이 많겠습니다만, 이 책의 내용을 보면 아주 재미있습니다. 예를 들면 이렇습니다. 우리가 지금 일주일에 5일, 6일 직장에 나가서 고생을 하지 않습니까? 직장 상사의 눈치를 봐야 하고, 스트레스도 정말 많이 받습니다.

그런데 이제 얼마 안 있으면 어떤 세상이 오는가? 우리가 출근할 필요 없습니다. 집에 모니터 하나만 설치해 놓으면 됩니다. 모든 직장 일을 컴퓨터로 대신하게 되고, 시간은 넉넉하게 남아돌 것입니다. 그리고 웬만한 잡무는 로봇이 대신 해 줍니다. 아침에 일어나면 밥이 다 되어 있습니다. 반찬도 다 준비되어 있고, 아침에 일어나면 알람 시계 대신 "주인님, 일어나시옵소서." 그것도 듣기가 싫으면 "마마! 기상하실 시간이옵니다" 이렇게 입맛대로 녹음해 놓으면 됩니다.

기술은 이미 다 완료되어 있습니다. 문제는 가격이 다운되지 않아서 우리가 쓰지 못하고 있을 뿐입니다. 그러나 얼마 남지 않았습니다. 웬만한 병은 다 극복되어서 인간의 평균 수명이 150세 정도로 높아질 전망입니다. 과학자들은 2,050년에 120세를 평균 수명으로 보고 있습니다.

특별히 가족 제도가 많이 달라질 것입니다. 여자 분들이 아기 낳느라고 많이 애쓰고 있는데 이젠 그럴 필요가 없습니다. 아이가 필요하면 농장에 가서 강아지 한 마리 사 오듯 아기 농장에 가서 내 마음에 드는 것으로 구입하면 됩니다.

'그래도 내 몸으로 직접 낳아야지!' 그러면 정자 은행에 가서 기르고 싶은 아이를 선택하면 됩니다. 어떤 하나의 정자를 택해서 내 난자와 컴퓨터로 조합을 미리 해 봅니다. 이 아이의 5살 때의 모습, 20살 때의 모습을 봅니다. '아, 너무 마음에 들어.' 그런데 45살 때의 모습을 보니까 대머리가 됩니다. '아, 이건 아니다.' 그래서 다른 정자를 선택합니다.

코는 얼마나 오뚝하고, 키는 얼마나 되고, 이런 모든 것을 선택해서 사람들이 아이를 갖게 될 것이라는 이야기입니다. 이미 기술은 다 되어 있지만, 윤리적인 문제 때문에 실행하지 못하고 있을 뿐입니다. 우리는 지금 이렇게 엄청난 과학의 홍수 속에 살고 있습니다.

앨빈 토플러는 그 책에서 우리의 지상 낙원이 얼마 남지 않았다고 주장합니다. 그러나 그가 책을 내놓은지 한 세대도 지나가기 전에 그는 자신의 책의 내용을 바꾸어야만 했습니다. 그의 책의 내용을 수정해서 제2편을 내놓은 것이 무엇입니까? 바로 '제 3의 물결(The third wave)'이라는 놀라운 책입니다. 거기서 그는 '유토피아'라는 말을 '프랙토피아(practopia)'라는 말로 바꿉니다. 이 '프랙토피아'는 'practical utopia', 그러니까 '실제적인 유토피아'라는 뜻입니다. 앞에서 이야기한 그것은 좀 너무 심했다. 아무리 과학이 발달되어도 그렇지, 우리에게 고통과 근심과 슬픔은 없어질 수가 없다.' 그래서 프랙토피아를 주장했습니다.

그러나 과연 이 땅에 우리의 노력으로 유토피아나 프랙토피아가 찾아올 수 있을까요? 그 책이 나올 때만 해도 수많은 사람들이 거기에 흥분했습니다. 그래서 뜨거운 반응을 보였습니다. 그런 날이 올 때가 멀지 않았다고, 우리의 죽음도 극복할 날이 곧 올 것이라고! 그러나 그 책이 나온 지 십여 년이 지나가면서 모두가 그 책이 사실이 아닐지도 모른다는 불안감을 갖게 되었습니다. 왜 그렇습니까? 현실은 그렇지 않기 때문입니다.

그렇다면 성경이 말하는 역사관은 무엇일까요? 하나님은 우리가 어떤 역사관을 갖기를 원하실까요? 그것은 다름 아닌 '섭리 사관'입니다. 이것은 그리스도인은 누구나 꼭 알아야 하는 신학적인 용어입니다. 외우시면 좋습니다. 우리가 믿는 것은 바로 섭리 사관입니다. 이것은 다른 말로 '수직적인 사관이다' 이렇게도 이야기합니다. 모든 역사는 하나님의 섭리에 의해서 움직인다는 주장입니다.

오늘날 과학자들이 내놓은 가장 설득력 있는 이론은 빅뱅 이론입니다. 이 세상이 어떻게 탄생되었는가? 빅뱅(Big Bang)에 의해 탄생되었다는 것입니다. 저는 이 빅뱅 이론을 여러분이 잘 알아들을 수 있도록 아주 기가 막힌 단어로 번역을 해 보았습니다. 바로 '꽝 이론' 입니다. '꽝 이론' 이 무엇입니까? 빅뱅! 뭔가 대폭발이 하나 '꽝!' 하고 일어났습니다. 그래서 지구가 생겼고, 우주가 생겼습니다. '꽝!' 한 번 더 했더니 아메바가 생겼고, '꽝!' 한 번 더 했더니 아메바가 충격을 받아서 생물체가 되었습니다. 계속 뱀도 되고, 원숭이도 되고, 우리도 된 것입니다. 믿으실 분은 믿으셔도 괜찮습니다. 그러나 그렇게 믿으시면 우리 인생이 '꽝!'으로 끝날 것은 분명합니다.

성경이 말하는 것은 이 세상이 빅뱅에 의해서 생겨난 것도 아니고, 창조하신 분이 있다는 것입니다. 어떤 절대자 한 분이 이 세상을 만드셨을 뿐만 아니라, 지금도 이 역사를 그분이 다스리고 계신다고 이야기합니다. 이것을 우리는 '섭리 사관' 이라고 부릅니다.

본문 1절을 보십시오.

> 데오빌로여 내가 먼저 쓴 글에는 무릇 예수의 행하시며 가르치시기를 시작하심부터 (행 1:1)

'내가 먼저 쓴 글' 이 무엇입니까? 누가복음입니다. 누가는 누가복음과 사도행전을 썼습니다. 4복음서는 신약 성경의 3분의 2에 해당하는 분량입니다. 3분의 2의 그 긴 분량을 누가는 지금 두 단어로 요약해 주고 있습니다. 바로 예수 그리스도의 가르치심과 행하심입니다.

어떻게 복음서의 그 많은 내용을 감히 예수님의 행하심과 가르치심으로 요약할 수 있습니까? 왜 그분의 가르치심과 행하심이 그렇게도 중요합니까? 그것은 예수님이 단순한 인간이 아니시기 때문에 그렇습니다. 그분이 누구이십니까? 복음서는 그분이 바로 이 땅을 만드신 하나님이시라고 설명합니다.

신앙은 여기에서부터 출발합니다. 교회는 대충 다니는 것이 아닙니다. 성경의 내용을 좀 더 자세히 들여다보시기 바랍니다. 예수님 자신이 복음서에서 주장하셨습니다. 그리고 수많은 예수님의 제자들에 의해서 우리에게까지 전파되었습니다. 예수님이 누구이신가? 그분은 비록 허술한 마구간에서 태어나셨고, 인간의 몸을 입고 이 땅에 오셨지만, 바로 이 우주를 창조하신 창조주 하나님이시라고 성경은 이야기합니다.

## 하나님의 왕국을 설명하러 오신 예수

\*

복음서에서 왜 하나님께서 인간의 몸을 입고 이 땅에 오셔야만 했는가를 말씀하고 있습니다. 그분이 왜 이 땅에 오셨습니까? 가르치기 위해서 오셨습니다. 그리고 어떤 일을 행하시기 위해서 오셨습니다. 그렇다면 그분은 도대체 무엇을 가르쳐 주시기 위해서 이 땅에 오셨어야만 했습니까? 그 가르치신 사실을 누가는 3절에서 한 단어로 이렇게 표현하고 있습니다.

> 해받으신 후에 또한 저희에게 확실한 많은 증거로 친히 사심을 나타내사 사십 일 동안 저희에게 보이시며 하나님 나라의 일을 말씀하시니라 (행 1:3)

여기서 '하나님 나라'는 헬라어 '바실레이아'인데, 이것을 좀 더 정확한 번역으로 말하면 '왕국', 즉 'The Kingdom of God'입니다. 그런데 왕국이라는 것은 왕이 있어야 합니다. 왕이 지배하는 지역이 왕국입니다.

예수님은 바로 우리에게 하나님의 왕국에 대해서 가르치기를 원하셨던 것입니다. 즉 예수님이 이 땅 위에 오셔서 한 일과 가르침은 한 가지로 요약할 수 있습니다. 그는 이 땅에 하나님의 왕국을 설명하러 오신 것입니다. 이 땅에는 주인이 있다는 뜻입니다.

우리가 보기에는 역사가 저절로 반복되는 것 같습니다. 숙명에 의해 우연히 움직이는 것 같고, 우리 노력으로 화려하게 조금씩 조금씩 진화되는 것 같습니다. 그래서 언젠가는 이 땅에 우리 힘으로 낙원을 이룰 수 있을 것처럼 보입니다. 그러나 아닙니다. 이 모든 역사에는 주인이 있습니다. 그 주인은 지금도 이 땅을 다스리고 계시다는 사실을 가르치시기 위해 하나님이 인간의 몸을 입고 이 땅에 오셨습니다.

우리는 이 사실을 깨달아야 합니다. 그리스도인이란 올바른 역사관을 가진 사람입니다. 하나님께서 인간의 몸을 입고 이 땅에 오셨다는 이 사실이 얼마나 엄청난 사건입니까? 하나님이 무슨 일을 하려고 이 땅에 오셨습니까? 단 하나입니다. "얘들아, 속지 말라. 역사는 반복되는 것이 아니다. 숙명에 의해서 던져진 역사가 아니다. 이 역사에는 주인이 있는데, 바로 내가 주인이다. 내가 이 나라를 다스릴 것이다. 지금은 죄악이 관영하는 것처럼 보여도 언젠가는 내가 하나님의 나라, 하나님의 왕국을 건설할 것이다." 이것이 예수님의 가르치심입니다.

## 해받으러 오신 예수

*

두 번째로 복음서에 나타나 있는 예수님께서 하신 일은 무엇입니까? 그것은 쉽게 이렇게 표현할 수 있습니다. 우리로 하여금 하나님 나라에 들어가도록 하기 위해, 해받으시기 위해 오셨다는 것입니다.

3절을 다시 한 번 보겠습니다. 3절은 굉장히 중요합니다.

> 해받으신 후에 또한 저희에게 확실한 많은 증거로 친히 사심을 나타내사 사십 일 동안 저희에게 보이시며 하나님 나라의 일을 말씀하시니라 (행 1:3)

'해받으신 후에' 예수님의 고난을 한 단어로 잘 표현해 주고 있습니다. 예수님께서 가르치려고 하신 것은 이것입니다. 인류에게 가장 필요한 것이 무엇인가? 과학의 발달이 아니라, 바로 죄의 문제를 해결하는 것입니다. 과학이 발달했는데도 불구하고 오늘날 많은 사람들이 일말의 불안감을 갖고 있습니다. 평균 수명이 늘어나고 있는데도 불구하고 이 땅에 유토피아가 우리의 힘으로 이루어지지 않을지도 모른다는 불안감인 것입니다. 왜 그렇습니까? 이 세상을 보십시오. 과학이 발달해서 살기도 좋아졌습니다. 그러나 사람들은 고통 속으로 점점 더 빠져들고 있습니다.

앞으로는 가족 제도가 형편없이 무너질 것입니다. 그래도 우리 세대는 5형제, 6형제가 한방에서 이불 하나를 가지고 서로 차지하기 위해 전쟁하다시피 몸을 맞대고 부대끼며 살았습니다. 지금은 각기 침대에서 자랍니다. 부모와 얼굴을 맞대지 않아도 얼마든지 자랄 수 있습니다. 컴퓨터만 갖고 삽니다. TV만 갖고 삽니다. 그 세대들 남녀가 서로 만나 앞으로 이어 갈 결혼 생활을 한번 상상해 보셨습니까? 범죄의 질은 또 얼마나 악해져 있습니까? 과학의 발달이 무조건 좋은 것일까요? 죄의 문제를 회개하지 않은 과학의 발달은 오히려 더 악랄한 죄악을 이 땅에 탄생시킬 뿐입니다.

　예수님은 바로 이 문제를 지적하시는 것입니다. 과학이 죄의 문제를 해결할 수 없고, 문명이 죄악의 문제를 척결할 수 없다고 말씀하십니다. 그래서 사람들은 갈수록 자기를 사랑하며, 돈을 사랑하며, 자긍하며, 교만하며, 훼방하며, 부모를 거역하며, 감사치 아니하며, 거룩하지 아니하며, 무정하며, 원통함을 풀지 아니하며, 참소하며, 절제하지 못하며, 사나우며, 선한 것을 좋아 아니하며, 배반하여 팔며, 조급하며, 자고하며, 쾌락을 사랑하기를 하나님 사랑하는 것보다 더하게 될 것이라고 성경은 디모데 후서에서 이미 예언하고 있습니다(딤후 3:2~4).

　수많은 사람들이 노력해 보았습니다. 종교로 도를 닦아도 보았습니다. 그러나 이 죄의 문제는 해결되지 않았습니다. 생각다 못한 하나님께서 인간의 몸을 입고 이 땅에 오셔서 이 죄의 문제를 해결하시고자 하셨습니다. 이것이 예수님께서 하신 일입니다.

　예수님이 이 땅에 오셔서 무슨 일을 했는가? 많은 사람들은 예수님이 병 고쳤다고 이야기합니다. '그러니까 우리도 병 고쳐야 된다! 내 병도 한번 나아 보자.' 그래서 병 고치는 교회에 사람들이 많이 모여듭니다. '나도 복 받아 보자.' 그래서 축복을 강조하는 교회로 사람들이 모여듭니다. 예수님이 우리의 수명을 2, 3년 더 늘려 주시기 위해서 이 땅에 오셨습니까? 우리에게 물질 축복 주려고 이 땅에 오셨습니까? 정말 그렇다면 하나님은 말씀 한 마디로도 얼마든지 그 일을 하실 수 있는 분이십니다. 단지 그런 일을 하시러 오셨다면 굳이 하나님께서 인간의 몸을 입고 이 땅에 오실 필요가 없었습니다. 피를 흘리실 이유도 없었습니다. 그렇습니다. 예수님은 그 일을 위해서 오시지 않았다고 성경은 이야기합니다. 실망하셨습니까?

마가복음 10장 45절에서 예수님께서 이렇게 친히 말씀하십니다.

> 인자의 온 것은 섬김을 받으려 함이 아니라 도리어 섬기려 하고 자기 목숨을 많은 사람의 대속물로 주려 함이니라 (막 10:45)

대속(redemption), 즉 누군가가 죽어야 합니다. 내가 마땅히 죽어야 할 형편에 있었는데 누가 나 대신 죽어 준 것입니다. 죄의 문제는 내 노력으로 해결할 수 없습니다. 과학으로 우리 죄의 문제를 해결할 수 없습니다. 멸망으로 치닫는 인류! 나를 구원하시기 위해서 하나님이 인간의 몸을 입고 이 땅에 오셔서 해받으셨습니다. 십자가에서 물과 피를 다 흘리셨습니다.

예수님이 무슨 일을 하러 이 땅에 오셨습니까? 우리를 구원하시러 이 땅에 오셨습니다. 바로 이 사실을 확증하기 위해서 오신 것입니다. 3절을 다시 잘 들여다보면 바로 그 내용입니다.

이 세상에는 주인이 있습니다. 그리고 이 세상에는 구원의 방법이 단 하나밖에 없습니다. "내가 곧 길이요." 내가 이 세상에 하나밖에 없는 길이라고 하신 그 말씀의 선포가 진리입니다. 이것이 진리임을 하나님은 무엇으로 확증하셨습니까? 그것은 바로 부활입니다.

비교 종교학을 공부해 보면 너무나 비슷한 것이 많습니다. 기독교와 불교를 비교해 보아도 그렇습니다. 우리가 사랑을 전합니다. 그렇다면 불교에는 사랑이 없습니까? 사랑이 있습니다. 불교 믿는 사람은 설교를 안 듣습니까? 아니요. 설교를 듣습니다. 그 설교 시간에 병이 안 낫습니까? 병이 낫습니다. 설교 시간에 그들도 눈물을 흘립니다. 삶이 변하는 사람도 있습니다. 그리고 불교도들도 기도합니다.

그러나 다른 모든 종교가 기독교를 흉내 낼 수 있다 해도 한 가지 못 하는 것이 있습니다. 그것이 무엇인지 아십니까? 바로 부활입니다. 그 어느 종교의 경전에도 부활에 대한 언급은 없습니다. 4대 성인의 무덤이 다 지금 차 있어도 예수님의 무덤만은 비어 있습니다. 예수 그리스도께서 친히 살아나셔서 자신이 하나님의 아들이심을 만방에 선포하셨습니다. 사도 바울은 로마서 1장 4절에서 바로 이것을 우리에게 가르쳐 주고 있습니다.

> 성결의 영으로는 죽은 가운데서 부활하여 능력으로 하나님의 아들로 인정되셨으니 곧 우리 주 예수 그리스도시니라 (롬 1:4)

나사로의 부활을 이야기하는 것이 아닙니다. 수넴 여인의 아들이 살아난 정도를 이야기하는 것이 아닙니다(왕하 4:34, 35). 부활은 지금까지 그 어느 누구에게도 일어나지 않았습니다. 그들은 부활한 것이 아니라 소생했던 것입니다. 그렇기 때문에 그들이 살아났어도 나중에 다시 죽었습니다. 오직 예수님만이 진실로 지금까지 부활한 줄 믿습니다. 이 살아나심을 통해서, 완벽한 몸을 가지시며 우리에게 40일 동안 수많은 증거로 보여 주심을 통해서 자신의 가르치심과 자신의 일이 진리라는 사실을 가르쳐 주셨습니다.

예수님의 메시지가 무엇입니까? "얘들아, 이 세상을 어떻게 변화시킬 수 있는 줄 아니? 과학으로 되는 것이 아니다. 도를 닦는다고 되는 것이 아니다. 선행을 많이 한다고 되는 것이 아니다. 이 세상의 변화는 오직 내가 해야 한다. 내가 할 것이다."

누가 이 세상을 변화시킬 수 있습니까? 예수님만이 하실 수 있습니다. 그런데 한 가지 문제가 생겼습니다. 예수님이 이 세상을 계속 변화시키려면 부활하신 다음 우리와 함께 사셔야 하는데 훌쩍 가 버리셨다는 사실입니다. 'Bye-bye!' 하고 그냥 올라가 버리셨습니다. 그럼, 끝난 겁니까? 아니요. 사도행전 1장은 놀라운 이야기를 우리에게 선포합니다. 하나님이 이 세상을 홀로 변화시킬 수 있는, 하나님만이 하실 수 있는 이 변화 계획의 일을 누군가에게 맡기셨다고 말씀하십니다. 8절을 봅시다.

> 오직 성령이 너희에게 임하시면 너희가 권능을 받고 예루살렘과 온 유대와 사마리아와 땅 끝까지 이르러 내 증인이 되리라 하시니라
> (행 1:8)

무슨 말씀입니까? 이제는 이 세상을 누가 변화시킬 수 있다는 것입니까? 바로 우리가 할 수 있다는 것입니다. 하나님은 이러한 엄청난 사명을 우리에게 맡기셨습니다. "이 말의 증인이 돼라." 어디까지입니까? 땅 끝까지입니다. "내가 변화를 시작했으니 이제 나머지는 너희가 바통을 받아서 이 세상을 변화시켜야 한다"라고 말씀하셨습니다. 이 세상의 운명이 우리에게 달려 있다는 것입니다.

대통령에게 달린 것이 아니고, 정치가들에게 달린 것이 아닙니다. 과학자들에게 달린 것이 아니고, 철학가들에게 달린 것이 아닙니다. 이 세상의 운명이 바로 우리에게 달려 있다고 예수님은 말씀하십니다.

그러나 교회를 보십시오. 지금 우리는 이 사명을 잘 감당하고 있습니까? 교회는 과연 이 임무에 충실하고 있습니까? 아니요! 솔직히 이야기해서 우리 교회는 세상을 구원하고 변화시키기는커녕 오히려 세상의

지탄을 받고 있습니다. 왜 그렇습니까? 그 이유는 단 하나입니다. 우리가 증인 되지 못했기 때문입니다. 우리가 증인 노릇을 제대로 하지 못하고 있기 때문에 오늘 이 세상이 변하지 않고 있다고 예수님은 질책하십니다.

예수님은 우리에게 증인의 삶을 살라고 말씀하셨습니다. 우리가 어떻게 이 세상을 변화시킬 수 있을까요? 어떻게 하면 하나님이 원하시는 하나님의 증인이 될 수 있을까요?

## 신앙의 체험을 가지라

\*

먼저, 이 세상을 변화시키기 위해서는 우리가 신앙의 체험을 가져야 합니다. 누가는 특별히 이 증인이라는 단어를 잘 설명하고 있습니다. 증인이 무엇인가? 증인은 전파자가 아닙니다. 이것이 우리가 오해하고 있는 부분입니다. 증인은 선전하는 사람이 아닙니다. 증인이라는 말을 가장 쉽게 정리하면 이것은 내가 직접 보고, 듣고, 체험한 것을 다른 사람들에게 전해 주는 사랑을 말합니다.

예를 들면 이런 것입니다.

아침에 교회 오다가 어느 사거리에서 교통사고를 목격했습니다. 소나타와 그랜저가 정면충돌을 했습니다. 아, 그 차에 가족들이 다 타고 있었는데 아이 하나가 창문을 뚫고 나오더니 '핑~!' 하고 50미터를 날아가는 것입니다. 그러더니 건너편 차 창문을 뚫고 운전수 품에 탁 안겼습니다. 그 아이는 살아났지만 나머지 가족들은 다 죽었습니다.

그러면 어떻게 하십니까? '아, 사고 났구나.' 그리고 그냥 예배드립니까? '아, 이 예배가 언제 끝나나? 이 이야기를 얼른 사람들에게 해줘야 될 텐데……' 그렇죠? 예배 끝나자마자 그냥 사람들을 붙들고 "내가 봤는데 말이지. 아, 글쎄, 아이가……." 50m라 그러겠습니까? "100m를 날아가더니 말이지……" 하면서 더 보탭니다.

그 이야기를 오늘만 하겠습니까? 아마 만나는 사람마다 다 이야기할 것입니다. 한 달, 두 달, 아니면 평생 그 이야기를 할지도 모릅니다. 그런데 그 이야기를 전해 들은 사람은 어떻습니까? 별로입니다. 좀 놀라기는 하겠지만 다음에 이야기할 때 현실감이 떨어집니다. "내가 들었는데 말이야……." 그다음 사람은 "내가 전해 들었는데……." 이러면 사람들이 들으려고 하지도 않습니다. 무슨 말씀입니까?

오늘날 한국 교회 문제가 무엇인지 아십니까? 죄송하지만 교회 안에 신앙의 체험이 없는 자들이 너무 많다는 것입니다. 그리스도를 직접 만난 경험이 없는 사람들이 너무나 교회 안에 많다는 것입니다. 이것은 심각한 문제입니다. 그 결과 입으로는 전파할지 몰라도 참증인은 없습니다. 그저 들은 이야기를 염불 외듯이 읊습니다. 아무런 감격이 없습니다.

이 세상이 변화되지 않는 이유가 무엇입니까? 증인이 없기 때문입니다. 너무나 많은 교인들이, 교회 안에 있는 사람들이 신앙의 체험이 없습니다. 하나님의 나라가 무엇인지, 예수님이 누구신지 알지 못합니다. 하나님을 만난 체험도 없습니다. 그리스도를 만난 체험도 없습니다. 주님과 동행하는 삶의 경험이 전혀 없습니다. 그저 무미건조합니다. 밖에 나가서 증거하기는커녕 내가 교인임을 숨기고 싶을 뿐입니다.

그러나 사도 바울을 보십시오. 사도 바울은 다메섹 도상에서 예수 그리스도를 만난 경험을 세 번씩이나 이야기했습니다. 여러분에게 이러한 신앙의 체험이 있습니까? 기독교는 체험의 종교입니다. 살아 계신 하나님을 내 생활에서 체험하는 것입니다.

저에게는 이 주일 설교가 어렵고 소중하지만, 설교가 끝난 후 집에 돌아와 아내와 아이들에게 내 삶으로 본을 보이는 일이 더 중요하고 어렵습니다. 왠지 아십니까? 설교는 제가 체험하지 않고도 저의 웅변술로 얼마든지 멋있게 할 수 있습니다. 그러나 삶은 되지 않습니다. 아이들은 속일 수 없습니다. 내 아내는 속일 수 없습니다. 멋있게 설교하지만 제가 하나님을 체험하지 않고는 집에서 자녀를 교육시킬 방법이 없는 것입니다. 그들에게 예수를 증거할 방법이 없다는 것입니다. 저는 이 사실을 깨닫고 난 다음 하나님 앞에 무릎 꿇기 시작했습니다. "주여, 아이들을 변화시키기 전에 먼저 저를 변화시켜 주십시오."

우리는 이제 이러한 질문을 할 때가 되었습니다. 우리는 과연 하나님을 체험하며 살아가고 있는가? 하나님에 대해 증거할 그 무엇이 남아 있는가? 이론이 아닌, 학설이 아닌, 그리스도에 대해 내가 보고 만지고 체험한 그 무엇을 증거하고 있는가?

사도 요한은 자신의 증거의 이유와 모습을 이렇게 설명했습니다.

> 태초부터 있는 생명의 말씀에 관하여는 우리가 들은 바요 눈으로 본 바요 주목하고 우리 손으로 만진 바라 이 생명이 나타내신바 된지라 이 영원한 생명을 우리가 보았고 증거하여 너희에게 전하노니 이는 아버지와 함께 계시다가 우리에게 나타내신바 된 자니라 우리가 보고 들은 바를 너희에게도 전함은 너희로 우리와 사귐이 있게 하려 함이니 우리의 사귐은 아버지와 그 아들 예수 그리스도와 함께함이라
> (요일 1:1~3)

당신은 예수님을 만나 본 적이 있습니까?

"구원받았습니까?"

"예, 목사님."

아니요. 정말 그리스도를 만나 보셨습니까? 이 땅을 만드신 하나님께서는 우리를 너무나도 사랑하셔서 내 죄를 대신하시기 위해 십자가에 달려 물과 피를 다 흘리셨습니다. "얘야, 내가 너를 사랑한다. 나에게 오라. 돌아오라." 그 넓은 하나님의 품에 당신의 인생을 맡기시며 안겨 보신 적이 있습니까?

누가 이 세상을 변화시킬 수 있습니까? 누가 내 자녀를 변화시키고, 누가 내 직장을 변화시킬 수 있을까요? 증인만이 할 수 있습니다. 누가 증인이 될 수 있습니까? 하나님을 만난 신앙의 체험이 있는 사람이 증인의 삶을 살 수 있습니다. 이러한 체험이 저와 여러분에게 충만하기를 원합니다.

## 참증인이 돼라

\*

두 번째, 우리가 어떻게 이 세상을 변화시키는 참증인이 될 수 있습니까? 성령의 권능을 받은 자입니다. 4절을 보십시오.

> 사도와 같이 모이사 저희에게 분부하여 가라사대 예루살렘을 떠나지 말고 내게 들은 바 아버지의 약속하신 것을 기다리라 (행 1:4)

아버지가 약속하신 것이 무엇이기에 기다리라고 하셨을까요? 왜 기다리라고 하셨을까요? 이 말을 쉬운 말로 말하면 "너희가 만일 이것을 받지 않고 세상에 나아가 증인 노릇 한다면 큰소리치고 뛰어 봐야 다 실패할 거다. 너희가 증인이 되려면 이것만은 받아야 한다. 아버지가 약속하신 것이다." 그것이 무엇입니까? 성령님이십니다. 그래서 8절에 "오직 성령이 너희에게 임하시면" 이렇게 말씀하신 것입니다.

한국말 성경은 '오직' 이라고 번역해 놓았는데, 이것은 좀 안타까운 번역입니다. 이 '알 라' 라고 하는 헬라어를 한국말 성경은 약 90%를 다 '오직' 으로 번역해 놓았습니다. 지금 줄을 그으시고 '그러나' 라고 고치십시오. '표준 새 번역', '우리말 성경' 등에는 다 이렇게 되어 있습니다. 앞으로 이런 번역본이 더 많이 나올 것입니다. 과감하게 고치십시오. 성경을 더럽게 하셔도 괜찮습니다. '더러운 성경은 영혼을 깨끗하게 하고, 깨끗한 성경은 영혼을 더럽게 만듭니다.' 제가 한 말이 아니고 디엘 무디(D. L. Moody) 선생이 한 말씀입니다.

'그러나 성령이 너희에게 임하시면' 입니다. 지금 이 8절 말씀이 어떤 문맥 가운데서 나왔습니까? 지금 제자들의 관심이 무엇입니까? 예수님께서 하나님 나라에 대해서 가르치시니까 제자들은 이렇게 묻습니다.

> 저희가 모였을 때에 예수께 묻자와 가로되 주께서 이스라엘 나라를 회복하심이 이 때니이까 하니 (행 1:6)

'이제 예수님이 하나님의 나라를 말씀하시니까 이때에 이루시겠구나.'

"이때입니까, 저때입니까?" 사람들은 때에 관심이 많습니다. 그랬더니 예수님께서는 거기에 대해서 두 가지 대답을 하십니다. 하나는 부정적인 대답이요, 하나는 긍정적인 대답입니다. 부정적인 대답이 7절에 기록되어 있습니다.

> 가라사대 때와 기한은 아버지께서 자기의 권한에 두셨으니 너희의 알
> 바 아니요 (행 1:7)

때는 우리가 알 바 아니라고 하셨습니다. "너희가 관심을 가져야 할 바는 때와 기한이 아니다. 너희가 관심을 가져야 할 바는 너희가 성령을 받아 증인이 되는 것이다. 참증인이 되는 일에 너희의 온 관심을 다 쏟아라." 그러면서 증인이 되기 위한 요건을 어떻게 설명하십니까?

> 오직 성령이 너희에게 임하시면 너희가 권능을 받고 예루살렘과 온
> 유대와 사마리아와 땅 끝까지 이르러 내 증인이 되리라 하시니라
> (행 1:8)

"성령이 너희에게 임하시면" 원인입니다. 그럼, 결과는 무엇입니까? "너희가 권능을 받고" 권능을 받는 것이 다시 원인이 되면 그 결과가 무엇입니까? 무엇이 됩니까? "예루살렘과 온 유대와 사마리아와 땅 끝까지 이르러 내 증인이 되리라."

3단 논법입니다. 자세히 보십시오. 예수님 말씀이 얼마나 논리적이신지 모릅니다. 증인이 되려고 하면 반드시 권능을 받아야 하고, 권능을 받으려면 성령님을 체험해야 한다는 것입니다. 한국 교인들이 이 말씀을 또 얼마나 오해하는지 모릅니다.

'성령' 그리고 '권능' 그러면 우리 마음에 퍼뜩 생각나는 것이 무엇입니까? '불! 할렐루야!' 그리고 방언이 터지고 신유의 은사가 일어납니다. 그래서 어느 기도원 원장이 유명하다 그러면 그곳에 떼로 몰려가서 어떻게 해서라도 기어코 안수 한 번 받으려고 애씁니다.

성령의 권능이 그러한 것들입니까? 방언 터지게 하는 것이 성령의

권능입니까? 아닙니다. 오늘 여기서 말씀하시는 성령의 권능이 무엇인지 알기를 원합니까? 하나님께서 성령을 이 땅에 왜 보내셨는지 그 목적을 알면 됩니다. 성령께서 이 땅에 오신 목적을 분명히 알 때 권능을 이해할 수 있습니다. 그 목적을 이해하기 위해 요한복음 14장을 한번 보겠습니다.

> 내가 아버지께 구하겠으니 그가 또 다른 보혜사를 너희에게 주사 영원토록 너희와 함께 있게 하시리니 저는 진리의 영이라 세상은 능히 저를 받지 못하나니 이는 저를 보지도 못하고 알지도 못함이라 그러나 너희는 저를 아나니 저는 너희와 함께 거하심이요 또 너희 속에 계시겠음이라 (요 14:16, 17)

'또 다른 보혜사를' 이라고 말씀하셨으니 예수님 자신도 보혜사시라는 이야기입니다.

> 보혜사 곧 아버지께서 내 이름으로 보내실 성령 그가 너희에게 모든 것을 가르치시고 내가 너희에게 말한 모든 것을 생각나게 하시리라 (요 14:26)

잘 보십시오. 하나님께서 성령님을 왜 보내 주셨습니까? 병 고치라고 주신 것이 아닙니다. 방언하라고 주신 것이 아닙니다. 예수님께서 이 땅에 가르치신 그 진리를 우리가 잘 깨닫게 하기 위해서입니다. 가르치시기 위해서입니다. 예수님이 우리에게 가르치신 진리들을 다시 한 번 생각나게 하기 위해서 성령님을 주셨다는 것입니다.

그러므로 성령의 권능은 무엇을 말합니까? '두나미스' 다이나마이트와 같은 성령의 파워는 어떤 것입니까? 병 고치는 것이 아닙니다. 방언하는 것이 아닙니다. 성령의 능력은 예수 그리스도의 가르침을 잘 이해하는 것입니다. 예수님의 말씀을 잘 깨닫는 능력, 그 말씀을 깨달아서 환난과 핍박에도 불구하고 내 모든 삶을 다 포기하고서라도 증거의 삶을 살기로 작정하는 사람, 그가 바로 성령의 권능을 받은 사람입니다.

> 나의 달려갈 길과 주 예수께 받은 사명 곧 하나님의 은혜의 복음 증거하는 일을 마치려 함에는 나의 생명을 조금도 귀한 것으로 여기지 아니하노라 (행 20:24)

사도 바울은 고백하기를 성령의 권능을 받아서 은혜의 복음을 증거하는 일을 마치려 함에는 자신의 생명을 조금도 귀한 것으로 여기지 아니한다고 했습니다. 우리가 어떻게 증인의 삶을 살 수 있습니까? 예수님이 가르치신 하나님의 말씀을 우리 마음판에 새겨서 삶에 하나하나 써 내려 갈 때 우리는 성령의 권능을 받아 증거의 삶을 살게 됩니다. 우리가 어떻게 이 세상을 변화시키는 증인의 삶을 살 수 있습니까? 신앙을 체험해야 합니다. 성령의 권능을 받아야 합니다.

## 구체적인 증거의 삶을 살라

\*

마지막 세 번째로 가르쳐 주는 바는 구체적인 증거의 삶을 살아야 한다는 것입니다. 사도행전 1장 8절은 사도행전의 요절이므로 외우는 것이 좋습니다. "오직 성령이 너희에게 임하시면 너희가 권능을 받고 예루살렘과 온 유대와 사마리아와 땅끝까지 이르러 내 증인이 되리라 하시니라." 여기 보면 주동사가 두 개 나옵니다.

하나는 '권능을 받고' 입니다. 우리나라 단어는 두 개로 되어 있지만 한 단어입니다. 그다음에는 '증인이 되리라' 이렇게 주동사가 두 개입니다. 그다음에는 지명이 네 개가 나옵니다. 쓸데없는 지명을 여기에 넣은 것일까요? 아닙니다. 놀랍게도 '예루살렘과 온 유대와 사마리아와 땅 끝' 이것은 사도행전의 구조 그대로입니다.

사도행전 1장부터 8장까지는 예루살렘에서 복음이 전해집니다. 그다음 온 유대에 전해집니다. 그리고 13장부터는 사마리아와 땅 끝까지 복음이 전해집니다. 왜 예수님이 명령을 주시며 이 지명들을 언급하셨습니까? 그것은 그들이 살고 있는 구체적인 지명을 언급하심으로 우리가 어떻게 세상을 변화시킬 수 있는가? 그 방법을 말씀하고 계신 것입니다. 세상을 변화시킬 수 있는 방법은 지금 현재 내가 처한 이 세상에서 구체적인 증거의 삶을 오늘부터 사는 것입니다.

세계를 품는 것, 좋습니다. 멀리 나가 선교하는 것 역시 우리가 해야 하는 일입니다. 그러나 그와 동시에 어디서부터 선교가 이루어져야 합니까? 땅 끝도 가야 하지만, 예수님은 예루살렘부터라고 말씀하십니다. 그러므로 우리는 선교의 삶을 내 가정에서부터 이루어 나가야 합니다. 오늘 한국 교인은 이 순서를 바꾸었습니다. 왜 그렇습니까? 복음을 전하기가 가장 어려운 곳이 바로 예루살렘이기 때문입니다. 예루살렘은 복음의 괴수, 복음의 두목이 십자가에 달려 죽은 곳입니다. 그러니 누가 믿겠습니까? 그러나 예수님은 말씀하십니다. "예루살렘부터 하라." 오늘 우리는 우리의 가정에서부터 증인이 되어야 합니다.

남편과 아내를 전도하는 것이 어려운 일임을 제가 너무나 잘 압니다. 자녀들에게 복음 전하는 것도 어려운 일임을 제가 알고 있습니다. 그러나 우리는 그것부터 해야 합니다. 왜입니까? 가정에서의 증거는 내 삶의 변화 없이는 되지 않기 때문입니다. 입으로 되는 것이 아니지 않습니까? 하나님은 이것을 원하십니다. 증인이 되는 일은 너희의 삶을 변화시킴부터 시작되어야 한다고 말씀하십니다. 언제 할까요? 내년에 할까요? 아니, 오늘부터 하라고 말씀하십니다. 내 주변에서부터 증거해야 합니다. 내 직장부터, 내가 처해 있는 친구들부터 구원해 내야 합니다.

"내가 증인이 되겠나이다." 우리의 결심을 주님 앞에 아뢰어 봅시다. 우리가 왜 기도합니까? 증인이 되기 위해서입니다. '내가 증인이 되겠나이다.' 우리의 결심을 하나님 앞에 표현해 봅시다. 우리 모두 증인이 됩시다. 교인이 아닌, 하나님이 원하시는 증인이 됩시다. 왜 우리가 이 말씀을 순종해야 합니까?

> 이 말씀을 마치시고 저희 보는 데서 올리워 가시니 구름이 저를 가리워 보이지 않게 하더라 (행 1:9)

예수님께서 우리에게 남기신 가장 마지막 유언은 바로 이 말씀이기 때문입니다. "얘들아, 제발 부탁한다. 증인이 되어 다오." 올라가시는 예수님을 제자들이 쳐다보고 있는데 천사 둘이 나타나서 이야기합니다.

> 올라가실 때에 제자들이 자세히 하늘을 쳐다보고 있는데 흰 옷 입은 두 사람이 저희 곁에 서서 가로되 갈릴리 사람들아 어찌하여 서서 하늘을 쳐다보느냐 너희 가운데서 하늘로 올리우신 이 예수는 하늘로 가심을 본 그대로 오시리라 하였느니라 (행 1:10, 11)

무슨 말씀일까요? 주님께서 장차 이 땅에 다시 오시는 날 우리를 심판하실 텐데 마지막으로 부탁하신 이 말씀을 우리가 어떻게 지켰는가? 그날 우리가 부끄럽지 않도록 하나님 앞에 증인의 삶을 살기로 다

짐하는 우리가 되기를 바랍니다.

마지막 질문을 드립니다. "당신은 증인입니까? 증인 되기 원하십니까?" 그렇다면 신앙의 체험을 하십시오. 그리스도를 만나시고 그리스도를 체험하십시오. 성령의 권능으로 말씀을 깨달으십시오. 그리고 내일이 아닌, 바로 오늘, 구체적인 증거의 삶을 사시기 바랍니다.

# 2

## 어떻게 하나님의 능력을 덧입을 것인가?

사도행전 1 | 제 2 장

# 어떻게 하나님의
# 능력을 덧입을 것인가?

제자들이 감람원이라 하는 산으로부터 예루살렘에 돌아오니 이 산은 예루살렘에서 가까워 안식일에 가기 알맞은 길이라 들어가 저희 유하는 다락에 올라가니 베드로, 요한, 야고보, 안드레와 빌립, 도마와 바돌로매, 마태와 및 알패오의 아들 야고보, 셀롯 인 시몬, 야고보의 아들 유다가 다 거기 있어 여자들과 예수의 모친 마리아와 예수의 아우들로 더불어 마음을 같이하여 전혀 기도에 힘쓰니라 모인 무리의 수가 한 일백이십 명이나 되더라 그 때에 베드로가 그 형제 가운데 일어서서 가로되 형제들아 성령이 다윗의 입을 의탁하사 예수 잡는 자들을 지로한 유다를 가리켜 미리 말씀하신 성경이 응하였으니 마땅하도다 이 사람이 본래 우리 수 가운데 참예하여 이 직무의 한 부분을 맡았던 자라(이 사람이 불의의 삯으로 밭을 사고 후에 몸이 곤두박질하여 배가 터져 창자가 다 흘러나온지라 이 일이 예루살렘에 사는 모든 사람에게 알게 되어 본 방언에 그 밭을 이르되 아겔다마라 하니 이는 피밭이라는 뜻이라) 시편에 기록하였으되 그의 거처로 황폐하게 하시며 거기 거하는 자가 없게 하소서 하였고 또 일렀으되 그 직분을 타인이 취하게 하소서 하였도다 이러하므로 요한의 세례/침례로부터 우리 가운데서 올리워 가신 날까지 주 예수께서 우리 가운데 출입하실 때에 항상 우리와 함께 다니던 사람 중에 하나를 세워 우리로 더불어 예수의 부활하심을 증거할 사람이 되게 하여야 하리라 하거늘 저희가 두 사람을 천하니 하나는 바사바라고도 하고 별명은 유스도라고 하는 요셉이요 하나는 맛디아라 저희가 기도하여 가로되 뭇사람의 마음을 아시는 주여 이 두 사람 중에 누가 주의 택하신 바 되어 봉사와 및 사도의 직무를 대신할 자를 보이시옵소서 유다는 이를 버리옵고 제 곳으로 갔나이다 하고 제비 뽑아 맛디아를 얻으니 저가 열한 사도의 수에 가입하니라

행 1:12~26

*우리 사람은 한 해 한 해 살아가면서 나이를 먹습니다. 나이를 먹는 것은 장단점이 있는 것 같은데, 단점은 역시 자꾸 늙어 간다는 것입니다. 제 나이가 아직 얼마 안 되는데 요즘 왜 자꾸 저에게 늙었다고 그러는지 모르겠습니다. 어제 어느 목사님이 입원하셔서 제가 심방을 갔습니다. 거기서 한참 이야기를 나누고 있는데 담당 의사 선생님께서 저를 보시며 누구시냐는 것입니다. 그런데 질문이 거기서 끝나지를 않고 "장인어른 되십니까?" 하는 것입니다. 의사 선생님이 사람들 앞에서 저에게 그런 상처를 다 주시다니요! 침례 병원 누구라고 이야기는 않겠지만, 제가 이름을 잘 기억해 놓았습니다.

그러나 나이가 들면서 좋은 점이 더 많은 것 같습니다. 사람이 나이가 들면 철이 듭니다. 그래서 저는 나이가 빨리 들고 싶을 때가 있습니다. '내가 이 나이에 이런 것들을 많이 깨닫게 되니 앞으로 나이를 더 먹으면 얼마나 더 많은 것들을 깨닫게 될까?' 이런 기대감이 저의 마음속에 가득합니다. 이렇게 사람이 나이를 먹고 연륜을 쌓게 되면 또 한 가

지 좋은 점이 있습니다. 그것은 조금은 머리를 숙일 줄 알게 된다는 점입니다. 젊었을 때는 내가 무엇이든지 다 할 수 있을 것으로 생각하지만, 막상 나이 들어 보면 그게 아닙니다. 건강도 내 힘으로 되지 않고, 사업도 내 능력으로 되는 게 아니고, 내가 이 땅에 살아 있는 것도 내 힘으로 살 수 있는 것이 아닙니다. 이것은 주위의 친구들을 하나 둘 떠나보내면서 느끼게 되는 일입니다.

지난 주간에도 우리는 우리 교회에 나온 지 4주밖에 안 된 새 가족 중 42세 되신 분의 장례를 치렀습니다. 아내도 없는데 딸 하나만을 남겨 놓고 이 세상을 떠났습니다. 제 마음이 얼마나 안타까웠는지 모릅니다. '내가 그에게 좀 더 분명한 복음을 전할 것을……!' 저는 아쉬운 후회로 인해 잠을 이루지 못했습니다.

신앙생활도 마찬가지인 것 같습니다. 처음에는 다 내가 중심입니다. 그저 내가 기도하고, 내가 노력하면 내 믿음이 저절로 성장할 것 같습니다. 그러나 신앙의 연륜이 쌓이게 되면 그것이 아님을 발견하게 됩니다. 그래서 우리 입에 하나님의 은혜를 자주 거론하게 됩니다.

사도 바울은 이렇게 이야기했습니다.

> 그러나 나의 나 된 것은 하나님의 은혜로 된 것이니 내게 주신 그의 은혜가 헛되지 아니하여 내가 모든 사도보다 더 많이 수고하였으나 내가 아니요 오직 나와 함께하신 하나님의 은혜로라 (고전 15:10)

이것이 신앙의 나이를 먹는 모습입니다. 올바로 나이를 먹은 것이지요. 우리 그리스도인들이란 어떤 사람들입니까? 내 힘으로 이 세상을 살아가는 사람들이 아닙니다. 그래서 신앙은 쉽기도 하고 어렵기도 하다고 말합니다. 내 힘으로 신앙생활을 하려고 하면 어렵고 불가능합니다. 그러나 주님이 주시는 능력으로 신앙생활을 하게 되면 너무나 쉽습니다. 이때는 교회에 죽도록 나와서 봉사해도 기쁩니다. 주님이 주시는 힘으로 살아가기 때문에 그렇습니다. 안 믿는 시어머니가 핍박하며 구박을 하여도 마음에 기쁨이 넘칩니다.

예수님께서는 사도행전 1장에서 제자들에게 엄청난 명령을 하십니다. "너희가 이제는 세상을 변화시켜라. 나는 떠난다. 너희가 증인이 되어 너희 가정을 변화시키고, 이웃을 변화시키고, 이 사회를 변화시켜라."

우리 자신도 변화시키지 못하고 있는데 어떻게 우리가 이 세상을 변화시킵니까? 어떻게 이 일을 할 수 있겠습니까? 그런데 주님은 한 가지 비결을 말씀해 주셨습니다. "얘들아, 이것은 너희의 힘으로 되지 않는다. 너희가 능력 받지 않고는 그 일을 행할 수가 없다. 그러니 예루살렘을 떠나지 말고 내가 너희들에게 능력을 부어 줄 때까지 기다려라."

12절에 보면 감람원이라는 곳에서 예수님이 승천하셨습니다. 제자들이 분부를 받은 후 예수님께서 승천하시고 곧장 예루살렘에 돌아와서 한 다락방에 모여 하나님께로부터 오는 능력을 기다립니다. 우리도 하나님의 능력을 받아서 하나님의 힘으로 남은 생을 살아가야 합니다.

우리는 하나님의 능력이 아니면 살 수 없는 사람들입니다. 신앙생활이라는 것은 내 힘으로는 불가능합니다. 그러나 하나님의 능력으로는 너무 쉬운 것입니다. 그러면 우리가 어떻게 하나님의 능력을 내 것으로 소유할 수 있습니까? 우리가 어떻게 하나님의 능력을 덧입을 수 있는가? 몇 가지 방법을 우리에게 제시해 주고 있습니다.

## 자신의 잘못을 뉘우치는 자

*

첫 번째 주님이 가르쳐 주신 방법은 자신의 잘못을 뉘우치며 살아야 한다고 말씀하십니다. 자신의 잘못을 뉘우치는 자에게 하나님은 자신의 능력을 내려 주십니다.

일찍이 소크라테스는 '반성하지 않는 인생은 살 가치가 없다' 라고 이야기했습니다. 저도 동의합니다. 그리스도인들 중에는 신앙생활을 완벽주의로 이해하는 사람들이 의외로 많습니다. 그래서 늘 남과 스스로에게 '하라! 하지 말라!' 이렇게 명령합니다. 겉으로 볼 때 이들의 삶엔 열매가 있는 것처럼 보입니다. 그러나 그 안을 들여다보면 거기에는 참 평안이 없습니다. 하나님이 주시는 풍성한 열매도 없습니다. 그 속마음은 늘 불안하고 초조합니다.

우리가 완벽주의로 신앙생활을 하려고 하면 나 자신과 남과 하나님과의 관계에서 세 가지 특징이 나타납니다. 첫 번째, 나와의 관계는 어떤 일이 일어나는가? 지극히 교만하게 되든지, 아니면 좌절하게 됩니다. 왜 그렇습니까? 완벽주의를 신앙생활 성공의 척도로 삼는 사람들은 자기가 조금이라도 뭔가 이루게 되면 굉장히 교만해집니다. "나를 보라!" 하면서 바리새인들이 그러했습니다. 그러나 자기가 설정한 그 기준에 도달하지 못하면 겉으로는 태연한 것 같아도 그 마음속 깊은 곳에는 절망이 자리 잡게 됩니다.

두 번째, 다른 사람과의 관계에서는 어떻습니까? 이러한 사람들은 남을 함부로 비판합니다. 늘 정죄하는 눈길을 보냅니다. 그 사람들 속에서 자라는 자녀들은 한 번도 인정을 받지 못합니다. 그래서 늘 일 중독에 걸리고 맙니다. 자녀들이 무슨 일을 해도 만족시킬 수 없으니까 계속해서 노력하고 또 노력하고 또 노력합니다. 이런 사람들은 사회에서 보면 얼핏 굉장히 성실한 사람으로 보입니다만, 주위에 있는 사람들에게 수많은 상처를 입히며 살아갑니다. 이것이 완벽주의와 율법을 통해서 하나님 은혜를 얻으려고 하는 자들의 특징입니다.

그리고 마지막, 하나님과의 관계에서는 늘 죄책감에 사로잡혀 살아갑니다. 외국 선교사들이 한국 교회에 오면 참 이해하지 못할 것이 있다고 합니다. 예배 시간에 좀 기쁘게 웃으면서 드리면 얼마나 좋습니까? 때로 우리가 울 수도 있습니다. 우리가 울어야 할 때는 울어야 합니다. 그런데 울어야 할 때 안 웁니다. 밖에서는 잘 웃으면서 이야기하다가도 교회 안에 들어왔다 하면 달라집니다. 기도만 하게 되면 '주여~!' 하면서 인상을 있는 대로 찌푸립니다. 마치 '죽여!' 하는 소리 같지 않습니까? 그러면서 운다 말입니다. 미국 선교사들이 곧잘 물어보는 질문입니다. "너희들은 왜 그러냐?" 그래서 제가 우리네 정서를 좀 설명해 주어야 할 때가 있습니다.

그것은 외식입니다. 하나님은 어떤 자에게 능력을 베푸시는가? 누가 하나님의 능력을 덧입을 수 있는가? 오늘 여기 본문에 모인 자들의 수가 한 120명 정도 된다고 했습니다.

> 모인 무리의 수가 한 일백이십 명이나 되더라 (행 1:15)

그중에 대표적인 사람들의 이름을 13절과 14절에서 말씀해 주고 있는데 13절을 보십시오.

> 들어가 저희 유하는 다락에 올라가니 베드로, 요한, 야고보, 안드레와

> 빌립, 도마와 바돌로매, 마태와 및 알패오의 아들 야고보, 셀롯인 시
> 몬, 야고보의 아들 유다가 다 거기 있어 (행 1:13절)

누가 하나님의 능력을 덧입기 위해 이 자리에 모였습니까? 사도 누가는 이 세상을 변화시킬 주역들이 어떤 사람들이라고 소개하고 있습니까? 제자들 중 제자, 위대한 사람들, 완벽한 사람들입니까? 과연 그렇습니까? 아니요! 우리가 잘 알 듯이 첫 번째로 등장하는 제자의 이름은 결코 완벽한 이름이 아니었습니다.

베드로! 세상을 변화시키는 주역이 되기 전에 그는 어떤 일을 행했던 사람입니까? 사랑하는 스승 예수님을 세 번씩이나 모른다고 부인했습니다. 그냥 부인한 정도가 아니라 그의 이름을 저주하며 부인했던 사람입니다. 이것이 가능한 일입니까? 이런 사람이 어떻게 예수님의 제자가 되어 세상을 변화시킬 수 있단 말입니까? 그러나 그는 능력 받기 위해 이곳에 모였다고 누가는 기록하고 있습니다. 세상을 변화시키는 주역이 되기 위해 이 자리에 있었다고 말합니다.

도마를 기억하십니까? 제자들이 예수님의 살아나심을 만나 보고 돌아왔습니다. 그래서 "우리가 봤다." 그러는데도 도마는 무엇이라고 말합니까? "나는 못 믿겠다. 내 손가락을 예수님의 그 손 못 자국에다 넣어 보지 않고는 못 믿겠다" 하면서 의심이 가득한 사람이었습니다.

그렇다고 이들의 신분이 고상했습니까? 이 가운데는 세리도 있었습니다. 오늘날 세리는 그렇지 않습니다만, 그 당시에는 '세금쟁이'라고 불렀습니다. 왜냐하면 세금을 거두어서 자기 나라를 정복한 로마에 갖다 바치기 때문입니다. 우리나라 일제 시대에도 세금쟁이처럼 괄시받는 직업이 또 없었습니다. 매국노였습니다. 예수님의 제자 가운데 그러한 세금쟁이가 여기에 있었다고 말씀합니다.

예수님의 아우들은 또 어땠습니까? 예수님이 메시아 되심을 완전히 부인하고 같은 형제이면서도 예수님을 향해서 정신 나간 것 같다고, 미친 사람이라고 이야기했던 사람들입니다. 이러한 사람들이 오늘 하나님의 능력을 받는 적합한 사람들이 되어서 이 자리에 모였다고 성경은 가르쳐 줍니다. 자격 면에서 볼 때 하나님의 능력을 덧입기에 합당치 못한 자들이 오늘 이 자리에 모인 것입니다. 그런데 하나님은 바로 이들을 통해서 이 세상을 변화시키기를 원하셨습니다. 이들이 완벽해서입니까? 결코 아닙니다. 그렇다면 하나님께서는 이들을 왜 사용하셨는가? 왜 이들에게 하나님의 능력을 덧입히셨는가? 그 이유는 단 하나입니다. 그들은 비록 과거에 실패했지만, 그들의 잘못을 돌이켰기 때문입니다.

하나님은 어떤 자를 사용하시는가? 완벽한 자를 사용하실까요? 아니요! 완벽한 자는 절대 사용치 않으십니다. 왜입니까? 사실 완벽한 자는 이 세상에 없기 때문입니다. 그런데 왜 완벽한 자라고 이야기합니까? 스스로 자신을 완벽하다고 믿는 것뿐입니다. 바리새인들이 그러했습니다. 하나님은 그러한 자를 사용하시지 않습니다. 하나님은 어떤 자를 사용하시는가? 통회하고 자복하는 심령을 가진 자들을 사용하십니다. 통회하는 자는 겸손합니다. 하나님의 은혜가 없으면 못 살기 때문에 하나님 은혜를 항상 갈급해합니다. 하나님은 바로 그러한 자에게 자신의 능력을 덧입히십니다.

다윗과 사울의 예를 보십시오. 다윗과 사울 중 누가 더 큰 죄를 지었습니까? 말할 것도 없이 다윗입니다. 사울의 죄를 손꼽아 보십시오. 어떤 죄를 지었습니까? 사울에 비하면 다윗은 간음을 행하고 살인을 행했습니다. 자기를 위해 목숨까지 바칠 듯한 부하의 아내를 빼앗고 그 사실을 숨기기 위해 그 남편을 죽였습니다. 용서받을 수 있는 죄입니까?

그런데 하나님은 다윗을 들어 쓰셨고, 사울은 버리셨습니다. 왜 그렇습니까? 다윗은 자신의 잘못을 뉘우치고 돌이켰습니다. 사울은 비록 경미한 죄를 지었지만 결코 돌이키지 않았습니다. 어떤 자를 하나님이 사용하십니까? 완벽한 자가 아닙니다. 하나님은 자신의 잘못을 깨닫고 뉘우칠 줄 아는 자를 들어 쓰십니다.

그래서 예수님은 이 사실을 가르쳐 주시기 위해 탕자의 비유를 말씀하셨습니다. 두 아들이 있었습니다. 맏아들은 너무나도 성실했습니다. 아버지 옆을 한 번도 떠나 본 적이 없습니다.

그러나 둘째 아들은 아버지의 유산을 미리 받아다가 멀리 가서 허랑방탕한 가운데 기생들과 술을 마시더니 그 유산을 다 탕진해 버렸습니다. 결국 거지가 되어 돌아왔습니다. 그런데 이 아버지는 누구를 환영했습니까? 둘째 아들을 환영했습니다.

맏아들이 잘못한 것 있습니까? 없습니다. 그러나 그 맏아들은 아버지를 향해 불평이 가득했습니다. "나를 위해서는 염소 새끼 한 마리 안 잡아 주시더니 저 타락한 동생을" 하면서 무시합니다. "저 나쁜 동생을 위해서는 잔치를 베풀어 주시다니, 그럴 수 있는가?" 불평에 가득 차 있었습니다. 예수님이 누구를 두고 이야기했습니까? 바로 바리새인을 두고 이야기하신 것입니다. 자신들은 하나님 앞에 잘못한 것이 없다는 것입니다. 깨끗하다는 것입니다. 완벽하다는 것입니다.

그러나 이 둘째 아들은 거지가 되었습니다. 그는 어떤 마음으로 돌아 왔습니까? "아버지여, 내가 당신의 아들 됨을 감당치 못하겠습니다. 나를 그저 머슴의 하나로만 받아주십시오." 그러자 아버지가 그에게 제일 좋은 옷을 내어다가 입히고 손에 가락지를 끼워 주었습니다. 아들의 신분을 회복시켜 주신 것을 뜻합니다. 그리고 신을 신겼습니다. 그뿐 아니라 살진 송아지를 잡고, 함께 먹고 즐겼습니다(눅 15:11~32).

하나님은 어떤 자에게 은혜를 베푸십니까? 어떠한 자들에게 당신의 능력을 흥하게 역사하십니까? 자신의 잘못을 깨닫고 돌이키는 자입니다. 혹시 이 자리에 과거의 어떤 잘못으로 인해 '나는 하나님의 능력을 덧입기에 합당치 않다' 라고 생각하시는 분이 있습니까? '나는 하나님의 능력을 덧입을 만큼 완벽하지 않은 과거를 가지고 있다' 라고 좌절하는 분이 있습니까?

그렇지 않습니다. 하나님은 과거를 묻지 않습니다. 하나님은 우리가 얼마나 큰 죄를 지었는가, 얼마나 많은 죄를 지었는가? 그것을 따지시는 분이 아닙니다. 하나님께서 단지 물으시는 하나의 질문은 '네가 그 잘못으로부터 돌이켰는가? 돌아섰는가? 그 잘못을 뉘우치고 내게로 향해 걸음을 옮기고 있는가?' 입니다.

하나님의 능력을 체험하기 원하십니까? 남은 생애 중 신앙생활을 승리하기를 원하십니까? 자녀와 가정을 정말 거룩하게 변화시키기를 원하는 주역들이 되고 싶습니까? 우리가 무슨 일을 했든 우리의 잘못을 하나님 앞에 뉘우치며 살아가시기를 바랍니다. 우리가 어떻게 하나님의 능력을 덧입을 수 있습니까? 뉘우치는 삶을 살아야 합니다.

## 집중해서 기도하는 자

\*

두 번째로 주님께서 가르쳐 주시는 방법은 하나님의 능력을 덧입기 위해 집중해서 기도해야 한다고 말씀하십니다.

여자들과 예수의 모친 마리아와 예수의 아우들로 더불어 마음을 같이 하여 전혀 기도에 힘쓰니라 (행 1:14)

"마음을 같이하여 전혀 기도에 힘쓰니라." 왜 성경은 하나님의 능력과 기도를 언제나 연관시키고 있을까요? '하나님의 능력', 그러면 반드시 기도가 뒤따라오기 때문입니다. 왜 그렇습니까? 우리가 기도에 대한 이해를 잘못하기 때문에 그렇습니다. 우리는 '기도' 그러면 늘 무엇으로 해석하는가 하면 '달라!' 그러는 요청으로만 해석합니다.

"하나님, 이것 주십시오."

"내 병 좀 낫게 해 주십시오."

"사업 잘되게 해 주십시오."

"우리 아들 대학에 뚝딱 들어가게 해 주십시오."

"저 못된 버릇 가진 남편 팍 거꾸러지게 하옵소서." 실지로 이렇게 기도하는 분들이 있습니다.

물론 그것도 하나의 기도입니다. 그러나 성경에 나오는 아홉 가지 기도의 단어들, 그 다양한 단어 가운데 가장 많이 나오는 단어는 '프로슈케어'라는 단어입니다. 그 단어는 기도의 의미를 보여 주는데 내가 거룩하신 하나님 아버지 앞에 나아가 그의 빛에 나를 비춰 보고 나를 교정하는 것을 말합니다. 이것이 기도의 의미입니다.

그래서 무디 선생님은 이 의미를 가지고 단적으로 어떻게 이야기했는가 하면 '기도란 하나님 앞에서 나를 조율시키는 것이다'라는 명언을 남겼습니다. 그렇다면 조율은 무엇입니까? 악기들이 여러 가지가 있지만, 튜닝(tuning)이 잘 안 되어 있으면 아무리 좋은 연주를 하려 해도 귀에 거슬립니다. 튜닝이 얼마나 어려운 것인지 저는 조금 압니다.

얼마 전에 제 아내가 문화회관에서 독주회를 했습니다. 피아노 조율사가 아침부터 일찍 나와서 조율을 이미 다 해 놓았습니다. 그런데 우리 집사람이 트집을 잡습니다. 전화를 해서 조율사를 오라 그러더니 요쪽 위의 소리가 너무 뭐라고 표현할까요? 표현도 제가 듣기에는 아주 애매합니다. 뭐, '음이 안 맞다, 맞다.' 이런 차원이 아닙니다. '너무 탁하다.' 그래서 맑게 해 놓으면 또 '너무 날카롭다' 그럽니다. 조율사가 아주 진땀을 뺍니다. 그래서 한참 사람을 고생시키고 나더니 '이젠 됐다' 라고 합니다. 조율이 그렇게 어려운 것입니다.

그때 깨달은 것이 있습니다. 조율이란 연주자가 가장 편하게 연주할 수 있도록 그 악기를 준비시켜 놓는 것, 이것이 조율입니다.

그러면 기도란 무엇입니까? 내가 하나님 앞에 무엇을 요구하는 것이 아닙니다. 하나님께서 나를 도구로 사용하실 수 있도록 내놓는 것입니다. 하나님께서 나를 통해 마음껏 역사하실 수 있도록 나의 부족한 것을 다 내놓고 조율하는 것입니다. 이러한 자에게 하나님께서 어떻게 역사하시지 않을 수 있겠습니까? 이렇게 조율된 자에게 어떻게 능력을 덧입혀 주시지 않겠습니까?

사람들이 약 120명 정도 모였습니다. 다 과거에 흠이 있던 자들입니다. 그러나 자기들의 잘못을 뉘우치고 하나님의 능력을 받아 이 세상을 변화시키는 주역들이 되기 위해 모였습니다. 그들이 모여서 무엇을 했습니까? 다른 것 하지 아니하고 그저 기도했다고 이야기합니다. 어떻게 기도했습니까? '더불어 마음을 같이하여', 이것이 굉장히 좋은 번역입니다. '더불어 마음을 같이하여' 단순히 한 장소에 모인 것이 아닙니다. 그저 같은 교회 교인이라는 이름으로 모여서 예배드린 것이 아닙니다. 한마음이 되어 기도했습니다. 무엇을 향한 한마음일까요? "주여, 우리가 세상의 증인이 되기를 원합니다. 저에게 능력을 덧입혀 주옵소서. 우리에게 능력을 주옵소서." 간절한 마음으로 기도한 것입니다.

두 번째로 어떻게 기도했는지 보니 '전혀 기도에 힘썼다.' 이것은 조금 안타까운 번역입니다. 반만 번역했습니다.

이 헬라어 '프로스카르테' 라고 하는 단어는 '굉장히 열심히 힘써 기도한다' 는 뜻입니다. '전혀 기도에 힘쓰니라.' 그러나 또 다른 의미로 '항상 인내하며 계속해서' 라는 뜻이 있습니다. 그래서 NIV 성경은 '지속적으로 (constantly)' 이렇게 번역을 했습니다. 끊이지 않고 기도했다는 뜻입니다. 우리가 하나님의 능력을 받는 기도, 나를 조율하는 작업은 어느 때 해야 하는가? 그저 10분 나와서 "아버지 하나님!" 기도하고 끝낼게 아니라는 것입니다. 항상 해야 합니다.

그래서 데살로니가 전서 5장 17절에서 사도 바울은 쉬지 말고 기도하라고 했습니다. '쉬지 말고' 라는 단어가 무엇입니까? 바로 '행잉 코프 (hanging cough)' 입니다. 목에 걸린 기침을 말합니다. 목에 기침이 딱 걸려 있으면 자칫 말 한 마디만 하려 해도 기침이 쿨럭 쿨럭 나옵니다.

그러면 우리가 어떻게 항상 기도할 수 있습니까? 쉬지 말고 어떻게 기도합니까? 운전하면서도 기도합니까? 그러다가는 사고 납니다. 이 이야기는 내가 항상 기도할 준비를 갖추고 있으라는 뜻입니다. 내 마음에 소원이 되어야 합니다. "주여, 내가 당신의 능력을 덧입기를 원합니다. 내가 당신의 도구가 되어 나를 조율하기를 원합니다. 주여, 역사해 주옵소서." 그래서 때로는 시간이 날 때 교회에 나와서 통성으로 목소리를 높여 기도합니다. 그러나 밥을 먹으면서도 그 소원이 떠오를 때마다 잠잠히 기도할 수 있는 것입니다. 길을 가면서도 기도합니다. 이렇게 쉬지 않고 기도하라는 것입니다.

우리가 어떻게 하나님의 능력을 덧입을 수 있습니까? 기도에 힘써야 할 줄 믿습니다. 저는 이 사실을 목회하면서 보고 있습니다. 새벽 기도 한 달 동안 약 300명 가까운 성도들이 이 자리에 나와 합심해서 기도했습니다. 많은 사람들이 자신의 기도의 요청을 내놓았습니다. 그런데 놀라운 사실이 있습니다. 처음에는 이들이 자신의 기도 요청이 이루어진 것을 기뻐하더니, 그다음에는 어떤 간증이 나오는가? 점차 기도 제목을 내놓은 사람들이 변화되는 것입니다.

그래서 중보 기도실을 확장했습니다. 중보 기도 회원들이 지금은 130명이나 됩니다. 남을 위해 기도하는 사람들입니다. 정해진 시간에 한 시간 동안 나와서 자기가 아닌 남을 위해 기도한다는 일이 그리 쉬운 것은 아닙니다. 그 1년 동안 계속 기도한 사람들은 지금 어떤 간증을 하는가?

"목사님, 제가 남을 위해 기도했는데 결국 알고 보니 그 유익이 다 저에게 돌아왔어요." 왜 그렇습니까? 기도하는 동안에 자신이 변화되었기 때문입니다. 하나님 앞에서 자동으로 조율이 된 것입니다.

기도해 보십시오. 하나님의 능력을 체험하게 될 것입니다. 우리가 어떻게 이 세상과 내 가정을 변화시키는 변화의 주역들이 될 수 있는가? 나의 잘못을 날마다 뉘우치는 삶을 살아야 합니다. 그리고 전혀 힘써 기도해야 합니다.

## 마음을 바꾸는 자

*

    마지막 세 번째, 가르쳐 주는 진리는 마음을 바꾸는 신앙생활을 해야 한다고 말씀합니다. 이것은 굉장히 중요한 말씀입니다.

    저는 '왜 120명에게 능력을 주는 이 장면에서 유다의 죽은 이야기를 이렇게 길게 늘어놓았을까? 창자가 터져 죽었다는 이야기가 능력과 무슨 상관이 있는가? 그리고 하나님은 왜 이 많은 구절을 통해서 유다 대신 맛디아를 뽑은 이야기를 기록하셨는가?' 굉장히 궁금했습니다. 그래서 기도하며 이 구절을 묵상하고 읽었습니다.

    하나님께서 저에게 그 이유를 가르쳐 주셨습니다. '유다' 그는 12제자 중 하나였습니다. 그런데 예수님을 배반하고 죽었기 때문에 이제는 한 사람을 더 뽑아야만 합니다. 예수님께서 말씀하시기를 천 년 왕국을 세우실 때 12사도에게 각각 권한을 주신다고 약속하셨습니다. 그래서 이 사람들이 기도하고 맛디아를 뽑은 이야기를 이 긴 이야기 속에 기록하고 있는 것입니다. 무슨 말씀을 하고 싶은 것일까요?

    유다는 왜 하나님의 능력을 결국 덧입지 못하고 멸망했단 말입니까? 맛디아는 누구며, 어떻게 12사도의 수에 가입되어 하나님의 능력을 덧입고 세상을 변화시키는 주역이 되었을까요? 그 이유가 무엇입니까? 도대체 두 사람의 차이가 무엇이란 말입니까? 그 차이는 바로 한 구절에 압축되어 있습니다.

> 저희가 기도하여 가로되 뭇사람의 마음을 아시는 주여 이 두 사람 중에 누가 주의 택하신바 되어 (행 1:24)

"뭇사람의 마음을 아시는 주여!" 무슨 이야기입니까? 유다가 왜 멸망했습니까? 그가 마음을 바꾸지 않고 신앙생활을 해 왔기 때문입니다.

유다 12제자 중 하나가 아닙니까? 그는 아마 능력이 탁월했던 것 같습니다. 머리도 굉장히 좋았을 것입니다. 판단력도 뛰어났고 계산에도 철저했던 사람이었던 같습니다. 그리고 신용도 있어 보입니다. 그러기에 회계를 맡지 않았겠습니까? 돈주머니를 유다가 관리했습니다. 누가 봐도 그는 존경받는 예수님의 12제자 중 하나였습니다. 그러나 이것은 그의 겉모습에 불과했던 것입니다. 그는 겉으로만 예수님을 좇았고, 마음은 아니었습니다. 그토록 예수님의 제자 노릇을 했지만, 마음은 전혀 변화되지 않았다고 성경은 이야기합니다.

그래서 유다 대신 맛디아를 뽑을 때 제자들은 이렇게 기도했습니다. "뭇사람의 마음을 아시는 주여, 마음을 보시고 12제자 중 하나를 뽑아 주옵소서." 제자들은 속았던 것입니다. 마음을 변화시키지 아니하고 겉으로만 신앙생활을 한 그 결과를 성경은 이렇게 말씀해 줍니다.

> 이 사람이 본래 우리 수 가운데 참예하여 이 직무의 한 부분을 맡았던 자라 (이 사람이 불의의 삯으로 밭을 사고 후에 몸이 곤두박질하여 배가 터져 창자가 다 흘러나온지라 이 일이 예루살렘에 사는 모든 사람에게 알게 되어 본 방언에 그 밭을 이르되 아겔다마라 하니 이는 피밭이라는 뜻이라) (행 1:17~19)

복음서에 보면 유다가 목매어 자살했다고 합니다. 그런데 여기에서는 창자가 터져 죽었다고 합니다. 어느 것이 맞는가? 둘 다 맞습니다. 아마 유다가 나뭇가지에 자기 목을 매어 자살했던 모양입니다. 그런데 그 나뭇가지가 떨어졌습니다. 유다가 마지막 죽기 전에 막 발버둥을 치니까 그 가지가 뚝 부러진 것입니다. 그 밑에 있던 뾰쪽한 돌들과 가지에 창자가 찔려 터져서 죽었습니다. 피가 흘렀습니다. 사람들이 그 밭을 '아겔다마, 피밭'이라고 불렀습니다. 존경받던 12제자, 인정받던 12제자의 마지막이 이러할 수 있다고 이야기합니다.

그렇다면, 맛디아는 누구입니까? 맛디아를 아는 사람이 있을까요? 맛디아는 누구인지 사도행전에서 별로 기록되어 있지 않습니다. 성경에 자세히 나타나 있지 않기 때문에 그가 무슨 일을 했는지도 알 수 없습니다. 그러나 하나님은 그를 12사도 가운데 한 사람으로 뽑으셨습니다. 왜일까요? 우리는 모르지만 하나님은 그의 마음을 아시기 때문입니다.

때로 새 가족들이 나오는데 심방 가면 이런 이야기들을 나눕니다. "왜 우리 교회에 오셨습니까?" 그러면 그들의 답이 제가 좋아서 우리 교회에 등록하겠다는 것입니다. 제 설교를 듣고 보니 제가 너무 멋있어 보인다는 거죠. 네. 참 감사한 일입니다. 그러나 그 말을 들을 때마다 저는 얼마나 부담이 되는지 모릅니다. 그분이 저를 좋게 보는 것은 강단에서의 제 모습만 보기 때문에 그런 것입니다. 강단에서 내려간 뒤 제가 저의 마음과 얼마나 씨름하는지를 그분은 모르기 때문에 저에게 그런 말씀을 하는 것입니다.

저는 때로 '이러다가 내가 사기꾼이 되는 것은 아닌가? 내가 설교한 대로 다 살지도 못하면서, 내가 외친 것을 다 적용하지도 못하면서, 내가 다 지키지도 못하면서 여전히 설교해야 하는가?' 그래서 토요일 밤이 괴로울 때가 많습니다. "주여, 제가 이 본문을 설교할 수 있겠습니까?" 이것이 저의 진짜 모습입니다.

제 마음에 한 가지 소원이 있다면 저는 하나님께서 내 마음을 감찰하시고 살피실 때 하나님 앞에 '합격!' 판정을 받는 것입니다. 이것이 저의 소원입니다. 훌륭한 설교 하는 것이 결코 아닙니다. 수많은 교인들을 모아 놓고 목회하는 것이 아닙니다. 뭇사람의 마음을 아시는 주님께서 내 겉과 속이 같다고 인정해 주시는 그날, 그건 저의 기쁨의 날이 될 것입니다.

우리는 다 자신의 마음을 숨기고 살아갑니다. 하나님을 믿는다 하면서도 남모르게 마음을 숨겨 놓습니다. 믿음으로 산다고 큰소리치지만 언제든 내 수단과 방법을 따로 숨겨 놓고 있습니다. 그래서 조금만 위급한 상황이 오면 하나님의 방법을 팽개치고 속임수를 쓰려고 합니다. 그것이 우리들의 모습입니다. 우리는 이것을 버려야 합니다. 이것을 바꾸어야 합니다. 하나님은 겉과 속이 같아야 한다고 말씀하십니다.

어떻게 우리가 하나님의 능력을 덧입을 수 있는가? 우리의 겉모습만큼 우리의 마음도 바뀌어야 합니다. 이것이 어려운 것을 저는 잘 압니다. 속임수 없이 살아가고, 남을 속이지 않고 사업하고, 거짓말하지 않고 살아가는 것이 어렵다는 것을 제가 왜 모르겠습니까? 그러나 우리는 그렇게 살아야 합니다. 우리가 지금 당장 남을 속이고 거짓된 방법으로 승리할 것 같아도 그 마지막은 실패입니다.

유다의 인생이 그것을 잘 보여 주고 있지 않습니까? 우리는 사업을 해도 정직하게 해야 합니다. 십일조를 드리는 것만큼 정부에도 충실해야 합니다. 세금을 정직하게 바쳐야 합니다. 그리스도인들이 이 일에 앞장서야 합니다. 속이지 말아야 하며, 자식을 군대 보낼 때 그가 고생하더라도 뇌물을 쓰지 말아야 합니다. 하나님은 언제나 옳으시다는 것을 믿습니까? 우리의 눈에 성공할 것 같아도 하나님의 방법이 옳으십니다. 우리가 그 방법대로 살 때 하나님이 능력을 덧입혀 주시고 부족한 우리를 통해 세상을 바꾸실 수 있다고 말씀하십니다. 사람들의 평가가 중요한 것이 아닙니다. 성도들의 평가가 중요한 것이 아닙니다. 목사가 어떻게 바라보는가도 중요하지 않습니다. 오직 하나님의 평가만이 중요합니다. 왜냐하면 하나님께서 뭇사람의 마음을 아시기 때문입니다. 하나님이 심판자이시기 때문입니다.

우리가 왜 오래 신앙생활을 하면서도 하나님의 능력을 덧입지 못할까요? 왜 그렇게도 변화가 일어나지 않을까요? 왜 내 가정과 내 주위의 세상을 내가 변화시키지 못할까요? 성경은 대답합니다. 우리가 마음을 바꾸지 않기 때문이라는 것입니다. 성전 마당만 밟기 때문이라는 것입니다. 그래서 하나님은 헛된 제물과 성회와 아울러 악을 행하는 것을 견디지 못하겠다고 이사야 선지자를 통해 외치셨습니다.

> 여호와께서 말씀하시되 너희의 무수한 제물이 내게 무엇이 유익하뇨 나는 숫양의 번제와 살진 짐승의 기름에 배불렀고 나는 수송아지나 어린 양이나 숫염소의 피를 기뻐하지 아니하노라 너희가 내 앞에 보이러 오니 그것을 누가 너희에게 요구하였느뇨 내 마당만 밟을 뿐이니라 헛된 제물을 다시 가져오지 말라 분향은 나의 가증히 여기는 바요 월삭과 안식일과 대회로 모이는 것도 그러하니 성회와 아울러 악을 행하는 것을 내가 견디지 못하겠노라 (사 1:11~13)

당신은 지금 하나님 앞에서 마음을 바꾸어 가고 계십니까? 아니면 겉모습만 꾸미고 있습니까? 세월이 흘러 성가대원이 되고, 교사가 되고, 서리 집사가 되고, 안수 집사가 됩니다. 겉은 화려하게 꾸며져 갈지 모르지만, 마음속 깊이 해결받지 않은 죄악을 그대로 품고 여전히 뻔뻔한 마음으로 하나님 앞에 살아가고 있지는 않으신가요?

다윗은 그가 범죄한 이후에 자기의 마음을 바꾸어 달라고 찬양했습니다.

정결한 마음 주소서 오 주님
정직한 영을 새롭게 하소서
정결한 마음 주소서 오 주님
정결한 마음 새롭게 하소서
나를 주님 앞에서 쫓아 내지 마시고
주여 성령을 거두지 마옵소서
주의 구원의 기쁨 다시 회복시키시고
정직한 영을 새롭게 하소서

이것이 다윗만의 소원이 아니라 저와 여러분의 소원이 되기를 원합니다. 하나님은 일꾼을 찾으십니다. 증인을 찾으십니다. 당신의 능력을 손에 드신 채 '이 능력을 누구에게 내려 줄 것인가? 누가 나를 위하여 갈꼬?' 사람을 찾으십니다. 당신이 그 사람이 되어 보지 않겠습니까? 그렇다면 잘못을 뉘우치시기 바랍니다. 기도로 하나님 앞에 자신을 조율하시기 바랍니다. 마음을 바꾸시기 바랍니다. 그래서 능력을 받으시기 바랍니다. 그 능력으로 가정을 변화시키고, 자녀를 변화시키고, 썩어가는 사회를 변화시키는 등불이 되시기 바랍니다.

# 3

### 교회가 처음
## :: 시작되던 날 ::

사도행전 1 | 제 3 장

# 교회가 처음
# 시작되던 날

오순절 날이 이미 이르매 저희가 다 같이 한곳에 모였더니 홀연히 하늘로부터 급하고 강한 바람 같은 소리가 있어 저희 앉은 온 집에 가득하며 불의 혀같이 갈라지는 것이 저희에게 보여 각 사람 위에 임하여 있더니 저희가 다 성령의 충만함을 받고 성령이 말하게 하심을 따라 다른 방언으로 말하기를 시작하니라 그때에 경건한 유대인이 천하 각국으로부터 와서 예루살렘에 우거하더니 이 소리가 나매 큰 무리가 모여 각각 자기의 방언으로 제자들의 말하는 것을 듣고 소동하여 다 놀라 기이히 여겨 이르되 보라 이 말하는 사람이 다 갈릴리 사람이 아니냐 우리가 우리 각 사람의 난 곳 방언으로 듣게 되는 것이 어찜이뇨 우리는 바대인과 메대인과 엘림인과 또 메소보다미아, 유대와 가바도기아, 본도와 아시아, 브루기아와 밤빌리아, 애굽과 및 구레네에 가까운 리비야 여러 지방에 사는 사람들과 로마로부터 온 나그네 곧 유대인과 유대교에 들어 온 사람들과 그레데인과 아라비아인들이라 우리가 다 우리의 각 방언으로 하나님의 큰일을 말함을 듣는도다 하고 다 놀라며 의혹하여 서로 가로되 이 어찐 일이냐 하며 또 어떤 이들은 조롱하여 가로되 저희가 새 술이 취하였다 하더라    **행 2:1~13**

# 교회는 무엇인가?

*

교회가 무엇입니까? 이 질문에 어떻게 대답하시겠습니까? 믿지 않는 사람이 길을 가고 있는데 그에게 교회를 아느냐고 물어보면 "예, 교회가 뭔지 압니다" 이렇게 대답할 것입니다. 그러나 막상 "교회가 무엇입니까?" 이렇게 물으면 각기 다른 대답이 나올 것입니다.

아마 어떤 사람들은 교회란 딱딱하고 지루한 의식을 행하는 종교 집단이라고 표현할지도 모릅니다. 이 좋은 날 놀러나 가지, 모여서 뭐 하느냐고 한심하게 보는 사람도 있을 것입니다.

또 어떤 사람들은 아주 이상한 사람들이라고 표현할지 모르겠습니다. '정신 나간 사람들이 아닌가? 드럼까지 갖다 놓고 뭐가 그리 좋다고 노래하는가?' 이웃집이 시끄럽다며 뭐라 그럴지도 모르겠습니다.

어떤 사람들은 교회는 좋은 구호 단체라고 이야기할지도 모릅니다. 그렇습니다. 교회가 어려운 사람들을 많이 돕고 있습니다. 우리 교회도 많은 성도들이 조금 못한 성도들을 암암리에 오른손이 하는 것을 왼손이 모르게 돕고 있습니다. 참 감사한 일입니다.

그러나 어떤 사람들에게는 교회가 어리석은 사람들의 모임으로 보일지 모릅니다. 지식이 모자라서 목사에게 현혹되어 자유를 잃어 가고 있는 사람들, '자유롭게 살 수 있는데 왜 저렇게 스스로를 옭아매는가?' 그렇게 반문할지도 모릅니다.

그러나 이 모든 교회에 대한 안 좋은 평가는 우리들의 책임이 크다고 하겠습니다. 우리가 올바른 모습을 보여 주지 못했기 때문에 교회 밖에 있는 사람들은 교회의 진정한 모습을 보지 못하고 있는 것입니다. 교회가 올바른 기능만 한다면 이 세상에서 교회처럼 중요한 기관은 없을 것입니다.

하나님은 디모데 전서 3장 15절에서 교회를 이렇게 정리해 주셨습니다.

> 만일 내가 지체하면 너로 하나님의 집에서 어떻게 행하여야 할 것을 알게 하려 함이니 이 집은 살아 계신 하나님의 교회요 진리의 기둥과 터이니라 (딤전 3:15)

이 세상에는 진리가 없습니다. 그럴듯하게 보이는 수많은 진리가 있는 것 같아도 모두가 멸망으로 가는 길입니다. 그것이 우리를 구원에 이르게 하지 못합니다. 오직 구원의 길은 이 세상을 창조하신 하나님의 진리에 있다고 성경은 말씀합니다. 이 진리의 기둥과 터는 무엇입니까? 바로 교회라고 말씀하십니다.

사도 바울은 에베소서에서 두 가지 상징으로 교회를 표현해 주었습니다. 첫 번째는 그리스도의 몸입니다.

> 교회는 그의 몸이니 만물 안에서 만물을 충만케 하시는 자의 충만이니라 (엡 1:23)

교회는 살아 있는 기관이라는 것입니다. 교회는 이 땅에서 또 다른 모습으로 역사하시는 그리스도의 몸이라고 말씀하십니다. 또 하나의 상징을 사용하는데, 그것은 우리가 잘 아는 빌딩의 모습입니다.

> 너희는 사도들과 선지자들의 터 위에 세우심을 입은 자라 그리스도 예수께서 친히 모퉁이 돌이 되셨느니라 그의 안에서 건물마다 서로 연결하여 주 안에서 성전이 되어 가고 너희도 성령 안에서 하나님의

거하실 처소가 되기 위하여 예수 안에서 함께 지어져 가느니라
(엡 2:20~22)

몸과 빌딩에는 아주 중요한 두 가지의 공통점이 있습니다. 그것은 바로 인격체가 거하는 장소라는 점입니다. 빌딩이 무엇입니까? 사람이 살고 있는 곳입니다. 몸은 무엇입니까? 영혼이 거하는 곳이며, 인격체가 거하는 곳입니다. 그러므로 교회란 이 땅에 하나님께서 거하시는 처소인 동시에 예수님이 친히 활동하시는 예수님의 몸(body)이라고 성경은 가르쳐 주고 있습니다.

이 몸이 언제 생겼는가? 왜 하나님은 이 땅에 예수 그리스도의 몸을 만드셨는가? 그리스도의 몸으로서 교회는 도대체 무엇을 해야만 하는가? 이 모든 중요한 질문에 대해서 해답을 가지고 있습니다.

언제 교회가 탄생했습니까? 사도행전 2장의 사건을 보면 오순절 날 교회가 탄생했다고 이야기합니다. 왜냐하면 이날이 교회의 생일이기 때문에 그렇습니다. 하나님은 왜 교회를 만드셨고, 교회는 무엇을 하는 곳인가? 말씀을 통해 몇 가지를 살펴보기를 원합니다.

빌딩을 짓기 위해서는 먼저 터가 필요합니다. 그래서 이 무형의 교회를 세우기 위해서 하나님은 한 터를 만드셨는데, 그것이 바로 사도들과 선지자들의 터입니다.

어떤 사람은 '아, 교회는 두 가지 터가 있구나.' 이렇게 생각할지 모르지만, 원어에 보면 관사가 하나입니다. 사도의 터가 따로 있고, 선지자의 터가 따로 있는 것이 아니라, 교회의 터는 하나입니다. 사도들과 선지자들의 하나의 터 위에 세우셨다고 이야기합니다. 그렇다면 12사도가 왜 그렇게 중요할까요? 하나님은 이 12사도를 통해서 교회를 세우셨기 때문입니다.

요한계시록에 보면 마지막 날 하나님이 새로 만드신 성이 하늘에서 우리에게 내려옵니다. 거기에 12대문이 있습니다. 그 대문 위에 이름이 있는데 12지파의 이름이 있습니다. 그리고 그 성은 12성벽으로 되어 있습니다. 각 성벽의 기초가 놓여 있는데, 그 기초의 이름을 보니 놀랍게도 12사도의 이름이 기록되어 있습니다. 이것은 상징입니다. 하나님께서 이 땅의 교회와 천상의 교회를 세우실 때 사도들을 그 터로 사용하셨다고 말씀하십니다.

이 의미는 무엇일까요? 하나님은 왜 12사도를 통해서 교회를 세우셨습니까? 12사도가 훌륭해서입니까? 12사도들이 인격적으로 완벽해서인가요? 아닙니다. 그들이 얼마나 부족한 사람들이었습니까? 그런데도 불구하고 하나님은 왜 12사도 터 위에 교회를 세우셨을까요?

이 해답이 우리가 공부한 1장 후반부에 있습니다. 하나님은 거기에서 먼저 교회를 탄생시키기 이전에 한 가지 일을 행하셨습니다. 그것은 바로 12사도의 부족한 수를 채우는 것이었습니다. 가룟 유다가 예수님을 배반하여 떠났기 때문에 그 대신 한 사람을 채우기 원하셨습니다.

그래서 그 한 사람의 자격을 논하게 됩니다. 거기에 120명이 모였는데 그 자격을 두 가지로 제한했습니다. 첫 번째 자격은 예수님의 3년 공생애 동안 예수님을 같이 따라다닌 사람이어야 합니다. 두 번째는 예수님의 부활을 직접 목격한 사람이어야 합니다. 그래서 120명 가운데 자격을 제한해서 취해 보니까 두 사람이 나왔습니다. 바로 요셉과 맛디아였습니다. 그리고 그 두 사람 중에 다시 기도하고 제비를 뽑았더니 맛디아가 뽑혔다고 이야기합니다.

무슨 말씀일까요? 이해가 되십니까? 맛디아의 자격을 통해 볼 때 하나님이 12사도들의 터 위에 교회를 세우셨다고 하는 의미는 하나님께서 예수님의 가르침 위에 교회를 세우셨다는 의미로 해석될 수 있다는 것입니다. 왜 그렇습니까? 이 12사도야말로 예수님의 가르침을 가장 가까이에서 가장 세밀하게 받은 사람들 아닙니까? 이 12사도야말로 가장 가까이에서 예수님의 죽음과 부활하심을 직접 본 자들입니다.

그러므로 교회는 무엇을 가르쳐야 하며, 어떤 모습의 단체이어야 합니까? 교회는 세상을 가르치는 곳이 아닙니다. 세상의 지혜를 전파하는 곳이 아닙니다. 예수님의 가르침, 즉 예수님의 죽음과 부활하심! 이 사실 위에 교회를 세워야 한다고 하나님은 말씀하십니다.

그래서 사도행전 2장에 교회를 이 땅에 만드시기 전에 12사도의 터를 마련하셨던 것입니다. 그러므로 교회는 무엇입니까? 바로 저와 여러분입니다. 믿는 자의 무리입니다. 교회는 건물이 아닙니다. 그렇다면 저는 중요한 질문을 던지고 싶습니다. 우리가 정말 교회라면 진정으로 복음의 터 위에 신앙을 쌓았습니까? 자신이 교인이라고 주장하기 전에 먼저 솔직히 대답해 보시기 바랍니다.

예수님은 한 인간이 아니라 그분이 바로 하나님이십니다. 우리를 사랑하셔서 우리가 달려야 할 십자가에 대신 달리셔서 물과 피를 다 쏟으셨습니다. 하나님의 능력으로 말미암아 사흘 만에 부활하신 사실을 인격적으로 믿어 보신 적이 있습니까? 마음을 열고 "하나님, 나는 죄인입니다. 이제 당신을 내 인생의 주인으로 모시겠습니다. 구주로 모시겠습니다" 라고 이 세상을 지으신 예수님 앞에서 진정으로 고백하신 적이 있습니까?

오늘날 수많은 교회가 있습니다. 그러나 이 복음이 없는 교회가 너무나 많습니다. 이 중요한 터전이 없는 교인들이 교회에 너무나 많습니다. 어떤 교회는 윤리와 도덕을 가르칩니다. 그렇다면 교회가 불교와 유교와 다른 점이 무엇이 있겠습니까?

어떤 교회에 가면 사회사업을 가르칩니다. 구제를 해야 한다고 강조합니다. 그것이 교회의 본 사명이라고 주장합니다. 그렇다면 교회가 사회사업 기관과 다를 것이 무엇인가 말입니다.

어떤 교회는 화려한 의식을 행합니다. 어떤 교회는 병자를 고친다고 야단입니다. 좋습니다. 그러나 정작 터를 삼아야 할 십자가와 예수님의 부활은 빠져 있습니다. 교회는 수십 년씩 다녔습니다. 아버지가, 어머니가 신자라서 모태신앙이라고 주장합니다. 교인이라고 주장합니다. 그러나 그 가슴속을 들여다보면 교회의 터조차 마련되어 있지 않습니다.

> 예수께서 가이사랴 빌립보 지방에 이르러 제자들에게 물어 가라사대 사람들이 인자를 누구라 하느냐 가로되 더러는 세례/침례 요한, 더러는 엘리야, 어떤 이는 예레미야나 선지자 중의 하나라 하나이다 가라사대 너희는 나를 누구라 하느냐 시몬 베드로가 대답하여 가로되 주는 그리스도시요 살아 계신 하나님의 아들이시니이다 예수께서 대답하여 가라사대 바요나 시몬아 네가 복이 있도다 이를 네게 알게 한 이는 혈육이 아니요 하늘에 계신 내 아버지시니라 또 내가 네게 이르노니 너는 베드로라 내가 이 반석 위에 내 교회를 세우리니 음부의 권세가 이기지 못하리라 (마 16:13~18)

하루는 예수님께서 가이사랴 빌립보 지방에 이르렀을 때 제자들을 돌아보시며 이런 질문을 하십니다. "얘들아, 사람들이 도대체 나를 누구라 하느냐?" 그랬더니 대답합니다. "어떤 이들은 세례/침례 요한이라 하고, 어떤 이는 엘리야라 하고, 예레미야라 하고, 어떤 이들은 선지자라 합니다. 그랬더니 예수님은 그들의 대답에는 관심이 없으십니다. "그러면 너희는 나를 누구라 하느냐?" 그때 베드로가 나아가서 "주는 그리스도시요, 살아 계신 하나님의 아들이십니다.", "당신은 하나님이신데 우리를 구원하시기 위해 인간의 몸을 입고 이 땅에 오신 메시아이십니다." 그때 예수님이 너무 기뻐서 "바요나, 시몬아, 네가 복이 있도다. 이를 네게 알게 한 이는 혈육이 아니고 하늘에 계신 내 아버지시다. 내가 이 반석 위에 교회를 세우리니 음부의 권세가 이기지 못할 것이다" 라고 말씀하십니다.

천주교는 이 말씀을 잘못 해석해서 하나님이 베드로 위에 반석을 세웠다고 이야기합니다. 그래서 교황 제도를 두었습니다. '이 반석 위에', '페트라스'가 베드로의 이름이기 때문입니다.

그러나 좀 더 자세히 보면 예수님은 이 반석(페트라스)이라는, 말을 쓰실 때 거기에 중성 명사를 쓰셨습니다. 만일 베드로를 지칭한 것이라면 남성 명사를 써야 합니다. 무슨 말씀입니까? 그러므로 베드로 위에 교회를 세우시겠다는 말씀이 아닙니다. 베드로와 같은 믿음을 가진 사람, 주를 그리스도로 고백하는 사람을 말합니다. 주님께서는 십자가 위에 정치적인 희생양이 되신 것이 아닙니다. 바로 예수님을 하나님의 아들로 인정하고 내 죄를 대신해서 달려 돌아가신 것입니다. 누구든지 이 사실을 믿는 사람이 있다면 그 믿음 위에 교회를 세우시겠다고 약속하신 것입니다.

이 믿음을 갖고 계십니까? 교회란 무엇인가? 교회는 그리스도의 죽음과 부활의 터 위에 세워진 그리스도의 몸입니다. 이 고백을 하지 않은 자는 교회가 아닙니다. 성도가 아닙니다. 예배당에는 나와 앉아 있지만, 건물 안에 나와 앉아 있지만, 그리스도와는 아무 상관이 없는 자라고 하나님은 말씀하십니다.

다시 질문을 드립니다. 당신은 교회입니까? 당신은 그리스도의 몸입니까? 사도행전 2장의 본문은 교회의 탄생 당시의 모습을 보여 주고 있습니다. 교회를 좀 다닌 사람이라면 사도행전 2장의 내용을 다 알 것입니다. 바로 그날이 성령님께서 강림하신 날이고, 그날이 오순절 날이기 때문입니다.

이날 굉장한 일이 일어났습니다. 우리 생일날도 특별한 경우에는 굉장히 잔치를 크게 하지 않습니까? 하물며 교회의 생일이겠습니까? 교회가 이 땅에 처음 태어난 날이니 얼마나 기쁜 날이겠습니까? 그래서 하나님께서는 교회를 이 땅에 건설하신 날에 위대한 이적을 행하셨습니다. 첫째는 바람 같은 것이 임했고, 둘째는 불 같은 것이 임했고, 셋째는 방언이 터졌습니다.

그런데 이 사도행전 2장의 사건을 너무너무 신자들이 오해했습니다. 많은 교회에서 잘못 가르쳤습니다. 이 사도행전 2장을 어떤 근거로 제시하고 있습니까? '당신 성령 받았는가?' 이렇게 묻습니다. 그들은 주장하기를 '구원받는 것 따로, 성령 받는 것 따로'라고 이야기합니다. 그래서

"당신 구원받았소?"

"예."

"그러면 성령 받았소?"

"예."

그러면 증거 대 보라고 합니다. 좀 머뭇머뭇하면 다시 묻습니다.

"당신, 방언해?"

"못 합니다."

"에이, 그럼 아직 성령 받은 거 아니야. 기도원에 가서 성령 받아야 돼. 성령 받고 방언을 받으려면 안수받아야 돼." 그래서 어떻게 합니까? 요새는 방언 3주 속성 코스까지 생겼다고 합니다. 학원비만 내면 방언

을 받습니다. 그래서 방언을 가르칩니다. 가서 어떻게 하는가? '할렐루야. 얄렐루야. 랄라랄라' 하다 보면 혀가 꼬여서 방언이 된다는 것입니다. 비극입니다.

사도행전 2장에서 교회를 탄생시키실 때 하나님은 누구를 보내셨습니까? 성령 하나님을 보내셨습니다. 그런데 오순절 날 성령님이 오셨다고 말합니다.

그렇다면 우리가 이런 질문을 해 볼 수 있습니다. 오순절 전에는, 사도행전 2장 사건 전에는 이 땅에 성령님이 안 계셨습니까? 계셨습니다. 그런데 왜 그날 오셨다고 합니까? 구약에도 성령님이 활동하셨고, 창세기 1장에 보면 하나님의 영이 이미 흑암 위에 운행하시지 않았습니까? 그런데 왜 그날 오셨다고 합니까?

우리는 이 말을 잘 알아야 합니다. 이것을 잘못 알아듣기 때문에 성경을 잘못 해석하게 됩니다. 성령님이 오순절 날 오셨다는 의미는 과거에 성령님이 안 계셨다는 의미가 아닙니다. 과거에도 계셨지만, 이 오순절 날 성령 하나님께서 특별한 임무를 가지고, 특별한 모습으로 이 땅에 임하셨다는 뜻입니다. 교회를 세우시기 위해 과거에 역사하던 임무와는 전혀 다른 모습으로 이 땅에 오신 것입니다.

이해를 돕기 위해서 똑같은 사건을 생각해 보겠습니다.

예수님이 언제 오셨습니까? 지금으로부터 약 2,000년 전에 오셨습니다. 그렇다면 예수님이 B.C. 4,000년에는 안 계셨습니까? 아니요! 계셨습니다. 그런데 왜 그날 오셨다고 말합니까? 그가 33년을 일하시고 떠나셨습니다. 예수님이 떠나셨으면 지금 여기 안 계십니까? 아니요. 우리 마음 안에 계십니다. 그런데 왜 떠나셨다고 말합니까? 우리는 바로 이것을 잘 이해해야 합니다.

예수님이 2,000년 전에 오셨다는 말은 그전에 계시지 않았다는 말이 아닙니다. 예수님께서 이 세상에 특별한 임무를 가지고, 특별한 모습으로 이 땅에 오셨다는 뜻입니다. 떠나셨다는 말은 그 임무를 다 마치셨다는 말씀입니다. 예수님이 이 땅에 특별한 임무를 가지고 2,000년 전에 우리의 죄를 대신하여 십자가의 속죄양이 되시기 위해 오셨습니다. 바로 그 일을 마치시고 떠나셨다는 것입니다.

성령님이 이 땅에 임하실 때에 이적이 일어났습니다. 바람이 임했고, 불이 임했고, 방언이 터졌습니다. 그러면 예수님이 이 땅에 임하실 때는 어떠했습니까? 역시 이적이 일어났습니다. 적어도 세 가지 이적이 그때도 일어났습니다. 어떤 이적입니까? 첫 번째, 하늘에 이상한 별이 떴습니다. 도대체 이해가 안 되는 별입니다. 점성하는 사람들이, 천문학자들이 그것을 보고 유대 땅에 왕이 태어난 것을 알 정도의 이상한 별이 떴습니다.

그리고 두 번째, 목자들이 양을 치는데 천사가 나타났습니다. 세 번째, 남자를 가까이 하지 않은 동정녀의 몸을 통해서 예수님이 이 땅에 오셨습니다.

어떤 사람들이 이렇게 묻습니다.

"당신 성령 받았습니까?"

"예."

"그러면 방언 받았어? 불 봤어?"

"아니요."

"그러면 당신 성령 못 받은 거야." 그러면 그 질문은 무엇과 똑같습니까?

"당신 예수님 믿어? 영접했어?"

"예, 믿습니다."

"그러면 증거 있어?" 머뭇댑니다. 그 사람이 또 묻기를 "당신 별 봤어?" 합니다. 이해가 가는 질문입니까? 도무지 말이 안 되지 않습니까?

무슨 말씀인가 하면 이 오순절 사도행전 2장의 사건은 반복적으로 우리에게 일어나는 사건이 아니라 단회적인 사건이라는 것입니다. 교회는 이 세상에 하나님이 한 번 만드셨지, 여러 번 만드신 것이 아니라는 것입니다. 이것은 일회적인 사건이요, 단회적인 사건입니다. 오늘 이 문제를 우리가 잘 이해해야 합니다. 그러면 하나님은 왜 이 땅에 교회를 만드실 때 바람과 불과 방언을 사용하셨습니까? 모든 믿는 자들이 바람과 불과 방언을 해야 하기 때문에 사용하신 것이 아닙니다. 오직 하나님께서 이 땅에 교회의 성격을 설명해 주시기 위해 이 세 가지 이적을 사용하신 것입니다.

교회는 예수 그리스도의 죽음과 부활에 그 기초를 놓아야 합니다.

## 교회의 성격 : 바람

\*

교회의 성격을 하나님은 사도행전 2장을 통해서 이렇게 가르쳐 주십니다. 먼저 바람입니다. 2절을 보십시오.

> 홀연히 하늘로부터 급하고 강한 바람 같은 소리가 있어 저희 앉은 온 집에 가득하며 (행 2:2)

우리가 이것을 어떻게 설명할 수 있습니까? 보통 바람은 어디서 불어옵니까? 옆에서 붑니다. 그런데 여기서는 하늘로부터 불어 닥쳤습니다. 위에 선풍기가 있나 보니 그것도 아닙니다. 바람이 갑자기 불었습니다. 바람은 머물 수가 없지 않습니까? 머물면 바람이 아닙니다. 그런데 이 바람은 하늘로부터 오더니 그들이 앉아 있는 온 집에 가득 머물러 있었습니다. 하나님의 임재하심을 인간의 언어로 이것 외에 어떻게 더 표현할 수 있겠습니까?

성경에 보면 바람은 종종 '능력(Power)'으로 해석된 것을 볼 수 있습니다. 예컨대 요한복음 3장에 보면 예수님께서 니고데모에게 중생에 대해 설명하십니다.

> 예수께서 대답하여 가라사대 진실로 진실로 네게 이르노니 사람이 거듭나지 아니하면 하나님 나라를 볼 수 없느니라 니고데모가 가로되 사람이 늙으면 어떻게 날 수 있삽나이까 두 번째 모태에 들어갔다가 날 수 있삽나이까 예수께서 대답하시되 진실로 진실로 네게 이르노니 사람이 물과 성령으로 나지 아니하면 하나님 나라에 들어갈 수 없느니라 육으로 난 것은 육이요 성령으로 난 것은 영이니 내가 네게 거듭나야 하겠다 하는 말을 기이히 여기지 말라 바람이 임의로 불매 네가 그 소리를 들어도 어디서 오며 어디로 가는지 알지 못하나니 성령으로 난 사람은 다 이러하니라 (요 3:3~8)

"네가 거듭나야 한다. 두 번 태어나야 한다." 그때 니고데모가 묻습니다.

"아, 예수님, 내가 이렇게 나이가 많아 늙었는데 어떻게 엄마 뱃속에 들어갔다가 다시 나옵니까?"

그랬더니 예수님이 "네가 물과 성령으로 두 번 태어나야 한다."

'어? 이상하다. 이거 정말 못 알아듣겠다.'

그러니까 예수님이 다시 말씀하십니다. "내가 너에게 거듭나야 하겠다는 말을 이상히 여기지 말라. 바람이 어디서 오며 어디로 가는지 네가 알지 못하지만, 네가 바람을 느끼지 않니? 그와 같이 성령으로 태어난 사람은 다 이러하다."

성령님을 무엇으로 표현하셨는가 하면 바람으로 표현해 주셨습니다. 바람이 능력입니다. 우리가 만지지 못하며, 느끼지 못합니다. 증명할 수도 없습니다. 그러나 바람은 존재합니다.

바람의 능력을 아십니까? 한국에서는 바람의 능력을 그렇게까지는 실감하지 못하는 것 같습니다. 그러나 우리가 영화나 텔레비전을 봐서 잘 압니다. 저는 한때 텍사스에서 살았기 때문에 토네이도를 조심하라는 교육을 참 많이 받았습니다. 토네이도는 북아메리카 대륙의 중남부 지방에서 더울 때 발생하는 소용돌이 바람입니다. 깔때기 모양의 구름이 아래로 늘어진 형태를 띠는데 고속도로를 달리다가 토네이도가 온다 하면 재빨리 다리 밑으로 피신해야 합니다. 차를 버리고 바람이 안 닿는 곳으로 가서 안전하게 엎드려야 합니다.

만일 '에이, 귀찮은데 그냥 차 안에 있으면 괜찮겠지' 하면 어떻게 됩니까? 차가 갑자기 비행기가 됩니다. 토네이도 바람이 얼마나 센지 자동차를 하늘 위로 감아올립니다. 차 몇 대가 그냥 비행기가 되어 공중에서 빙빙 돕니다. 소가 공중에 떠서 날아다니고, 집이 완전히 부서집니다. 전에도 미국에서 50명이나 죽지 않았습니까? 그런데 그 바람을 우리가 볼 수 있어야 피하든가 하죠. 만져져야 우리가 확신하죠. 그러나 바람이 있다는 것을 우리는 다 압니다.

지금 하나님께서는 교회에 대해서 무엇을 가르치시고 있습니까? 교회는 하나님의 보이지 않는 능력이 역사하는 곳이라고 설명하십니다. 우리가 증명할 수 없습니다. 그러나 교회는 어떠한 곳인가? 하나님의 바람과 같은 능력이 모든 믿는 자들에게 임하여 그들을 변화시키는 장소! 그곳이 바로 교회입니다. 도저히 하나 될 수 없을 것 같던 사람들이 모여서 하나가 됩니다. 도저히 변화될 수 없을 것 같던 사람들이 교회에 와서 변화됩니다. 하나님의 바람과 같은 능력으로 과거의 상처를 치유 받고, 나쁜 습관이 기적적으로 고침을 받습니다. 이런 곳이 바로 교회입니다.

과거에는 날마다 술 마시고 들어와서 아이들과 부인을 패던 사람이 하나님의 보이지 않는 능력으로 이곳에 찾아 나와 치료함을 받습니다. 아름다운 가장이 되고, 자녀들의 존경을 받는 아버지가 됩니다. 바로 그 능력! 이것이 교회입니다.

진실로 하나님의 능력을 체험하고 계십니까? 저는 토요일 밤이 그렇게 참 싫을 수가 없습니다. "하나님, 저는 못합니다. 제가 성경 말씀을 알긴 알겠는데 이것을 어떻게 알아듣기 쉽도록 성도들에게 잘 가르칠 수 있습니까? 아니 또 이 말씀을 한다고 그들의 삶이 정말 변화가 되겠습니까? 저는 못합니다." 그럴 때마다 하나님께서 뭐라고 하시는지 아십니까? "네가 하는 게 아니다. 내가 한다." 저는 그 말씀만 믿고 목회하고 있습니다. 제가 무엇을 알 수 있겠습니까? 이 수많은 성도들을 제가 1년에 20명도 제대로 만나지 못합니다. 저는 아무것도 할 수 없습니다. 하나님의 보이지 않는 능력이 우리 성도들을 치유하실 줄 믿습니다.

우리는 정말 교인이신가요? 정말 예수 그리스도의 몸이 되셨는가요? 그러면 하나님의 보이지 않는 능력이 임하셔야 합니다. 교회는 그리스도의 죽음과 부활의 터 위에 세워져야 합니다. 교회는 하나님의 능력이 활동하는 곳이어야 합니다.

## 교회의 성격 : 불

두 번째의 예를 무엇으로 들었는가 하면 불로 들었습니다. 3절을 보십시오.

> 불의 혀같이 갈라지는 것이 저희에게 보여 각 사람 위에 임하여 있더니 (행 2:3)

요즘은 어떤지 모르겠지만, 한때 기도원에 가고, 부흥회에 가면 "불 받아라!" 하면서 설교하곤 했습니다. 그러나 잘 읽어 보면 불이 아닙니다. '불의 혀같이 갈라지는 것' 입니다. 왜 불의 혀라고 했을까요? 불에 혓바닥이 있다는 사실을 아십니까? 불을 피우면 불이 동그랗게 피어오르지 않고 불꽃 끝이 비쭉비쭉하게 혓바닥처럼 갈라집니다. 그것을 '불의 혀같이' 라고 표현했습니다. 분명히 '불' 이 아니고, 마치 불의 혀 같은 것이 각 사람 위에 임해 있다는 것입니다.

모세가 광야에서 하나님을 만났습니다.

> 모세가 그 장인 미디안 제사장 이드로의 양 무리를 치더니 그 무리를 광야 서편으로 인도하여 하나님의 산 호렙에 이르매 여호와의 사자가 떨기나무 불꽃 가운데서 그에게 나타나시니라 그가 보니 떨기나무에 불이 붙었으나 사라지지 아니하는지라 이에 가로되 내가 돌이켜 가서 이 큰 광경을 보리라 떨기나무가 어찌하여 타지 아니하는고 하는 동시에 여호와께서 그가 보려고 돌이켜 오는 것을 보신지라 하나님이 떨기나무 가운데서 그를 불러 가라사대 모세야 모세야 하시매 그가 가로되 내가 여기 있나이다 (출 3:1~4)

호렙 산에 이르자 떨기나무 불꽃 가운데 하나님께서 모세에게 나타나셨습니다. 다른 떨기나무는 20초면 연기가 나고 다 사라지는데 그 떨기나무는 불이 붙었는데도 나무가 타지 않습니다. 너무 신기해서 가까이 가 보았더니 하나님께서 모세를 부르십니다. "모세야, 모세야! 내 백성을 인도해 내라."

구약 성경에서 불은 무엇을 상징했는가? 다른 여러 가지가 있지만, 공통점 하나가 있다면, 그것은 정결함입니다. 불은 더러운 것을 태웁니다. 그래서 하나님 앞에 제사 지낼 때 번제로 태워서 드립니다. 무슨 의미입니까? 완벽하게, 깨끗하게 해서 드려야 한다는 것입니다.

하나님께서 이 땅에 오순절 날 교회를 세우실 때 왜 불의 혀 같은 것을 임재하게 하셨을까요? 그것은 교회의 성격을 규정하기 위해서였습니다. 교회는 어떠한 곳이어야 하는가? 깨끗한 곳이어야 합니다.

정말 당신은 그리스도의 몸입니까? 그러면 한 가지 특징이 우리 안에 존재해야 합니다. 그것은 다름 아닌 깨끗하고자 하는 열망(passion)이 있어야 한다는 것입니다.

내가 비록 어제는 죄를 지었습니다. 지난밤에도 실패했습니다. 그러나 정말 그리스도의 몸 된 자들은 그 마음 안에 소원이 있습니다. "하나님, 어제 내가 실패했지만, 내 죄를 회개합니다. 나는 깨끗하고 싶은 열망이 있습니다." 이 열망이 없는 자는 그리스도의 몸이 아닙니다.

그래서 사도 요한은 이야기했습니다.

> 하나님께로서 난 자마다 죄를 짓지 아니하나니 이는 하나님의 씨가 그의 속에 거함이요 저도 범죄치 못하는 것은 하나님께로서 났음이라 (요일 3:9)

우리가 하나님께로서 두 번 태어났다고 해서 죄를 안 짓습니까? 죄 짓습니다. 그런데 요한은 하나님께로서 난 자마다 죄를 짓지 아니한다고 했습니다. 이 말씀을 원어로 보면 그 의미가 분명해집니다. '죄를 짓지 아니하나니' 현재 시제형을 썼습니다. 즉 죄는 죄인데 어떤 죄입니까? 반복적인 죄를 말합니다. 습관적인 죄입니다. 정말 그리스도의 몸이 된 자들은 어떤 죄를 짓지 아니하는가 하면 한 달 전에 지은 죄를 그다음 날 또 짓고, 그다음 날 또 짓지 않습니다.

예수를 믿는다면서도 과거의 삶을 청산하지 아니하고 여전히 부정직한 일들을 행한다면 그는 구원받은 것이 아닙니다. 그리스도의 몸이 아닙니다. 왜 그렇습니까? 그리스도의 몸 된 교회란, 깨끗하고 싶은 열망이 생겨나는 곳이기 때문에 그렇습니다.

디 엘 무디, 그는 가난한 환경 때문에 제대로 배우지 못했습니다. 인생을 좌절하고 있었습니다. 어느 날 지나가다가 어느 한 교회에서 강력한 하나님의 메시지를 들었습니다. 그리고 뉴욕 거리를 지나가는데 하나님께서 그에게 말씀하셨습니다. "지금 이 세상은 하나님 앞에 붙잡힌 바 된 깨끗한 사람이 없어서 고통당하고 있다." 이 말씀이 가슴에 꽉 찍혀 왔습니다.

디 엘 무디 자서전에 보면 그가 얼마나 충격을 받았는지 집까지 가지를 못하고 가슴이 너무 뜨거워서 주위에 있는 친구 집을 찾아갑니다. '똑똑!' 방 하나만 잠시 빌려 달라고 했습니다. 그 방 안에 들어가서 무디가 통곡하며 엎드립니다. "하나님, 저를 정결케 해 주십시오. 제가 바로 그 한 사람이 되겠습니다." 하나님은 배운 것 없는 구두 수선공인 무디를 들어서 그 혼란했던 미국을 바꾸셨습니다.

교회는 어떤 곳입니까? 그리스도의 몸이란 어떤 의미입니까? 거룩함을 향한 열망을 품어야 합니다. 우리가 교회를 20년, 30년 다니고도 여전히 거룩함에 대한 열망을 갖지 못하고 있다면 자신을 돌아보아야 합니다. 혹시 그리스도의 몸이 아닐지도 모릅니다. 우리 각자 마음속에 거룩함을 추구하는, 깨끗함을 열망하는 하나님의 열망이, 불의 혀 같은 열망이 임하기를 바랍니다. 우리들의 가정이 거룩하게 되기를 원합니다. 우리의 직장을 부정이 없는 좀 더 나은 직장으로, 우리 사회를 좀 더 깨끗한 사회로 만들기 위한 열망이 우리에게 있어야 합니다.

교회란 어떤 곳인가? 그리스도의 죽음과 부활의 터 위에 세워진 곳입니다. 하나님의 능력이 활동하는 곳이어야 합니다. 그리고 교회는 거룩함의 열망을 품은 자들이 모인 곳입니다. 이 메시지를 증거하고자 하는 열망을 품은 자들이 모인 곳입니다.

## 교회의 성격 : 방언

\*

마지막으로 세 번째, 교회의 성격이 무엇인지 방언을 통해서 말씀해 주고 있습니다. 이 방언에 대해서는 에피소드가 참 많습니다. 18년 전, 20년 전만 해도 부흥회 때 방언을 다 받게 하려고 했기 때문입니다.

사도행전 2장에 나타난 방언을 자세히 보십시오. 여기에 나타난 방언이 무엇입니까? '달라랄랴' 혀가 꼬여서 너도 모르고 나도 모르는 언어를 말하는 것입니까? 아닙니다. 여기에 120문도가 모였습니다. 수십 개국의 사람들이 모였습니다. 독일에서도 오고, 영국에서도 오고, 불란서에서도 오고, 언어가 다 다른 열 몇 개국 나라에서 사람들이 다 모였습니다. 그런데 신기하게도 동시통역이 없는데도 그 사람들이 자기 나라 말로 다 알아듣는 것입니다.

그러니까 이런 것입니다. 내가 미국 사람에게 어떤 내용을 말하려는데 갑자기 영어가 탁 터져 버린 것입니다. 내가 독일어를 못합니다. 노르웨이 말을 못합니다. 그런데 그 나라 말이 그냥 탁 터지는 것입니다. 중국말이 "띵 호와!" 그러고서 딱 터집니다. 그냥 중국말로 내가 하고 싶은 이야기를 다 합니다. 그들이 너무너무 놀랐습니다.

오늘날 이런 방언 말하는 사람 보셨습니까? 사도행전에 나타난 방언은 적어도 이런 방언이었습니다. 요점이 무엇입니까? 하나님이 이것을 통해서 무엇을 가르쳐 주시길 원하셨습니까? 거기는 커뮤니케이션이 있었다는 것입니다. 증거하는 데에 아무 불편이 없었습니다. 그래서 학자들은 이 사도행전 2장의 사건을 바벨탑이 회복되는 사건이라고도 말합니다. 왜 그렇습니까? 바벨탑에서 언어가 혼탁해졌는데 이날만큼은 다 의사소통을 했기 때문입니다. 그런데 더 놀라운 것은 의사소통이 되어서 무엇을 이야기했습니까?

여기 주제를 보십시오. 11절입니다.

> 우리가 다 우리의 각 방언으로 하나님의 큰일을 말함을 듣는도다 하고 다 놀라며 의혹하여 서로 가로되 이 어찐 일이냐 하며 또 어떤 이들은 조롱하여 가로되 저희가 새 술이 취하였다 하더라 (행 2:11~13)

무엇을 들었습니까? '하나님의 큰일'을 말함을 듣는다고 했습니다. 그 크신 일을 이루신 하나님의 일! 우리를 구원하신 하나님의 일! 하나님께서 인간의 몸을 입고 이 땅에 찾아오신 그 놀라운 일! 하나님이 내 죄를 대신해서 십자가에 달려 돌아가신 그 일을 말하게 되었습니다.

교회란 무엇입니까? 주의 복음을 증거하는 곳입니다. "내가 증인이 되겠나이다. 내가 이 복음을 받았으니 죽어 가는 저 영혼들에게 내가 복음을 전하겠나이다." 이렇게 증인이 되려고 할 때 성령께서 우리와 함께하셔서 우리를 증인으로 만들어 주시고, 능력도 부어 주십니다. 바로 그곳이 교회입니다.

세상에는 수많은 교회가 있습니다. "당신은 진정으로 그리스도의 몸이 되셨습니까? 교회의 일원이 되셨습니까? 정말로 하나님의 능력을 맛보고 계십니까? 깨끗하고자 해서 하나님 앞에 몸부림치고 계십니까? 주의 복음을 증거하지 않고는 견딜 수 없는 안타까운 마음을 갖고 계십니까? 그리고 복음 위에 여러분의 신앙을 건축하고 계십니까?"

우리는 놀라운 교회의 생일에 대해 말씀을 들었습니다. 이 세상에 하나님은 그 어느 기관도 창설하지 않으셨습니다. 바로 이 교회, 그리스도의 몸을 통해 지금 역사하기를 원하고 계십니다.

병 중에 가장 고통스러운 병은 중풍병입니다. 정신은 말짱한데 말을 하려고 하지만 말이 잘 나오지 않습니다. 팔을 움직일 수 없습니다. 다리를 움직일 수 없습니다. 오늘날 주님은 병든 그리스도의 몸 때문에 고통받고 계십니다. 하나님의 능력을 전혀 알지 못하면서 그리스도의 몸에 붙어 있는 자들 때문에 하나님은 일하시지 못합니다. 그리스도의 몸에 붙어 있으면서도 계속 죄악 가운데 거하는 성도들 때문에 오늘 하나님의 역사가 제한받고 있습니다.

이제 예수 그리스도의 교회만이 이 세상을 구할 수 있습니다. 우리의 가정은 예수 그리스도의 몸만이 변화시킬 수 있습니다. 누가 이 일을 감당하겠습니까? 우리가 이 일을 감당합시다.

# 4

## 성령 충만한
### :: 자들의 할 일 ::

사도행전 1 | 제 4 장

# 성령 충만한 자들의 할 일

　베드로가 열한 사도와 같이 서서 소리를 높여 가로되 유대인들과 예루살렘에 사는 모든 사람들아 이 일을 너희로 알게 할 것이니 내 말에 귀를 기울이라 때가 제 삼 시니 너희 생각과 같이 이 사람들이 취한 것이 아니라 이는 곧 선지자 요엘로 말씀하신 것이니 일렀으되 하나님이 가라사대 말세에 내가 내 영으로 모든 육체에게 부어 주리니 너희의 자녀들은 예언할 것이요 너희의 젊은이들은 환상을 보고 너희의 늙은이들은 꿈을 꾸리라 그 때에 내가 내 영으로 내 남종과 여종들에게 부어 주리니 저희가 예언할 것이요 또 내가 위로 하늘에서는 기사와 아래로 땅에서는 징조를 베풀리니 곧 피와 불과 연기로다 주의 크고 영화로운 날이 이르기 전에 해가 변하여 어두워지고 달이 변하여 피가 되리라 누구든지 주의 이름을 부르는 자는 구원을 얻으리라 하였느니라 이스라엘 사람들아 이 말을 들으라 너희도 아는 바에 하나님께서 나사렛 예수로 큰 권능과 기사와 표적을 너희 가운데서 베푸사 너희 앞에서 그를 증거하셨느니라　　　　행 2:14~22

***우리 신체 가운데** 다른 사람과의 관계에서 가장 중요한 것은 뭐니 뭐니 해도 얼굴인 것 같습니다. 그래서 우리가 다른 모든 신체는 다 의복으로 가리지만, 아무리 추운 겨울날이라도 얼굴은 가리지 않습니다. 거울 속의 자신을 바라볼 때 '내 얼굴은 어쩌면 이렇게 안 받쳐줄 수가 있단 말이냐?' 하는 사람도 얼굴을 가리고 다니는 사람은 없습니다. 대낮에 얼굴을 가리고 다니게 되면 그는 도적놈입니다. 복면하고 다니면 못생긴 것이 아니고 오해받기 십상입니다. 그거 왜 그렇습니까? 얼굴은 그 사람을 대표하기 때문에 그렇습니다.

그래서 헬라어에 보면 '화장'이라는 말이 '코스모스', '우주'입니다. 다른 말로 말하면 질서입니다. 화장이란 무엇인가? 질서를 잡는 것입니다. 까맣게 할 데는 까맣게 하고, 하얗게 할 데는 하얗게 해서 질서를 잡는 것인데, 요즘은 아예 재시공을 하더군요. 어쨌든 저는 여자들이 화장하는 것을 좋아합니다.

사람이 나이 30이 넘으면 자기의 얼굴에 대해서 책임을 져야 한다고 말합니다. 잘생겨야 한다는 말이 아닙니다. 그 사람의 마음이 얼굴에 나타나게 되어 있다는 것입니다. 아무리 마음이 착하고, 예의가 바른 사람이라도 아침에 일어나서 눈곱도 떼지 않고 다닌다면 어떻겠습니까? 머리도 빗지 아니하고, 얼굴에 침 흘린 자국을 그대로 가지고 돌아다닌다면 누가 그 사람을 보고 정결하다고 하겠으며, 누가 그 사람과 교제하려고 하겠습니까?

성경에 보면 그리스도인들을 이와 똑같은 맥락으로 설명해 주고 있습니다. 그것은 다름 아닌 우리 그리스도인들의 중요한 임무 중 하나가 세상에 하나님을 알리는 하나님의 얼굴 역할을 해야 한다는 것입니다

다. 물론 성경에 얼굴이라는 단어를 직시해 놓은 곳은 없지만, 그와 비슷한 단어를 수없이 반복해서 말씀하고 있습니다.

> 이러므로 우리가 그리스도를 대신하여 사신이 되어 하나님이 우리로 너희를 권면하시는 것같이 그리스도를 대신하여 간구하노니 너희는 하나님과 화목하라 (고후 5:20)

> 너희는 우리로 말미암아 나타난 그리스도의 편지니 이는 먹으로 쓴 것이 아니요 오직 살아 계신 하나님의 영으로 한 것이며 또 돌비에 쓴 것이 아니요 오직 육의 심비에 한 것이라 (고후 3:3)

> 우리는 구원 얻는 자들에게나 망하는 자들에게나 하나님 앞에서 그리스도의 향기니 (고후 2:15)

'너희는 그리스도의 사신이다. 내가 너희들을 세상에 대사로 보냈노라. 너희는 그리스도의 편지다. 너희는 그리스도의 향기다.' 이 모든 이야기들이 무슨 말씀입니까? 세상 사람들은 우리의 모습을 보고 하나님을 파악하고 있다는 것입니다. 그러므로 우리는 싫든 좋든 간에 하나님의 얼굴 역할을 해야 합니다.

이런 면에서 우리의 모습이 얼마나 중요합니까? 이런 관점에서 바라볼 때 한국 교회는 실패했다고 생각합니다. 한국 교회가 이제는 자신을 깊이 돌아보아야 할 때가 되었다고 봅니다. 겉으로는 부흥하고 성장했는지 모르지만, 과연 그동안 하나님의 모습을 세상에 올바로 보여 주었는가? 저는 그렇지 못하다고 생각합니다.

한국 교회가 실패한 여러 부분에서 사도행전 2장 14절에서 22절 말씀과 관계있는 한 가지를 뽑으라고 한다면 그것은 다름 아닌 '성령 하나님'과 '성령 충만'에 관한 모습일 것입니다. 우리 한국 교회는 성령 충만의 모습을 세상 사람들에게 아주 잘못 보였습니다.

한국 연합 기독교회가 설문 조사를 했는데 이런 질문을 했습니다. '성령, 성령 충만' 하면 어떤 것을 연상하게 됩니까?' 그 답에 첫 번째가 무엇인지 아십니까? '성령' 그러면 그들의 머릿속에는 '아우성', 바로 이 대답이 먼저 나온다는 것입니다. 아우성!

두 번째는 좀 더 심합니다. '광란(狂亂)'입니다.

세 번째는 '소란.'

네 번째는 그래도 조금 낫습니다. '신비한 체험.'

다섯 번째는 '일시적 흥분' 그다음이 '군중 심리'입니다.

그리고 마지막 질문을 했습니다. "이 성령을 당신도 받고 싶습니까? 이러한 체험을 하고 싶습니까?" 그들이 말하기를 "절대 아니다"라고 답했습니다.

성령에 대한 이미지가 이렇다면 정말 누가 받고 싶어 하겠습니까? 그렇다면 이 책임이 누구에게 있을까요? 그리스도인에게 있는 것입니다. 중학교 1학년 때 이런 기도를 드린 적이 있습니다. "아버지 하나님, 저에게 성령을 주시긴 주시되 아주 쬐~끔만 주십시오. 절대 성령 충만하게 하지는 말아 주십시오."

왜냐하면 제 주위의 성령 충만 한 사람들을 보니까, 제가 봐도 제 정신이 아닙니다. 기도는 큰 소리로 열심히 합니다. 그런데 집에 가서는 애들 뺨을 밥주걱으로 마구 때립니다. 그리고 거리에 나가서는 전도한답시고 띠 두르고 확성기에 대고 "예수 천당! 불신 지옥!!" 소리 지릅니다. 다시 집에 와서는 남편과 한판 붙는데 지지도 않습니다. 나이가 한 50정도 되니까 남편을 아예 메어치더군요. 어린 제 생각에 '아, 성령 충만하면 다 저렇게 이상하게 되는가 보다' 했습니다. 그래서 "하나님 아버지, 성령을 쪼끔만 주시옵소서." 제가 그렇게 기도했던 기억이 납니다.

한국 교회의 뼈저린 실패입니다. 지금이 무슨 시대입니까? 우리가 은혜 시대라고 이야기하고, 교회 시대라고도 이야기하고, 성령 시대라고 이야기합니다. 그러나 이 성령에 대해 한국 교회는 세상에 올바른 모습을 제대로 조명해 주지 못했습니다. 거룩하신 제3위 하나님, 성령 하나님이 세상 사람들에게 혐오의 대상이 되고 말았습니다. 성령님이 그렇게 이상한 분이십니까? 하나님이 이상한 분이십니까? 성령 하나님이 광기가 있는 분이시란 말입니까? 아니요! 그런데 왜 이렇게 되었을까요? 오늘날 우리가 얼굴 노릇을 잘못했기 때문입니다.

오순절 날 하나님께서 새 시대를 여셨습니다. 그래서 교회가 탄생하는 그날, 교회의 생일이었기 때문에 하나님께서는 몇 가지 기적을 베풀어 주셨습니다. 그랬더니 그 주위에 모인 사람들이 '야, 신기하다. 이러한 일들이 있을 수 있는가?' 너무너무 놀랐습니다. 그런가 하면 13절에 보니 "아니다. 저들이 새 술에 취했다" 이렇게 이야기합니다.

> 또 어떤 이들은 조롱하여 가로되 저희가 새 술이 취하였다 하더라
> (행 2:13)

그러자 사도 베드로가 그들의 오해를 바로잡아 주기 위해서 분연히 일어서서 설교하기 시작합니다.

사도행전에는 베드로와 사도 바울의 설교가 20%를 차지하고 있습니다. 스데반의 설교까지 합치면 사도행전의 4분의 1이 설교입니다. 그는 분연히 일어나서 두 가지를 설교합니다. 그의 설교는 굉장히 간단합

니다. 오늘 저는 베드로의 설교 가운데 전반부만 다룰 것입니다. 베드로는 두 가지를 이야기합니다. 하나는 부정적으로, 하나는 긍정적으로 설교합니다. "얘들아, 너희들이 오늘 본 이 현상은 너희들이 생각한 이러이러한 것이 아니고, 이러이러한 것이다"라고 긍정으로 두 기둥을 설명해 줍니다. 먼저 아닌 것을 살펴보겠습니다. 15절입니다.

> 때가 제삼 시니 너희 생각과 같이 이 사람들이 취한 것이 아니라 이는 곧 선지자 요엘로 말씀하신 것이니 일렀으되 (행 2:15, 16)

제 3시는 오전 9시입니다. 아무리 술을 좋아해도 일어나자마자 아침 9시부터 돼지 삼겹살 구워서 술 먹는 사람 보셨습니까? 없습니다. "지금이 아침 9시니까 술 취할 리가 없다. 그런 것이 아니다." 그러면서 그다음 16절에 보니까 "이는 곧 선지자 요엘로 말씀하신 것이니", "이는 곧 선지자 요엘로 말씀하신 것이니"라고 말하면서 요엘서 2장 28절 이하 말씀을 그대로 인용했습니다.

하나님께서는 이미 기원전 830년에 "앞으로 놀라운 시대가 열릴 텐데 그 시대를 너희들이 어떻게 알아보느냐? 그 시대가 되면 이런 일이 일어날 것이다"라고 말씀하셨습니다. 그 가운데 가장 신기한 것은 방언입니다. 오늘 우리가 말하는 '랄랄라' 하며 연습해서 얻는 그런 방언이 아닙니다. 제가 한국말로 설교했는데도, 미국 사람들이 놀랍게도 영어로 제 설교를 다 알아듣는 것입니다. "너희가 이러한 현상을 보거든 내가 새로운 시대를 여는 줄 알아라. 그 시대는 참으로 놀라운 시대다. 내가 그 시대에 놀라운 일을 행할 것이다." 그런데 사도 베드로가 이 요엘서를 말씀하면서 한 단어를 변조를 시켰습니다. 이것이 어디에 나옵니까? 17절을 보십시오.

하나님이 가라사대 말세에 내가 내 영으로 모든 육체에게 부어 주리니 (행 2:17)

그 후에 내가 내 신을 만민에게 부어 주리니 (욜 2:28)

언제입니까? '말세에'. 그런데 요엘서에 보면 '그 후에' 그랬습니다. 요엘서에 나오는 이 '그 후에'는 언제를 말하는 것인가 하면 '메시아가 이 땅 위에 오신 후에'를 이야기한 것입니다. 그런데 사도 베드로가 그것을 말세로 바꾸었습니다.

말세가 무엇인지 궁금하지 않습니까? 이 말세는 언제부터 말세인가? 사도 바울이 벌써 말세라 그랬는데, 베드로도 말세라 그랬고, 요즘도 교회 가면 또 말세 이야기를 합니다. 그렇다면 말세가 도대체 언제입니까?

성경적인 말세는 무엇입니까? 성경적인 말세는 시간적인 관념과는 상관이 없고 예수 그리스도와 관계가 있습니다. 예수 그리스도께서 인간의 몸으로 이 땅 위에 오셔서 십자가에 달려 돌아가신 후 사흘 만에 부활하셔서 승천하신 그 때에 이미 말세가 시작된 것입니다. 그러면 이 말세는 언제 끝날까요? 예수 그리스도께서 다시 한 번 이 땅에 재림하시는 그날 끝납니다.

그러니까 우리는 그 사이 세대에 살고 있는 것입니다. 즉 말세에 살고 있습니다. 그러므로 베드로도 말세에 살았고, 우리도 지금 말세에 살고 있는 것입니다. 이 두 사건, 즉 성령 하나님께서 이 땅에 오셔서 교회를 창립하시던 오순절 사건과 주님께서 장차 이 세상을 심판하기 위해서 이 땅에 다시 오실 그 사건을 말합니다. 이 사이에 하나님은 놀라운 시대를 여시겠다고 하셨는데, 그 시대는 바로 성령에 관한 것입니다. 하나님께서 그 성령을 어떻게 주십니까? 몇 가지 특징을 17절 말씀 단어 가운데에서 이야기하고 있습니다.

> 하나님이 가라사대 말세에 내가 내 영으로 모든 육체에게 부어 주리니 너희의 자녀들은 예언할 것이요 너희의 젊은이들은 환상을 보고 너희의 늙은이들은 꿈을 꾸리라 (행 2:17)

하나님께서 말세에 하나님의 영을 모든 육체에 부어 주신다고 하셨습니다. '부어 주리니' 이 단어가 참 중요합니다. 이것은 비에 관한 단어입니다. 하나님께서 성령을 아주 풍부하게 주시겠다는 것입니다. 조금씩 조금씩 인색하게 주시는 것이 아닙니다. 이것은 폭풍우입니다. 정말 폭풍우같이, 성령 하나님을 부어 주시겠다는 것입니다.

폭풍우를 만나 본 적 있습니까? 제가 텍사스에 살 때 하루는 댈러스에서 휴스턴으로 가고 있었습니다. 그 도중에 비를 만났습니다. 아, 그 비가 얼마나 오는지 도저히 차를 운전할 수가 없습니다. 차를 세워 놓았는데 한국에서는 전혀 보지 못했던 비가 차창 위를 야구방망이로 마구 쳐 대는 것 같아 유리창이 금방이라도 깨질 것 같습니다. 폭풍우!! 바로 하나님께서는 성령 하나님을 그렇게 풍부하게 쏟아 부어 주시겠다는 것입니다. 그다음에 영원하게 부어 주시겠다는 뜻이 거기 포함되어 있습니다. 왜냐하면 부어 주신 것은 다시 담을 수 없기 때문입니다.

구약 시대에는 성령 하나님을 주셨다가 다시 거두어 가셨습니다. 그래서 다윗이 말했습니다.

> 나를 주 앞에서 쫓아내지 마시며 주의 성신을 내게서 거두지 마소서
> (시 51:11)

그러나 이제는 우리에게 놀라운 축복이 임했습니다. 내가 예수 그리스도를 나의 구세주로 영접하는 순간 하나님은 성령 하나님을 주십니다. 그리고 그 이후 내가 어떤 죄를 범해도, 살인을 범해도, 혹 간음을 범해도 그 성령 하나님은 내게서 떠나가지 않습니다. 그것을 조직 신학적인 용어로 '성령의 내재하심(Indwelling of The Holy Spirit)' 이렇게 이야기합니다. 그것뿐만 아닙니다. 과거에는 성령 하나님이 특별한 사람에게만 임하셨습니다. 엘리에게서 떠나가셨던 하나님이 사무엘에게만 임했습니다. 그러나 이 시대에는 특별한 시대입니다. 예수 그리스도를 믿는 사람이면 누구에게나 부어 주십니다. 17절, 18절을 다시 보겠습니다.

> 하나님이 가라사대 말세에 내가 내 영으로 모든 육체에게 부어 주리니 너희의 자녀들은 예언할 것이요 너희의 젊은이들은 환상을 보고 너희의 늙은이들은 꿈을 꾸리라 그 때에 내가 내 영으로 내 남종과 여종들에게 부어 주리니 저희가 예언할 것이요 (행 2:17, 18)

누구에게 부어 주십니까? 모든 육체에게 부어 주십니다. 그다음에 자녀가 나오는데 이것은 원어대로 하면 아들과 딸입니다. 그다음은 젊은이들과 늙은이들이 나옵니다. 그다음에 남종과 여종들이 나옵니다. 무슨 이야기입니까? 성령을 보편적으로 부어 주시겠다는 것입니다. 어쨌든 이것은 전혀 새로운 시대입니다. 과거 세대에 경험하지 못했던 놀라운 일이 벌어질 것을 하나님은 요엘 선지자를 통해서 이미 BC 830년 전에 예언해 주신 것입니다.

그러면서 하나님은 요엘 선지자를 통해 성령 받은 자들이 하게 될 중요한 일 몇 가지를 말씀해 주십니다. 우리가 성령 충만을 받게 되면 도대체 어떤 일을 하게 되는가? 성령 충만한 자의 모습은 과연 어떠한가? 함께 살펴보겠습니다.

## 예언

*

첫 번째로 성령 충만한 자는 하나님의 말씀을 전파합니다. "하나님이 가라사대 말세에 내가 내 영으로 모든 육체에게 부어 주리니 너희의 자녀들은 예언할 것이요".

여기서 '예언'이라는 단어를 사람들이 또 얼마나 오해하고 있는지 모릅니다. 우리가 보통 '예언' 그러면 한국말에서는 어쩔 수 없습니다. 그 뜻이 제한되어 있습니다. 미래의 막연한 일을 먼저 예언하는 것입니다. 그러니까 '예언' 하면 우리 마음속에 바로 무엇과 직결하는가 하면 점쟁이와 곧 직결시킵니다. '점쟁이와 예언자가 한 가지 다른 것은 예언자는 하나님을 믿으니까 점쟁이보다 좀 더 잘 알겠구나.' 그래서 점쟁이가 모르는 것은 예언자에게 가서 "내년에 제가 떡볶이 사업을 하려고 하는데 어떻게 잘되겠습니까?" 하고 묻습니다.

저도 그런 체험을 한 적이 있습니다. 하루는 집에 있는데 기도원에서 소위 은혜를 받으셨다는 원장님이 내려오셔서 예배를 드려 주겠다는 것입니다. 예배 드려 주겠다 그러는데 어머니가 말릴 이유도 없고, 말리기도 뭐 하고 그래서 들어오라 그랬습니다. 한참 예배를 드리더니 그분이 이런 이야기를 하십니다. "이 집에 올 봄에 꽃이 피겠구먼." 그때 제가 고등학교 1학년이었을 때인데 속으로 그랬습니다. '아, 그러면 봄에 꽃이 피지, 꽃이 지나?' 속에서 벌써 반감이 일어나는 것입니다. 그래서 "그게 뭔 소리입니까?" 어머니가 물었습니다. 봄에 꽃이 핀다는 소리가 뭔가 하면 올 봄에 우리 누나가 시집가겠다는 겁니다. 웬 걸요, 우리 누나는 올봄은커녕 그다음 해에도 꽃이 안 피고, 그다음 해에도 안 피더니 결국 5년 있다가 그것도 가을 날 갔습니다.

구약의 모든 선지자는 다 예언자입니다. 왜 그렇습니까? 그들은 미래의 막연한 일을 말한 것이 아니라 하나님께서 앞으로 하실 일들을 이야기했기 때문입니다. 예언자의 사명은 두 가지로 요약됩니다. 하나는 하나님께서 미래에 행하실 일들을 미리 말합니다. 그것은 서론입니다. 그러나 그것은 중요하지 않습니다. 그것이 포인트가 아닙니다. 더 중요한 포인트는 '미래에 하나님이 이러이러한 일을 행하시기 때문에 너희들은 오늘 이러이러하게 살아야 한다. 하나님이 장차 심판의 칼을 들고 계시니까 너희는 지금 회개해야 한다.' 이것이 선지자들과 예언자들의 핵심 메시지였습니다.

그러므로 그들은 먼저 하나님의 예언을 백성들에게 말하기 전에 꼭 하나님의 마음을 깊이 이해하는 것이 필요했습니다. 그래서 구약의 선지자 이사야, 예레미야, 다니엘, 에스겔, 모두 한결같이 하나님 앞에 나와 무릎을 꿇고 기도하던 사람들이었습니다. 하나님께서 그들이 기도할 때 나타나셔서 하나님의 마음을 그들에게 가르쳐 주셨습니다. 그러므로 누가 성령 충만 한 사람인가? 바로 하나님의 마음을 깊이 이해하는 사람인 것입니다.

미신의 특징이 무엇입니까? 미신의 특징은 두 가지로 이야기할 수 있는데, 하나는 목적이고, 하나는 방법입니다. 미신의 목적은 단 하나 이기주의적인 내 유익입니다. 그 목적을 이루기 위해서 미신에서는 방법 두 가지를 씁니다. 하나는 열심입니다. 지성과 정성! '지성이면 감천이다.' 그래서 정화수를 떠 놓고 "비나이다, 비나이다, 비나이다, 비나이다!" 한없이 빌고 또 빕니다. 거기에 무슨 신의 뜻이 중요하겠습니까?

제가 며칠 전 밤에 예배 끝나고 집을 향해 올라가고 있었습니다. 우리 아파트 앞에 그랜저 승용차를 한 대 뽑아 놓고, 그 옆에는 목탁을 든 한 분이 서 계십니다. 누군지는 모르겠습니다. 그 다음에 꽤 잘생긴 부부가 나와서 절을 합니다. 그 앞에는 돼지머리가 놓여 있습니다. 그들이 과연 왜 절을 했겠습니까? "오, 신이여, 신이여. 가르쳐 주옵소서. 이 그랜저 승용차를 가지고 무엇을 해야 하나요? 어디를 가야 되겠습니까? 당신의 뜻을 계시하여 주옵소서" 이렇게 기도했을까요? 아니요! 단 하나 사고 나지 말게 해 달라는 것입니다. 열심과 지성입니다.

그 다음 특징은 무엇입니까? 주문과 의식입니다. "열려라, 참깨! 수리수리 마수리!" 이 뜻을 아는 사람이 있습니까? 이것은 세계 대백과 사전을 찾아봐도 없습니다. 왜냐하면 그 뜻이 없기 때문입니다. 그냥 주문일 뿐입니다. 뜻이 필요 없습니다. 미신의 또 하나의 특징은 신의 뜻을 알기를 원치 않는다는 사실입니다. 그들은 그것이 중요하지 않습니다. 오직 목적은 내 유익입니다.

왜 성령 충만을 구합니까? 누구를 위한 것입니까? 정말 주의 뜻을 사모해서 구합니까? 하나님의 마음을 알기를 간절히 원해서 성령 충만을 갈급하고 계십니까? 아니면 혹시 내 몸의 병을 고치기 위해서, 내 아들을 대학 입학시키기 위해서입니까? 병 고쳐 줄 은사를 받기 위해서입니까? 혹시 내 황홀한 체험을 하기 위해서 성령을 간구하는 것은 아닙니까?

오늘 한국 교회는 이런 면에서 돌아보아야 합니다. 성령 충만이란 하나님의 마음을 깊이 이해해서 그 마음을 다른 사람들에게 전하는 것이라고 주님은 말씀해 주십니다. 중요한 말씀을 하나 보겠습니다. 고린도 전서 2장입니다.

> 사람의 사정을 사람의 속에 있는 영 외에는 누가 알리요 이와 같이 하나님의 사정도 하나님의 영 외에는 아무도 알지 못하느니라 우리가 세상의 영을 받지 아니하고 오직 하나님께로 온 영을 받았으니 이는 우리로 하여금 하나님께서 우리에게 은혜로 주신 것들을 알게 하려 하심이라 우리가 이것을 말하거니와 사람의 지혜의 가르친 말로 아니하고 오직 성령의 가르치신 것으로 하니 신령한 일은 신령한 것으로 분별하느니라 육에 속한 사람은 하나님의 성령의 일을 받지 아니하나니 저희에게는 미련하게 보임이요 또 깨닫지도 못하나니 이런 일은 영적으로라야 분변함이니라 신령한 자는 모든 것을 판단하나 자기는 아무에게도 판단을 받지 아니하느니라 누가 주의 마음을 알아서 주를 가르치겠느냐 그러나 우리가 그리스도의 마음을 가졌느니라
> (행 2: 11~16)

오직 누구의 가르치신 것으로 한다고 했습니까? 오직 성령의 가르치신 것으로 한다고 했습니다. 16절만 다시 보겠습니다. "누가 주의 마음을 알아서 주를 가르치겠느냐 그러나 우리가 그리스도의 마음을 가졌느니라."

사도 바울은 성령 충만한 것을 이렇게 표현하고 있습니다. 이 시대에는 하나님의 마음을 아는 자가 필요합니다. 모든 사람들이 내가 어디서 와서 어디로 가며, 어떻게 살아야 하는지를 몰라서 멸망의 구렁텅이로 급히 달려가고 있습니다. 그저 살아갑니다. 하나님의 마음을 아는 자가 없습니다. 나를 지으시고 이 세상을 창조하신 하나님의 심정을 아는 자가 없습니다. 누가 그것을 깨우쳐 주겠습니까? 성령 충만한 자가 해

야 할 일은 하나님의 마음을 깨달아 그들에게 하나님의 말씀을 전파하는 것이라 말씀하십니다.

　이러한 성령 충만의 역사가 우리 자신과 우리들의 가정에 임하기를 바랍니다. 자녀에게 가르쳐야 합니다. 아내에게 가르쳐야 합니다. 친구에게 전파해야 합니다. 이웃에게 전해야 합니다. 성령 충만한 자는 증인이 되어야 합니다. 내가 성령 충만한가, 아니한가? 간단하게 체크해 볼 수 있는 방법이 있습니다. 내가 하나님의 마음을 지금도 내 자녀와 내 이웃들에게 전하고 있는가? 내 가족들에게, 친구들에게 전하고 있는가? 이것이 성령 충만한 자가 해야 할 일입니다.

## 비전

*

　성령 충만한 자의 두 번째 모습을 본문 17절에서 동일하게 이야기해 주고 있습니다.

　"너희의 젊은이들은 환상을 보고" 그랬습니다. 이 '환상'이 요엘서에는 '이상'으로 번역되어 있습니다만, 똑같은 단어를 한국말 성경이 실수로 다르게 번역한 것 같습니다. 이것을 우리가 잘 알아듣기 쉬운 단어로 말하면 비전(vision)입니다. 성령 충만한 자는 비전을 갖게 된다는 것입니다.

　비전을 신학적으로 어떻게 정리할 수 있을까요? 가장 훌륭한 정의는 이렇다고 봅니다. 하나님의 마음속에 있는 것을 우리의 마음에 품는 것입니다. 이것이 비전입니다. '환상' 그러니까 '성령 충만한 사람들은 막 허황된 꿈을 꾸나 보다.' 그것이 아닙니다. 꿈을 꾸기는 꾸는데, 비전을 가지기는 가지는데 하나님의 마음속에 있는 그것을 내 마음에 두는 것입니다.

요사이 젊은이들을 보십시오. 비전이 있습니까? 하나님의 마음을 헤아립니까? 아니요! 모두가 한 치 앞만 바라보고 살아갑니다. 쾌락이 그들의 우상입니다. 어떻게 하면 좀 더 즐길까? 어떻게 하면 이 세상에서 더 많은 재물을 모을까? 우리 그리스도인들조차도 비전을 잃어버렸습니다. 하나님의 마음을 내 마음에 담지 못했습니다. 왜 하나님 믿습니까? 왜 신앙생활을 합니까? 재물을 더 모으기 위해서? 축복받기 위해서입니까? 그것은 비전이 아니라고 이야기하십니다. 하나님께서 우리에게 성령을 강하게 부어 주실 터인데, 우리가 성령 충만을 받게 되면 하나님의 마음에 가진 것을 나도 갖게 된다고 성경은 말씀합니다.

지금부터 약 200년 전 한 무명의 청소년이 17살 때 하나님의 마음, 비전을 가졌습니다. 수많은 청소년들이 타락하고, 자기의 출세를 위해서, 좋은 명문 대학에 가기 위해서 공부하고 있는 그 때에, 영국에서 한 청소년이 하나님의 마음을 품었습니다. 어느 날 설교 시간에 넓은 중국 대륙에 관한 이야기를 들었습니다. 거기에 수많은 영혼들이 지금 멸망의 길로 달려가고 있음을 들었고, 그는 너무도 마음이 불탔습니다.

'아, 내가 선교사가 되어야겠다.' 그리고 그 나라를 연구하기 시작합니다. 연구하다 한 가지 발견한 것은 그 나라의 가난입니다. 하루에 두 끼만 먹고 있었습니다. '내가 이렇게 풍족하게 먹고 있는데 어떻게 선교사로 갈 수 있겠는가? 그래서 훈련하기를 원했습니다. 그도 하루에 두 끼만 먹었습니다. 17살 때부터 3년을 그렇게 먹자 그의 몸무게가 10kg나 빠졌습니다.

그리고 테일러가 살던 시대에는 자동차가 없었습니다. 중국에는 교통수단이 변변치 않은것도 알게 되었습니다. 그래서 그는 걸어서 선교하기로 자정하고 그날부터 하루 16km씩 매일 아침 구보 연습을 했습니다. 훈련하는 겁니다. 왜? 비전을 가졌기 때문입니다. 하나님의 뜨거운 마음을 그가 가졌기 때문입니다. 그 17살의 한 청소년의 비전으로 말미암아 중국에 놀라운 복음이 전파되기 시작했습니다. 그의 이름이 바로 우리가 잘 아는 선교의 아버지, 허드슨 테일러(Hudson Taylor)입니다. 무엇이 그를 그렇게 만들었습니까? 바로 하나님의 비전이었습니다.

잠언에서 하나님 말씀하시기를 백성이 망할 때가 있는데 단 한 가지 이유 때문에 망한다는 것입니다.

> 묵시가 없으면 백성이 방자히 행하거니와 율법을 지키는 자는 복이 있느니라 (잠 29:18)

비전이 없는 백성은 망한다고 이야기합니다. 교회가 멸망의 길로 가고 있습니까? 비전이 없기 때문입니다.

한 광부의 아들이 있었습니다. 너무나도 배가 고팠습니다. 때로 구걸을 해야 했습니다. 그러나 그는 매일매일 찬송했습니다. 그가 늘 불렀던 찬송은 이것입니다.

가난 너머에 찬란한 미래
오 가난 너머에 내 찬란한 미래가 있네

그러면서 그는 기도하며 하나님을 위한 비전을 싹틔웠습니다. 아버지는 광부! 얼마나 가난했을까요? 그런데 그 동네 한 중년 신사가 그의 노랫소리를 유심히 들었습니다. 나중에 그 중년 신사가 교통사고로 아들을 잃게 됩니다. 슬픔에 젖어 있다가 어느 날 그 소년을 찾아옵니다. "네가 내 아들이 되어 주지 않을래? 내가 너의 모든 학비를 대주겠다." 그날 이후 가난을 떨치고 그 청소년은 좋은 환경에서 공부할 수 있게 되었습니다. 주의 마음의 비전을 품고 그 가난 속에서 찬양했을 때 하나님은 그를 들어 쓰신 것입니다. 그래서 그는 시대를 구원하는 유명한 종교 개혁자 마르틴 루터가 되었습니다. 하나님은 어떤 자를 통해 역사하시는가? 비전을 가진 자를 하나님의 마음을 가진 자를 찾으십니다.

한 미국 땅 뒷동산에 네 명의 젊은이가 모여 있었습니다. 타락하는 미국을 바라보며 슬퍼했습니다. "오, 주여! 미국을 구원하여 주옵소서. 이 동네를 구원하여 주옵소서." 네 명이 모여 날마다 기도하는 가운데 그들의 시야를 세계로 점점 넓혀 나갔습니다. 하나님은 그 가운데 한 젊은이를 들어서 세계를 변화시켰습니다. 네비게이토 선교회(The Navigators:1963)의 창시자 도슨 트로트맨(Dawson Trotman)이 그날 거기에 있었던 바로 그 젊은이입니다.

성령 충만한 자는 어떤 자입니까? 시끄럽기만 하고 광기를 보이는 사람이 성령 충만한 자입니까? 아니요! 하나님의 마음을 내 마음에 심는 자입니다. 하나님의 사역을 바라보며 주님의 비전을 가지고 "주여, 나를 사용해 주옵소서. 나를 드립니다. 내가 여기 있나이다" 하며 안타까워하는 자입니다.

하나님은 이러한 자를 찾으십니다. 성령 충만한 자는 무엇을 해야 하는가? 하나님의 말씀을 전파해야 합니다. 비전을 가져야 합니다.

질문드리길 원합니다. "당신은 비전이 있습니까?" 누가 여러분에게 비전이 무엇이냐고 묻는다면, 평생을 통해서 이 일만은 꼭 이루고 싶은 일이 무엇이냐고 묻는다면 당신은 거기에 무엇을 써 내려 가겠습니까? 10억짜리 통장인가요? 50평짜리 아파트인가요? 자녀들의 대성공인가요? 그렇다면 당신은 안타깝게도 비전이 없는 것입니다. 하나님의 마음을 품기 위해서 기도하십시오.

구약의 느헤미야는 민족을 구했습니다. 다니엘, 에스겔은 그 타락한 민족을 구했습니다. 그들이 가진 것은 오직 하나! 하나님의 비전이었다고 성경은 이야기합니다.

## 꿈

\*

마지막, 세 번째 하나님의 성령 충만을 받은 자는 어떠한 삶을 살아가야 하는가? 본문 17절은 늙은이들을 통해 이야기해 줍니다.

"너희의 늙은이들은 꿈을 꾸리라." 오늘 말씀 세 가지를 한 가지로 묶는 학자들도 많지만, 분리해서 단어 하나하나에 의미를 부여하는 학자들도 많습니다. 저는 그 후자의 해석을 따라서 말씀드리고 있습니다.

'꿈을 꾼다.' 이 말은 소망 속에서 살아간다는 말입니다. 소망! 그런데 왜 늙은이들이라고 했을까요?

저는 요사이 좀 철이 드는 것 같습니다. 저의 아버님이 올해 여든 셋이고, 숙부님은 일흔일곱이십니다. 숙부님은 아들이 없기 때문에 제가 자주 찾아가 뵙습니다. 지난주에도 좀 찾아뵈었습니다. 참 늙는다는 것이 얼마나 서글픈지 "여보, 늙는 게 참 서글퍼." 우리 집사람과 요즘 이런 이야기를 많이 합니다.

숙부님도 건강이 썩 좋지 않습니다. 그런데 건강뿐 아니라 또 마땅히 하실 일이 없지 않습니까? 평생 목회하시던 분이 하실 일이 없으니 제가 가면 아주 고역입니다. '박 목사!' 하시면서 2시간 동안 부흥회가 계속됩니다. 들었던 이야기를 또 듣고, 또 듣고 해야 합니다. 제가 교인 역할을 안 해 주면 또 누가 되어 주겠습니까? 몇 시간 동안 운전하고 갔다가 돌아올 때는 '내가 다시는 가나 봐라' 이러지만 그래도 성령께서 마음을 감동하셔서 그다음에 또 갑니다. 이해가 가지 않습니까? 집에 찾아오는 사람 하나 없고, 누가 숙부님의 말을 들어주겠습니까? 스트레스가 너무너무 심하십니다. 그럴 때마다 제가 이 17절 말씀으로 위로를 많이 드립니다.

그 교회가 성령 충만한가 아니한가를 알아보는 좋은 방법이 있습니다. 그 기준은 '그 교회에 계신 어른들이 어떤 소망을 갖고 살아가는가?' 입니다. 그것을 보면 그 교회의 영적 상태를 알 수 있습니다. 늙는 것을 누가 막을 수 있습니까? 돈으로 막을 수 있습니까? 보약으로 막을 수 있습니까?

전도서에 보면 사람이 늙어서 맷돌질을 하지 못하게 되고, 창문은 뿌옇게 되고, 눈이 안 보인다고 했습니다.

> 그런 날에는 집을 지키는 자들이 떨 것이며 힘 있는 자들이 구부러질 것이며 맷돌질하는 자들이 적으므로 그칠 것이며 창들로 내어다 보는 자가 어두워질 것이며 길거리 문들이 닫혀질 것이며 맷돌 소리가 적어질 것이며 새의 소리를 인하여 일어날 것이며 음악하는 여자들은 다 쇠하여질 것이며 (전 12:3, 4)

누가 막겠습니까? 우리가 성령 충만하게 되면 내 몸은 늙더라도 하나님 앞에 소망을 갖게 된다고 주님은 말씀하십니다.

하나님이 주신 소망을 가지시길 바랍니다. 그래서 하나님은 모세를 청년 때에 부르지 아니하시고 인생이 끝나 갈 즈음 80세에 부르셨습니다. 그래서 그를 통해 위대한 일을 하셨습니다.

> 모세가 나를 보내던 날과 같이 오늘날 오히려 강건하니 나의 힘이 그 때나 이제나 일반이라 싸움에나 출입에 감당할 수 있사온즉 그날에 여호와께서 말씀하신 이 산지를 내게 주소서 당신도 그날에 들으셨거니와 그곳에는 아낙 사람이 있고 그 성읍들은 크고 견고할지라도 여호와께서 혹시 나와 함께하시면 내가 필경 여호와의 말씀하신 대로 그들을 쫓아내리이다 (수 14:11, 12)

가나안 땅에 들어가서 누가 헤브론을 차지할 것인가? 젊은이들은 다 겁이 나서 그 강한 성 헤브론 차지하기를 꺼려할 때에 갈렙이 나섰습니다. "내가 그 산지를 차지하겠나이다. 내게 주소서." 결국 그의 나이 85세에 나와서 헤브론을 차지했습니다. 이러한 자가 소망이 있는 자 입니다.

저는 우리 할아버지께서 80세 되던 해부터 할아버지와 평생 처음 함께 살게 되었습니다. 6년을 살았습니다. 그때 제가 어린 생각에도 사람이 나이 많아 늙으면 인생이 점점 비참해질 터인데 할아버지는 그러지를 않았습니다. 얼마나 기쁘게 사시는지 새벽에 일어나시면 발부터 씻으십니다. 그리고는 극동방송 설교를 그렇게 즐겨 들으셨습니다. 성경을 읽으시다가 감격이 되면 저를 부르셔서 설교를 하십니다. 제가 그래서 같은 설교, 오랜 설교 듣는 데는 어려서부터 아주 이력이 났습니다.

그분에게는 소망이 있었던 것입니다. 그래서 제가 어릴 때 막연하나마 '아, 목사의 인생이 저런 거라면 나도 한번 해 보고 싶다' 하는 생각이 들었습니다. 이것이 오늘 제가 있게 된 연유입니다.

7살 때 아버지를 잃은 한 불행한 소년이 있었습니다. 얼마나 가난했으면 그는 어머니와 평생을 다락방을 벗어나지 못했다고 합니다. 한 집에 세 들어 사는데 그것도 모자라 다락방에서 말입니다. 다락방이 얼마나 작습니까? 그러나 그는 자기와 같은 모든 사람들에게 꿈을 심어주기를 원했습니다. 소망을 불어넣어 주기를 원했습니다. 그래서 날마다 일찍 일어나서 간절히 글을 썼습니다. '내가 어떻게 하면 나 자신에게 소망을 불어넣어 주고, 나와 같은 다른 불행한 모든 사람들에게도 하나님의 소망을 전해 줄 수 있을까?' 고민하다가 그는 동화를 쓰기 시작했습니다. 그가 바로 우리가 잘 아는 동화 작가 안데르센입니다. 그는 그의 동화를 통해서 수많은 어린이들에게 꿈을 심어 주었습니다.

성령 충만 받으셨습니까? 그렇다면 자신의 삶의 모습을 한번 조명해 보시지 않겠습니까? 하나님의 말씀을 자녀에게, 이웃에게 부지런히 전파하고 계신가요? 그리고 하나님의 마음을 심장 한가운데 간직하고 살아가십니까? 비전이 있으신가요? 그리고 이 고난의 시대에 소망을 갖고 살아가십니까? 앞길을 전혀 예측할 수 없는 이 어려운 시대에 하나님을 향해 눈을 들고 계십니까? 우리 모두 이러한 사람이 되었으면 좋겠습니다. 하나님의 비전을 가지고 주위 사람들에게 소망을 불어넣어 주는 아름다운 주의 사람들이 되시기를 바랍니다.

# 5

## 성령 충만의 주체,
## :: 예수 그리스도 ::

사도행전 1 | 제 5 장

# 성령 충만의 주체, 예수 그리스도

이스라엘 사람들아 이 말을 들으라 너희도 아는 바에 하나님께서 나사렛 예수로 큰 권능과 기사와 표적을 너희 가운데서 베푸사 너희 앞에서 그를 증거하셨느니라 그가 하나님의 정하신 뜻과 미리 아신 대로 내어 준 바 되었거늘 너희가 법 없는 자들의 손을 빌어 못 박아 죽였으나 하나님께서 사망의 고통을 풀어 살리셨으니 이는 그가 사망에게 매여 있을 수 없었음이라 다윗이 저를 가리켜 가로되 내가 항상 내 앞에 계신 주를 뵈웠음이여 나로 요동치 않게 하기 위하여 그가 내 우편에 계시도다 이러므로 내 마음이 기뻐하였고 내 입술도 즐거워하였으며 육체는 희망에 거하리니 이는 내 영혼을 음부에 버리지 아니하시며 주의 거룩한 자로 썩음을 당치 않게 하실 것임이로다 주께서 생명의 길로 내게 보이셨으니 주의 앞에서 나로 기쁨이 충만하게 하시리로다 하였으니 형제들아 내가 조상 다윗에 대하여 담대히 말할 수 있노니 다윗이 죽어 장사되어 그 묘가 오늘까지 우리 중에 있도다 그는 선지자라 하나님이 이미 맹세하사 그 자손 중에서 한 사람을 그 위에 앉게 하리라 하심을 알고 미리 보는 고로 그리스도의 부활하심을 말하되 저가 음부에 버림이 되지 않고 육신이 썩음을 당하지 아니하시리라 하더니 이 예수를 하나님이 살리신지라 우리가 다 이 일에 증인이로다 하나님이 오른손으로 예수를 높이시매 그가 약속하신 성령을 아버지께 받아서 너희 보고 듣는 이것을 부어 주셨느니라 다윗은 하늘에 올라가지 못하였으나 친히 말하여 가로되 주께서 내 주에게 말씀하시기를 내가 네 원수로 네 발등상 되게 하기까지 너는 내 우편에 앉았으라 하셨도다 하였으니 그런즉 이스라엘 온 집이 정녕 알지니 너희가 십자가에 못 박은 이 예수를 하나님이 주와 그리스도가 되게 하셨느니라 하니라

행 2:22~36

\*한동안 '사오정 시리즈'가 유행인 때가 있었습니다. 의사소통에 대한 주제를 다룬 것입니다. 우리가 한국말을 다 할 줄 아는데도 부부간의 대화, 형제간의 대화, 부모와 자녀 간의 대화를 보면 왜 이렇게 의사소통이 잘 이루어지지 않을까요? 말은 다 통하지만, 말이 통한다고 해서 의사소통이 다 이루어지는 것은 아닌 듯합니다. 그래서 우리가 늘 의사소통이 안 된다는 표현들을 많이 사용합니다.

"저 사람은 참 말귀를 못 알아들어." 재미있는 표현 아닙니까? 말에 귀가 있다는 말입니까? '자다가 남의 다리 긁는 소리 한다' 이런 말도 있습니다. '말이 통해야 무슨 이야기를 하지.' 대화를 하면서도 말이 안 통한다고 호소합니다. 사실 의사소통이 생각보다 그만큼 어렵기 때문이 아닐까요?

의사소통이 얼마나 어려운가를 이야기할 때 또 드는 예화가 있습

니다. 실제 있었던 일인지, 아니면 누가 꾸며 냈는지 그건 잘 모르겠습니다만, 이미 많이들 알고 계실 겁니다.

나이가 한 30을 바라보는 아주 젊은 스님이 하루는 목욕탕을 갔습니다. 혼자 사는 스님이 오랜만에 목욕을 갔는데 등 밀어 줄 사람이 없는 것입니다. 옛날에는 중학생들이 두발을 다 빡빡 깎지 않았습니까? 저쪽에 중학생 하나가 있기에 "야야! 이리 와서 내 등 좀 밀어라." 그러고서 이제 돌아앉았습니다. 그러니까 이 중학생이 와서 등을 밀어 주면서 보니 자기처럼 까까머리를 한 게 반말로 등을 밀라 그러거든요? 그래서 물었습니다.

"아, 어떻게 되십니까?" 그러니까 스님이 점잖게

"어, 나는 중이다." 그랬더니 뒤에서 등을 밀던 이 소년이 스님 뒤통수를 탁!! 때리면서

"이놈아, 나는 중 3이다."

그 스님이 생각하니 이것 참 기가 막히지 않습니까? 새파랗게 어린 애한테 뒤통수를 얻어맞았으니 말입니다. 뭐, 그렇다고 돌아서서 눈을 부라리고 같이 싸울 수 있나요? 그래서 할 수 없이 마음을 가다듬고 다시 이야기를 합니다.

"이놈아, 나는 주~ㅇ이다. 주~ㅇ이란 말이다!" 그랬더니 그 소년이 벌떡 일어나더니 이번에는 아까보다 더 세게, 스님 눈알이 튀어나올 정도로 한 대 갈기면서 대꾸합니다.

"그래, 이놈아! 나는 주~ㅇ 3이다. 주~ㅇ 3이란 말이다!"

아무튼 이렇게 같은 나라 말이라고 다 의사소통이 되는 건 아닌 것 같습니다. 말을 못 알아들어서가 아닙니다. 그 말의 문자적인 뜻은 알지만, 나는 이런 뜻으로 말했는데 상대방은 다른 뜻으로 알아듣는 것이 많

습니다.

　세상에서 뭐니 뭐니 해도 굉장히 고마운 사람이 하나 있다면, 바로 내 말귀를 잘 알아주는 사람일 것입니다. 얼마나 고마운지 모릅니다.

　그래서 그런지 미국에서는 의사들 가운데서도 시간 당 급료가 제일 높은 의사가 바로 정신과 의사입니다. 그런데 그들이 하는 일을 가만 보면 80% 이상이 말을 하는 것이 아니라 그냥 듣는 것입니다. 저를 이상한 눈초리로 보시겠지만, 제가 정신과 치료를 받았던 것은 아닙니다. 정신이 약간 이상한 어느 사람이 있어서 통역을 좀 도와주러 정신과 병원에 갔던 적이 있습니다.

　그런데 의사가 얼마나 환자의 이야기를 진지하게 잘 들어 주는지 모릅니다. 그냥 듣지 않고, "그렇죠." 적당하게 맞장구도 쳐 가면서 말이지요. 그런데 처방하는 것은 별것 없습니다. 몇 마디 안 합니다. 그러면서 시간 당 그렇게 비싸게 받는 것입니다. 그런데도 환자는 나오면서 "아, 후련하다" 그럽니다. 왜 그럴까 가만 생각해 보니 의사가 그만큼 자신의 이야기를 잘 들어 주기 때문입니다.

　그런가 하면 준 것도 없이 괜히 미운 사람이 있습니다. 어떤 사람일까요? 바로 말귀를 못 알아듣는 사람입니다. 저도 그렇습니다. 제가 밥 먹는 걸 좋아한다고 우스갯소리로 가끔 말하지만, 밥 먹는 것이 그리 좋은 게 아닙니다. 목회하면서 제일 예쁜 사람이 누군지 아십니까? 식사 한 끼 대접 안 해 주셔도 좋습니다. 그저 말씀 시간에 그 말씀을 잘 알아듣고, 말귀를 알아듣는 사람입니다. 그 말씀에 순종하고, 변화되는 사람을 보면 제 눈에는 얼마나 예쁜지 정말 60세 할머니도 미인으로 보입니다.

　그런데 교회를 수십 년 다니면서도 그렇게 말귀를 못 알아듣는 사람 보면 제가 목사니까 겉으로는 웃고 있지만 정말 마음이 아주 불편합니다.

하나님도 그러셨던 것 같습니다. 히브리서 1장 1절과 2절을 보면 굉장히 중요한 말씀을 하십니다. 하나님께서 우리에게 의사소통하기를 원하셨습니다.

> 옛적에 선지자들로 여러 부분과 여러 모양으로 우리 조상들에게 말씀하신 하나님이 이 모든 날 마지막에 아들로 우리에게 말씀하셨으니 이 아들을 만유의 후사로 세우시고 또 저로 말미암아 모든 세계를 지으셨느니라 (히 1:1, 2)

여기에서 "옛적에 선지자들로 여러 부분과 여러 모양으로 우리 조상들에게 말씀하신 하나님이" 그랬습니다. 하나님께서 우리에게 하고자 하신 것은 의사소통이었습니다. 뭔가 우리에게 전달하고 싶으신 것이 있었습니다. 그래서 애타는 마음에 여러 부분과 여러 모양으로 우리와 의사소통을 하시려고 했다는 것입니다. 기적도 베풀어 보시고, 회초리도 들어 보십니다. 선지자도 보내 보시고, 별별 방법을 다 쓰셨습니다. 그런데도 우리가 제대로 알아듣지 못하자 하나님께서 마지막 방법을 쓰십니다. 이 모든 날 마지막에 아들로 우리에게 말씀하셨다고 나와 있습니다.

예수님이 이 땅에 왜 오셨는가? 한마디로 말하면 하나님께서 우리와 의사소통하시기 위해서 인간의 몸을 입고 이 땅에 오셨다고 말씀합니다.

그래서 예수님도 이 땅에 오셨을 때 늘 하신 말씀이 있습니다. "귀 있는 자는 들을지어다." 귀 없는 사람이 어디 있겠습니까? 그런데도 이 말씀을 왜 자주 하셨을까요? 설교를 하기 직전마다 이 말씀을 하신 적이 많습니다. "귀 있는 자는 들을지어다." 상당히 많이 하셨습니다. 왜 그랬을까요? 수많은 사람들이 예수님 말씀을 듣지만, 예수님의 심정을 이해하는 사람이 그만큼 적다는 것입니다.

저는 우리 한국 교회가 이 부분에서 돌아볼 점이 참 많다고 생각합니다. 열심은 있습니다. 예배는 자주 드립니다. 그리고 설교는 또 얼마나 많이 듣습니까? 성경 공부를 얼마나 많이 합니까? 주일 예배, 수요 예배, 철야 예배, 새벽 기도회, 구역 예배, 성경 공부! 수십 년간 신앙생활하신 분들은 아마 계산해 보건대 수천 편, 수만 편의 설교는 족히 들으셨을 것입니다. 그런데 하나님은 우리를 보고 "네가 아직 내 말을 못 알아듣는 것 같다" 하시며 답답해하십니다.

특히 한국 교회는 성령 하나님에 관한 부분을 보면 얼마나 하나님의 심정을 모르는지 알 수 있습니다. '성령 충만' 그러면 무엇을 성령 충만으로 생각하는가? 이미 제가 초점을 많이 맞추었습니다만, 그저 이상한 신비적인 체험, 병 낫는 것, 어떤 뜨거운 현상, 진동, 방언, 은사! 과연 그것이 성령 충만일까요?

이 베드로 사도의 설교 가운데 제가 한 단원을 다루는 것입니다. 이미 제가 한 단원을 다루었고, 지금 한 단원을 다루고, 다시 베드로의 설교를 하나 더 다룰 것입니다.

이 설교를 자세히 살펴보십시오. 베드로가 어떠한 상황 가운데서 이러한 설교를 하게 되었습니까? 오순절 날 기적이 임했습니다. 성령이 이 땅에 처음 임하시는 날, 성령 하나님께서 이 땅에 내재하시기 위해서 오신 그날 하나님은 이적을 베푸셨습니다. 홀연히 하늘로부터 급하고 강한 바람 같은 소리가 있어 여기에 모인 120문도들이 앉은 온 집에 가득했습니다. 그리고 불의 혀같이 갈라지는 것이 저희에게 보여 각 사람 위에 임했습니다. 그다음에 저희가 다 성령의 충만함을 받고 성령이 말하게 하심을 따라 다른 방언으로 말하기 시작했습니다. 배우지도 않은 언어로 유창하게 이야기하니까 주위의 사람들이 너무나 놀라며 의혹했습니다. 어떤 이들은 새 술에 취하였다고 조롱했습니다.

그러니까 베드로가 그 오해를 바로잡아 주기 위해 일어서서 소리를 높여 설교합니다. "얘들아, 지금 때가 제 삼 시니 너희 생각과 같이 이 사람들이 취한 것이 아니요, 이 성령은 요엘 선지자를 통해서 하나님께서 이미 예비하신 것이다."

그리고 그다음 두 번째 단락에서 베드로는 누구에 대해 이야기합니까? 놀랍게도 예수님에 대해서 이야기합니다.

오순절이 누가 강림하신 날입니까? 성령 하나님께서 강림하신 날입니다. 그런데 베드로의 설교를 보십시오. 베드로는 90% 이상을 예수님께 초점을 맞추고 있습니다. 베드로는 무슨 말씀을 하고 싶은 것일까요?

오늘날 우리가 흔히 오해하는 성령 하나님! 어떤 사람들 신앙을 관찰해 보면 성령님 따로, 예수님 따로, 하나님 따로인 것 같습니다. 그래서 제가 하루는 우리 교역자들과 성경 공부를 하다가 너무너무 답답해서 이런 말을 했습니다. "한국 교회 교파를 보면 하나님 믿는 무리들이 있고, 예수님 믿는 무리들이 있고, 성령 하나님 믿는 무리들이 있는 것 같다."

어떤 곳에 가 보면 경건하게 "오, 주여!" 하는데도 복음이 없습니다. 어떤 사람들은 예수님은 쏙 빼놓고 복만 밝힙니다. 또 어떤 사람들은 그저 뜨거운 것, 병 고치는 것 운운하면서 '할렐루야!' 를 외칩니다. 왜 그렇습니까? 오해가 있기 때문입니다. '성령 충만' 은 곧 '예수 충만'

이라는 것입니다. 이것을 우리의 머리와 가슴에 깊이 심어야 합니다. 왜 그렇습니까? 너무나 많은 오해가 우리 속에 이미 자리 잡고 있기 때문입니다.

베드로가 하고 싶은 이야기는 바로 여기에 있습니다. '성령 충만이란 무엇인가?' 우리의 마음속에 예수가 충만하다는 것입니다. 그래서 예수님을 설명하는 것으로써 오순절 날 성령 강림 사건을 설명하고 있습니다.

그러면 예수님에 대해서 우리가 무엇을 알아야 하는가? 성령 충만하기 위해서 우리가 무엇을 알아야 하는가? 내가 성령 충만한가, 아니한가? 우리가 어떻게 성령 충만을 받을 것인가? 내가 어떻게 성령님을 내 안에 주인으로 모실 것인가? 어떻게 살아 계신 하나님의 능력이 나를 사로잡아 승리하는 삶을 살 것인가? 그것을 세 가지로 살펴보겠습니다.

## 예수님의 삶

✽

먼저, 우리가 예수 충만하기 위해서, 예수님에 대해서 올바로 알기 위해서, 성령 충만에 대해서 올바로 알기 위해서 우리는 먼저 예수님의 삶에 대한 올바른 이해를 해야 합니다. 예수님의 삶! 베드로가 강조하는 것은 간단합니다.

많은 사람들이 예수님의 삶을 연구해 왔습니다. 그 결과 어떤 사람들은 예수님의 삶 속에서 가장 귀한 것을 삶의 모델링 이라고 해석을 했습니다. 예수님께서 이 땅에 오셔서 우리에게 남기신 가장 중요한 것은 무엇인가? 예수님의 삶의 모습이라는 것입니다. 그래서 그의 삶의 흔적을 한번 보라고 말합니다. 우리가 잘 아는 '예수라면 어떻게 할 것인가?' 라는 책이 있습니다. 꼭 한번 읽어 보시기 바랍니다. 너무나도 놀라운 책입니다. 그러나 중요한 것은 유감스럽게도 그 책의 저자가 예수님의 십자가와 예수님의 부활을 믿지 않는 사람이라는 것입니다. 왜 그렇습니까? 그 책을 쓴 저자는 목사이며 신학자이지만, 그는 예수님에게 있어서 가장 중요한 것이 삶의 모델이라고 생각하기 때문입니다.

어떤 사람은 예수님의 삶 속에서 가장 중요한 것은 가르침이라고 이야기합니다. '예수님이 가르치신 그 놀라운 윤리를 한번 봐라. 놀라운 윤리가 거기에 있지 않느냐?' 윤리를 강조합니다.

또 어떤 사람들은 생각하기를 예수님의 삶 속에서 가장 중요한 것은 능력이라고 이야기합니다. 그래서 병 고치는 것, 은사 받는 것만을 강조합니다.

그러나 사도 베드로가 소개하는 것은 무엇입니까? 우리가 예수 충만하기 위해서, 성령 충만하기 위해서 꼭 알아야 할 부분들을 살펴보겠습니다.

> 이스라엘 사람들아 이 말을 들으라 너희도 아는 바에 하나님께서 나사렛 예수로 큰 권능과 기사와 표적을 너희 가운데서 베푸사 너희 앞에서 그를 증거하셨느니라 (행 2:22)

예수님은 이 땅에 오셔서 무엇을 하셨는가? 사도 베드로는 예수님의 삶을 한마디로 어떻게 이야기하고 있는가? 하나님은 과연 무엇 때문에 예수님을 이 땅에 보내셨고, 그가 33년 동안 하신 일의 의미는 무엇인가? 한마디로 '증거' 라는 것입니다.

예수님이 왜 병자를 고치셨습니까? 이 땅에 병자를 고치기 위한 목적을 가지고 오셨기 때문입니까? 만일 그렇게 생각한다면 아무리 능력 받은 사람이라 할지라도 하나님의 말귀를 아직 못 알아들은 것입니다. 예수님이 만일 이 땅에 병자를 고치시기 위해서 오셨다면 예수님은 그 당시에 사는 지구상의 모든 병자를 다 고쳐 주셨어야만 합니다. 그러나 성경을 보십시오. 예수님은 자신에게 찾아온 사람 가운데 꼭 필요한 사람, 소수의 병자만을 고치셨습니다.

이 땅에 기적을 베푸시기 위해서 오셨을까요? 그렇다면 예수님은 오로지 이적만을 행하셔야 했습니다. 그러나 예수님은 필요한 경우 외에는 이적을 행하지 않으셨습니다.

왜 병자를 고치셨는가? 이 땅에 병자를 고치시는 목적을 가지고 오셨기 때문이 아니라, 한 가지 증거할 것이 있었다는 것입니다. 그 기적을 통해서, 그 표적을 통해서, 그 병 고침을 통해서 예수님은 한 가지 증거하기를 원하셨습니다. 그것이 무엇입니까? 이 땅에 인간의 몸을 입고 찾아오신 나사렛 예수! 이것은 아주 중요한 이야기입니다. 나사렛 예수! 베들레헴 예수가 아닌 나사렛 예수를 이야기합니다. 왜입니까? 나사렛에서 예수님은 자라셨기 때문입니다. 예수님께서 33세에 돌아가셨으니 베드로가 설교하는 그 청중 가운데에는 아마 예수님의 소꿉친구도 있었을 것입니다. "어이, 예수! 나랑 놀래? 한판 붙을까?" 이러는 사람들도 그중에 있었을 겁니다.

그런데 예수님이 이 땅에 오셔서 증거하시고자 했던, 하나님이 예수님을 통해서 우리에게 증거하시고자 했던 한 가지 사실이 있습니다. "애들아, 너희가 내 말귀를 알아듣기를 원하느냐? 그렇다면 내가 예수를 통해 한 가지를 증거하기를 원한다. 그것은 이 예수는 하나님이다."

우리가 이 사실을 깨달아야 합니다. 지금 베드로가 이 말씀을 하고 있는 것입니다. 예수님은 어떠한 분인가? 완벽한 인간의 모습으로 오셨지만, 그는 바로 하나님이시라는 것입니다.

제가 개미를 굉장히 사랑한다고 칩시다. 그런데 이 개미가 불에 떨어져 죽게 생겼습니다. 담으로 막았습니다. 그런다고 개미가 담을 못 넘습니까? 얼마든지 넘어갈 수 있기 때문에 마침내는 떨어져 죽습니다. 방법이 없습니다. 내가 개미를 정말 사랑한다면, 그리고 내게 능력이 많다면, 한 가지 방법이 있을 것입니다. 무엇입니까? 내가 개미가 되어 주는 수밖에요! 그래서 그 개미가 알아들을 수 있는 언어로 눈높이를 맞추어서 개미들에게 외쳐 주는 것입니다.

우리가 예수님의 삶을 보고 무엇을 깨달아야 하는가? 하나님의 이 증거를 받아야 합니다. "애야, 내가 너희들에게 할 이야기가 있다. 정말 내 심정을 너희에게 전달하고 싶구나. 그래서 내가 이제 인간의 몸을 입고 그 땅으로 간다." 그래서 독생하신 하나님, 제2위 하나님, 예수 하나님께서 인간의 몸을 입고 이 땅에 33년 동안 거하셨습니다.

성령 충만 받기를 원하십니까? 그러면 먼저 예수님을 하나님으로 인정하십시오. 그 하나님이 우리를 너무도 사랑하셔서 우리에게 할 이야기가 너무나도 많으십니다. 그런데 우리가 하나님의 말귀를 전혀 알아듣지 못하기에 여러 방법으로 노력해 보시던 하나님께서 수단과 방법을 가리지 않기로 하셨습니다. 급기야 천한 인간의 몸을 입으시고 이 땅에 오신 것입니다. 그분이 바로 예수님이십니다. 성령 충만은 여기서부터 시작됩니다.

수많은 사람들이 교회에 나옵니다.

"예수님, 좋죠?"

"그럼요. 4대 성인 중 한 분인 걸요. 제가 정말 좋아합니다. 그리고 그분의 가르침도 놀랍죠. 산상보훈을 보세요. 오른편 뺨을 치거든 왼편도 돌려 대라고 하잖아요? 아, 얼마나 놀라워요?"하며 이야기들을 많이 합니다. 그러나 하나님의 말귀를 여전히 못 알아듣고 있는 것입니다. 그래서 성령 충만 받지 못합니다.

2000년 전 베들레헴 말구유에 태어나셔서 33년간 험한 인생을 사신 예수님, 바로 인간의 몸을 입고 오신 제2위 하나님이십니다. 이것이 하나님의 증거입니다.

어떻게 성령 충만 받을 것인가? 성령에 대해서 무엇을 알아야 하는가? 예수님의 삶에 대한 올바른 이해가 있어야 합니다.

## 예수님의 죽음

*

두 번째, 오늘 베드로가 설교한 것은 예수님의 죽음에 대한 올바른 이해가 있어야 한다고 이야기합니다.

> 그가 하나님의 정하신 뜻과 미리 아신 대로 내어 준 바 되었거늘 너희가 법 없는 자들의 손을 빌어 못 박아 죽였으나 (행 2:23)

교회에 오랫 동안 많이 나온 사람들 중에도 예수님의 죽음에 대해 두 가지 이야기를 합니다. 하나는 동정론자들입니다. "쯧쯧! 참 안됐다. 착하신 분인데 어쩌다 이렇게 돌아가셨누?"

또 하나는 예수님을 실패자로 봅니다. 그들은 신학교를 나오고 성경을 연구하지만, 예수님에 대해서 다른 견해를 가진 자들입니다. 우리와 생각이 완전히 다른 자들입니다. 예수님을 하나님이라고 절대 믿지 않습니다. 예수님은 실패자라는 것입니다. 정치 개혁을 하고, 사회의 구조를 뜯어고치려고 굉장히 노력하시던 분이었는데 그만 실패했다는 것입니다. 그러니까 우리는 예수님의 전철을 밟지 말고 실패하지 않아야 된다고 말합니다. 그래서 데모라도 해서 이 세상을 엎어야 된다고 주장합니다.

특히 문ㅇㅇ 같은 사람은 이렇게 말합니다. "예수님은 첫 번째 메시아로 이 땅에 왔지만, 실패했다. 그래서 실패하지 않는 사람, 제2의 메시아를 하나님이 보내셨노라." 그가 누구입니까? 바로 문ㅇㅇ, 자기라는 것입니다. 미국 사람들은 한국의 위대한 인물 중, 세종대왕은 몰라도 '문ㅇㅇ' 그러면 다 압니다.

그러나 베드로는 예수님이 십자가에 왜 돌아가셨는지에 대해서 놀라운 말씀을 합니다. 그것은 무엇입니까? 누가 예수님을 죽였다고 이야기합니까? 바로 '너희'가 죽였다고 합니다.

그 당시로 한번 돌아가 봅시다. 거기에는 예수님이 십자가에 달려 돌아가실 때 그 광경을 지켜본 많은 사람들이 있었을 것입니다. 바리새인들과 서기관들이 그를 고소하는 것을 보았습니다. 그리고 로마 군병이 십자가에 못을 박고, 십자가에 달리신 예수님의 그 옆구리에 창을 찌르는 것을 보았습니다. 그래서 예수님을 누가 죽였는가? 그들의 대답은 간단했습니다. 그들의 생각에는 당연히 서기관과 바리새인들이나 로마 군병이 죽였다고 생각했습니다.

그런데 베드로가 설교 가운데 폭탄선언을 합니다. '물론 로마 군병이 직접적으로 예수님을 죽인 것은 맞다. 그러나 그것은 하나님께서 그들의 손을 빌은 것이고, 진정으로 예수님을 십자가에 못 박은 사람은 누구인가? 바로 너희다!' 라고 이야기합니다. 예수님이 왜 죽으셨는가? 하나님의 정하심 때문에 죽었다는 것입니다. 예수님은 우연히 돌아가신 것이 아닙니다. 재수가 없어 돌아가신 것이 아닙니다. 실패해서 돌아가신 것은 더더욱 아닙니다. 하나님이 그를 죽이기로 작정하신 것입니다. 하나님께서 자신의 몸을 십자가에 못 박기로 작정하신 것입니다. 그래서 인간의 몸을 입고 이 땅에 오셨습니다. 그러므로 예수님을 누가 죽였는가? 바로 너희가 죽였다고 이야기합니다.

이것이 중요합니다. 성령 충만을 받을 것인가? 성령을 내 안에 모실 것인가, 아닌가는 바로 이 문제가 결정합니다. 누가 예수를 죽였습니까? 우리가 대답하기를 "저들이 죽였습니다." 그러면 우리는 아직도 하나님의 말귀를 잘 못 알아듣은 것입니다.

누가 예수를 죽였습니까?

내가 죽인 것입니다, 내가요!

누가 예수님을 십자가에 못 박았습니까?

바로 내가 박은 것입니다.

누가 십자가에 달리신 그 예수님의 고통스러운 옆구리를 창으로 찔렀습니까?

성경은 이야기합니다. 하나님은 말씀하십니다. '바로 네가 찔렀지 않니?'

저는 이 사실을 깨닫고 몇 날 며칠 동안 잠을 이루지 못했습니다. 예수님을 남이 죽였다고 생각했을 때는 아무 부담 없이 제 마음이 편했습니다.

'아, 갈보리 십자가 위에 예수님이 달리셨구나. 로마 군병이 십자가에 못 박았구나. 죽였구나.' 편안했습니다. 그러나 성령 하나님께서 내 마음을 푹 찔러 주셨습니다. 성경을 읽는 가운데 "누가 예수님을 십자가에 못 박았니? 너다." 바로 너가 박은 것이라고 말씀하십니다. 내가 못 박은 것이라고! 그 말씀이 비수같이 찔리는 순간 저는 며칠 밤을 잘 수 없었습니다.

내가 예수를 죽였다고 하면 이것은 보통 문제가 아니지 않습니까? 우리는 이 사실을 깨달아야 합니다. 우리가 이 말씀을 깨닫지 못했으면 아직도 하나님의 마음을 잘 모르는 것입니다.

"얘들아, 내가 십자가에서 왜 죽었는지 아니? 바로 너 때문이야. 네가 죄를 지어서야. 내가 네 죄를 용서해 주고 싶지만, 나는 거룩한 성품을 가졌기 때문에 죄를 그냥은 용서할 수 없어. 피가 죄를 속하기 때문에 반드시 피를 흘려야만 해. 네가 죄를 지었기 때문에 너는 멸망 길로 가야 돼. 그런데 내가 너를 너무나 사랑한단다. 얘야, 내가 십자가에 왜 죽었는지 아니? 바로 네가 달려야 할 그 십자가에 내가 대신 달린 거란다!"

찬송가 가사를 잘 아실 것입니다.

갈보리 산 위에 십자가 섰으니 주가 고난을 당한 표라
험한 십자가를 내가 사랑함은 주가 보혈을 흘림이라
최후 승리를 얻기까지 주의 십자가 사랑하리
빛난 면류관 받기까지 험한 십자가 붙들겠네

멸시 천대받은 주의 십자가에 나의 마음이 끌리도다
귀한 어린양이 세상 죄를 지고 험한 십자가 지셨도다

최후 승리를 얻기까지 주의 십자가 사랑하리
빛난 면류관 받기까지 험한 십자가 붙들겠네

험한 십자가에 주가 흘린 피를 믿는 맘으로 바라보니
나를 용서하고 내 죄 사하시려 주가 흘리신 보혈이라
최후 승리를 얻기까지 주의 십자가 사랑하리
빛난 면류관 받기까지 험한 십자가 붙들겠네

주님 예비하신 나의 본향 집에 나를 부르실 그날에는
영광 중에 계신 우리 주와 함께 내가 죽도록 충성하리
최후 승리를 얻기까지 주의 십자가 사랑하리
빛난 면류관 받기까지 험한 십자가 붙들겠네

이 가사 하나하나가 머리가 아닌 가슴으로 받아들여집니까? 오, 갈보리! 오, 갈보리! 주 예수 나를 위하여 십자가에 돌아가신 보배로우신 갈보리! 머리가 아닌 가슴으로 이 사실을 받아들여 보셨나요?

예수님께서 어느 날 부활하시고 나서 제자들을 보고 계셨습니다. 그런데 그 제자들이 그렇게 3년 동안 가르쳤는데도 실망하여 고향으로 돌아가고 있었습니다. 엠마오로 가고 있었습니다. 그때 예수님이 나타나셔서 하셨던 일은 단 하나입니다. 그동안 가르쳤던 모든 말씀에 대해 말귀를 못 알아듣는 그 제자들에게 다시 한 번 설명해 주십니다. 구약에서 말한 바와 같이 메시아가 고난을 받고 우리의 죄를 위해서 십자가에 돌아가심을 설명해 주신 것입니다. 그때 엠마오로 가던 제자들의 마음이 뜨거워졌습니다.

이런 뜨거움이 우리에게도 충만하기를 원합니다. 우리는 '십자가'라는 소리만 들어도 가슴이 무너져 내려야 합니다. 머리에 있던 깨달음이 감동으로 가슴까지 내려오지 않는 분은 기도하십시오. 다른 방법이 없습니다. "주여, 이 십자가의 복음의 진리와 복음의 감격을 제가 깨닫기 원합니다. 하나님 아버지, 도와주옵소서." 이렇게 성령이 내게 충만할 때 나타나는 사실 가운데 하나는 십자가의 의미가 깊게 느껴진다는 것입니다.

우리가 어떻게 하면 성령 충만 받습니까? 성령 충만의 의미는 무엇입니까? 먼저, 예수님의 삶에 대한 올바른 이해가 있습니다. 두 번째, 예수님의 죽음에 대한 올바른 이해가 있습니다.

## 예수님의 부활

*

마지막으로 예수님의 부활에 대한 올바른 이해가 있다고 말합니다. 24절부터 36절까지를 통해 베드로는 예수님의 부활에 대해서 이야기합니다. 시편 16편을 인용했습니다.

> 다윗이 저를 가리켜 가로되 내가 항상 내 앞에 계신 주를 뵈었음이여 나로 요동치 않게 하기 위하여 그가 내 우편에 계시도다 이러므로 내 마음이 기뻐하였고 내 입술도 즐거워하였으며 육체는 희망에 거하리니
> (행 2:25, 26)

25절을 보면 하나님이 우편에 계심을 다윗이 알았던 것 같습니다. 그 결과 그의 마음이 기쁘고, 입술도 즐겁고, 육체는 비록 늙었지만 희

망이 보였습니다. 그런데 문제 구절은 27절입니다.

> 이는 내 영혼을 음부에 버리지 아니하시며 주의 거룩한 자로 썩음을 당치 않게 하실 것임이로다 (행 2:27)

다윗의 몸이 썩었습니다. 그렇다면 여기에서 말하는 거룩한 자는 누구입니까? 이 말씀은 베드로가 해석하기 전까지 굉장히 문제 구절이었습니다. 베드로는 하나님의 영감을 받아서 설교 가운데 이것을 해석해 주었습니다. 29절을 보십시오.

> 형제들아 내가 조상 다윗에 대하여 담대히 말할 수 있노니 다윗이 죽어 장사되어 그 묘가 오늘까지 우리 중에 있도다 (행 2:29)

다윗이 이미 죽었는데 왜 자기가 죽지 않았다고 이야기합니까? 베드로가 하나님의 영감을 받아서 이야기하기를, 이것은 다윗이 선지자 역할을 했다는 것입니다. 자기 몸에 관한 이야기를 한 것이 아니라, 자기 자손 중 누구 하나가 하나님 보좌 우편에 앉는다는 것입니다. 그가 죽었지만 다시 살아날 것을 미리 보고 예언한 것입니다. 그런데 놀라운 말씀이 있습니다. 저도 이렇게 설교할 수 있었으면 좋겠습니다. 32절을 보겠습니다.

> 이 예수를 하나님이 살리신지라 우리가 다 이 일에 증인이로다 (행 2:32)

베드로의 설교 가운데 다윗과 베드로가 만납니다. 예수님의 부활을 누가 먼저 보았습니까? 다윗이 보았습니다. 1,000년 전에 다윗이 본 그 사실을 누가 증거하고 있습니까? 지금 베드로가 증거하고 있습니다. "얘들아, 우리가 이 일에 다 증인이 아니냐?"

예수님께서 살아나신 후에 엠마오로 가던 두 제자에게 나타나셨습니다. 12제자에게 나타나셨고, 베드로에게 나타나셨고, 500여 형제에게 보이셨습니다. 예수님의 부활을 본 자들에게 말하기를 우리가 이 일에 다 증인이 아니냐고 이야기하고 있습니다. 그런데 부활 가운데서 굉장히 중요한 말씀을 베드로는 33절에서 이렇게 이야기합니다.

> 하나님이 오른손으로 예수를 높이시매 그가 약속하신 성령을 아버지께 받아서 너희 보고 듣는 이것을 부어 주셨느니라 (행 2:33)

성령님을 누가 주었다는 것입니까? 부활하신 예수님이 주셨습니다. 성령님을 하나님께서 직접 주시지 않고, 왜 예수님을 통해서 우리에게 주셨을까요? 그 이유가 36절에 기록되어 있습니다.

> 그런즉 이스라엘 온 집이 정녕 알지니 너희가 십자가에 못 박은 이 예수를 하나님이 주와 그리스도가 되게 하셨느니라 하니라 (행 2:36)

"주와 그리스도가 되게 하셨느니라." 사도 베드로가 말하는 부활의 강조점은 바로 이것입니다. 우리가 그저 '부활' 그러면 '아, 예수 다시 사셨네' 하면서 부활절을 지냅니다. 그러나 그 의미를 모릅니다. 오늘 베드로가 부활의 중요한 초점을, 강조점을 이야기하는 것은 다름 아닙니다. 예수님께서 부활하심으로 그의 신분에 변화가 생겼다는 것입니다. 그는 인간의 몸을 입고 이 땅에 오셔서 자기의 신성을 다 제한시키셨습니다. 그러나 부활하신 후에 예수님은 주와 그리스도가 되셨다고 이야기합니다.

무슨 말씀입니까? 이 만유의 주, 이 세상의 주, 이 세상 인류를 구원할 그리스도가 되신 것입니다. 그러므로 이 세상을 지금 누가 주관하고 계십니까? 예수님이 주관하고 계십니다. 오늘 우리에게 누가 성령 충만을 줄 수 있는가? 예수님만이 주실 수 있습니다. 우리가 어떻게 성령 받을 수 있는가? 내가 예수 그리스도를 구제주로 영접하는 그 순간 성령은 내 마음에 들어오십니다. 내가 어떻게 성령 충만 받을 수 있는가? 대답은 간단합니다. 내가 그리스도의 복음에서 깊은 진리를 깨닫고 주님과 깊은 교제를 나누는 순간 그것이 성령 충만입니다.

내가 방언을 못 해도 좋습니다. 내 마음이 뜨겁지 않아도 좋습니다. 이상한 현상이 일어나지 않아도 좋습니다. 내 병이 낫지 않아도 내가 예수님과 깊은 교제를 하는 것입니다. 하나님이 나와 교제하기 위해서 인간의 몸을 입고 이 땅에 찾아오셨습니다. 나를 사랑하셔서 찾아오신 그 예수님과 날마다 깊은 교제를 합니다. 주의 말씀을 보고 들으며, 기도하는 가운데 주님과 깊은 대화를 나눕니다. 그리고 그 주의 말씀에 순종하려고 하는 마음을 가집니다. 이것이 성령 충만임을 믿으시기 바랍니다.

> 그 때에 내가 내 영으로 내 남종과 여종들에게 부어 주리니 저희가 예언할 것이요 또 내가 위로 하늘에서는 기사와 아래로 땅에서는 징조를 베풀리니 곧 피와 불과 연기로다 주의 크고 영화로운 날이 이르기 전에 해가 변하여 어두워지고 달이 변하여 피가 되리라 누구든지 주의 이름을 부르는 자는 구원을 얻으리라 하였느니라 (행 2:18~21)

요엘서가 굉장히 어렵습니다. 본문의 이 베드로의 설교만 해도 100편 이상이 나왔습니다. 그래도 해결되지 않은 부분이 많습니다. 어려운 것 중의 하나는 요엘 선지자가 예언한 그것이 오순절 날 다 이루어졌느냐, 아니면 아직 남았느냐? 학자들의 주장이 서로 갈립니다. 저는 후자입니다. 아직 남아 있다고 믿습니다. 왜 그렇습니까?

구약의 선지자들이 앞일을 예언할 때 먼 산을 보듯이 예언했습니다. 하나님이 희미하게 보여 주셨습니다. 두 산을 멀리서 보면 마치 쌍둥이 산같이 보입니다. 나란히 산이 있는 것 같습니다. 그러나 가까이 가 보면 그 산과 산 사이의 거리는 수십 키로나 떨어져 있습니다.

요엘이 본 것도 그저 희미한 것 두 개를 동시에 본 것입니다. 성령님이 언제 강림하실 것인가? '바람과 같이, 물과 같이, 불과 같이 임할 것이다.' 예, 그 예언이 드디어 오순절 날 이루어졌습니다. 그러나 이루어지지 않은 것 하나가 있지 않습니까? 20절을 보십시오.

> 주의 크고 영화로운 날이 이르기 전에 해가 변하여 어두워지고 달이 변하여 피가 되리라 (행 2:20)

달이 언제 피가 된 적이 있습니까? 이것은 앞으로 남아 있는 일입니다. 언제 그렇게 됩니까? 예수님께서 이 땅에 다시 오시는 날 그렇게 될 것입니다. 이제는 연약한 인간의 몸을 입으시고 십자가에 돌아가시기 위해서 이 땅에 오셨던 예수님이 아닙니다. 만방을 심판하시고 우리의 모든 죄악에 따라서 일일이 심판하실 심판의 주로 예수님이 오십니다. 그날, 이 교회 시대는 끝나고 이 땅에 환난이 닥칠 것을 하나님은 말씀하셨습니다. 앞산이 이루어졌기에 뒷산도 반드시 이루어질 것입니다. 그래서 요엘은 결론을 이렇게 맺었습니다. "이 환난 날이 다가오니 이 교회 시대에 사는 너희들아 누구든지 주의 이름을 부르는 자는 구원을 얻으리라."

하루는 예수님이 길을 지나가시는데 소경 바디메오(디메오의 아들, 바디메오)가 예수님께 소리를 질렀습니다. "다윗의 자손 예수여! 나를 불쌍히 여기소서." 그래, 사람들이 "야, 이놈아, 시끄럽다! 지금 성한 사람도 못 만나고 있는데 예수님이 너를 만나 줄 성 싶으냐?" 막 야단을 쳤습니다. 그런데 이 소경이 겉옷을 벗어던졌습니다.

이것은 굉장히 중요한 문화적인 의미를 담고 있습니다. 오늘날로 말하자면 아마 사람들이 바디메오를 붙잡았던 모양입니다. 그러니까 다 벗어던지고 속옷만 하나 걸치고 소리를 지르며 예수님께 뛰어갔습니다. "다윗의 자손 예수여! 나를 구원해 주소서." 그가 이렇게 주의 이름을 부르자, 그는 구원받았습니다. 예수님이 머물러 서서 그의 눈만 뜨게 해 주신 것이 아니라, 그를 하나님의 자녀로까지 삼아 주셨습니다. 육신의 문제를 호소했더니 영혼의 문제까지 해결해 주신 것입니다. 이것이 예수 이름의 위력입니다.

우리가 살면 앞으로 얼마나 살겠습니까? 남은 생을 성령 충만한 가운데 살아 보지 않으시렵니까? 정말 하나님께서 원하시는 대로 깨끗한 삶, 능력 있는 삶, 죄에서 승리하는 삶! 그렇게 살고 싶지 않습니까? 하나님은 주의 이름을 부르는 자들에게 그 축복을 주실 것이라고 말씀하셨습니다. 예수님의 삶의 의미를 깨달으시기 바랍니다. 그분이 당신 때문에 돌아가심을 느끼십시오. 예수님께서 이 땅에 오신 의미, 성령 충만의 의미를 머리에서 가슴으로 이끌어 내십시오. 예수님은 부활하셔서 우리에게 성령을 부어 주시고자, 성령 충만을 주시고자 그릇을 준비해 주신 것입니다. 그래서 육신의 병도 고쳐 주시는 것입니다. 우리의 몸은 성령께서 거하시는 집입니다.

하나님을 한 번도 마음에 모셔 들이지 않은 자가 있다면 하나님의 이 애타는 심정을 깨달으시기 바랍니다. 주님을 이미 마음에 모셔 들였지만, 부활하신 주님을 내 마음 보좌에 앉혀 드리지 아니한 자들이 있습니까? 나의 구주로 모시지 않고 마음 한 구석에 밀어 넣고 내가 주인이 된 자가 있습니까? 내 인생이라고 해서 내 마음대로 사는 자가 있습니까? 남은 인생 동안 성령 충만하시기를 바랍니다. 생각이 바뀌기기를 바랍니다. 나쁜 습관이 고쳐지기를 바랍니다. 방탕한 마음들이 깨끗하게 되기를 바랍니다. 참으로 하늘의 것을 사모하는 영안이 밝아질 수 있기를 바랍니다. 오늘 친히 하나님께서 말씀하신 부분들을 성령으로 밝히 알아들을 수 있기를 바랍니다.

# 6

이 세대에서
:: **구원받기 위하여** ::

사도행전 1 | 제 6 장

# 이 세대에서
# 구원받기 위하여

저희가 이 말을 듣고 마음에 찔려 베드로와 다른 사도들에게 물어 가로되 형제들아 우리가 어찌 할꼬 하거늘 베드로가 가로되 너희가 회개하여 각각 예수 그리스도의 이름으로 세례/침례를 받고 죄 사함을 얻으라 그리하면 성령을 선물로 받으리니 이 약속은 너희와 너희 자녀와 모든 먼 데 사람 곧 주 우리 하나님이 얼마든지 부르시는 자들에게 하신 것이라 하고 또 여러 말로 확증하며 권하여 가로되 너희가 이 패역한 세대에서 구원을 받으라 하니 그 말을 받는 사람들은 세례/침례를 받으매 이 날에 제자의 수가 삼천이나 더하더라    **행 2:37~41**

*이 세상을 살아갈 때 우리가 올바른 눈을 갖고 살아가는 것, 참으로 중요합니다. 눈을 가졌다고 다 똑같은 것을 보는 건 아닌 듯합니다. 어떤 사람은 다른 사람이 보지 못하는 것을 봅니다. 저는 아이를 키우면서 그것을 많이 느꼈습니다. 똑같은 부모인데 아내는 저보다 우리 아이들이 갓난아이 때 뭘 요구하는지 더 많이 알아차렸습니다. 아기의 웅얼웅얼하는 말을 도저히 못 알아듣겠는데도 어머니들은 바로 알아듣지 않습니까? 그것이 진짜인지 모르지만, 하여튼 아기가 "앙~ 앙!" 이러기만 해도 어머니는 다 알아듣고 통역을 해 줍니다.

저도 사랑의 아버지가 되어 보려고 팔을 걷어붙이고 애를 한번 관찰해 보았습니다. '내가 아내보다 더 먼저 알아차려야지.' 그러나 애가 울 때에는 제가 아무리 잘해 주어도 울음을 잘 안 그칩니다. 그게 잘 안 됩니다. 그런데 우리 집사람은 딱 보면 벌써 기저귀가 젖었는지, 배가 고픈지 금방 알아냅니다. 똑같은 부모인데도 더 정확히 알아보더란 말입니다.

예수님은 이런 말씀을 하셨습니다.

> 눈은 몸의 등불이니 그러므로 네 눈이 성하면 온 몸이 밝을 것이요 눈이 나쁘면 온 몸이 어두울 것이니 그러므로 네게 있는 빛이 어두우면 그 어두움이 얼마나 하겠느뇨 (마 6:22, 23)

예수님께서 단수로 한쪽 눈만을 이야기하셨기 때문에 이것은 우리의 눈을 뜻하는 게 아닐 것입니다. 육신의 눈이 아닌 안목을 이야기하신 것 같습니다. 영적인 눈을 이야기하신 것이고, 인생을 올바로 보는 능력이 있으면 온 인생이 밝아질 것을 말씀하신 것입니다.

우리가 이 세상을 올바른 눈으로 보면 두 가지 세계가 보이기 시작합니다. 하나는 하나님의 세계요, 하나는 사단의 세계입니다. 생명의 세계와 영생과 평화의 세계가 있는 반면, 파멸과 죽음과 죄악의 세계가 나란히 이 세상에 존재하고 있음을 발견합니다. 이 두 가지 세계는 올바른 영의 눈을 가진 자에게 확실히 보입니다. 이 세계를 보고 계십니까?

에베소서 2장 1절부터 3절에 보면 사도 바울이 에베소 교회에게 편지를 쓰면서 그들이 받은 구원이 얼마나 놀라운가를 이야기하고 있습니다. 우리가 구원받기 전에 우리의 상태가 어떠했는가? 구원받기 전에 우리가 살아왔던 세계가 어떤 세계였는가를 적나라하게 보여 주고 있습니다. 우리로 하여금 이 두 가지 세계를 발견하도록 하신 것입니다.

너희의 허물과 죄로 죽었던 너희를 살리셨도다 (엡 2:1)

이것은 말이 되지 않는 것 같습니다. 우리가 보통 이야기하기로는 어떻게 이야기해야 맞습니까? "너희가 일전에 심장마비와 뇌출혈로 죽었던 너희를 내가 살려 냈도다" 이러면 말이 될 텐데 우리가 허물과 죄로 죽었다고 합니다. 에베소 교인들은 한 번도 죽었다가 살아난 적이 없는데도 말입니다. 그러나 사도 바울은 그들이 죽음의 세계에 있었다고 설명합니다.

그 때에 너희가 그 가운데서 행하여 이 세상 풍속을 좇고 공중의 권세 잡은 자를 따랐으니 곧 지금 불순종의 아들들 가운데서 역사하는 영이라 (엡 2:2)

우리가 어떤 세계에 살고 있었는가? 구원받기 전에 사단의 노예 가운데 사단의 세계에 속해 있었다는 것입니다. 그를 표현하기를 공중의 권세 잡은 자, 불순종의 영으로 표현했습니다. 이 세상에는 하나님의 세계와 사단의 세계가 분명 있다는 것입니다.

> 전에는 우리도 다 그 가운데서 우리 육체의 욕심을 따라 지내며 육체와 마음의 원하는 것을 하여 다른 이들과 같이 본질상 진노의 자녀이었더니 (엡 2:3)

하나님께서 우리를 볼 때 우리는 진노의 대상이었습니다. 왜? 하나님이 우리를 보내실 때에는 하나님의 목적이 있어서 보내셨기에 우리가 마땅히 창조주 하나님의 목적에 따라 살아야 합니다. 그런데 목적을 가진 삶이 아니라, 우리의 욕심만을 채우는 삶을 살아가고 있습니다.

성경에 보면 구원에 대해서 많이 언급하고 있습니다. 그래서 우리가 구원에 대한 말을 수없이 듣습니다. 구원이란 무엇입니까? 눈이 밝아져 이 두 세계를 발견하고 사단의 세계에서 하나님의 세계로 옮겨 가는 것, 그것을 성경은 구원이라 이야기합니다. 어렵게 생각할 것 하나도 없습니다. 죽음의 세계에서 생명의 세계로 옮겨 가는 것, 그것을 구원이라고 이야기합니다.

그래서 사도 베드로는 그의 설교 마지막에 수천 명의 백성들 앞에서 그의 마음을 쏟아 내며 이렇게 권면합니다.

> 또 여러 말로 확증하며 권하여 가로되 너희가 이 패역한 세대에서 구원을 받으라 하니 (행 2:40)

구원을 받으라고 말합니다. 성경에서 구원에 대해 이야기할 때 우리는 늘 세 가지 의미를 생각해야 합니다. 이것을 혼돈하면 성경을 올바로 읽을 수 없습니다. 하나는 종국적인 구원입니다. 예수 그리스도가 이 땅에 다시 오셔서 우리를 데려가실 때 우리는 죄와 상관없는 완전히 거룩한 자로 만들어집니다. 이것을 종국적 구원이라고 말합니다. 미래적 구원입니다.

그런데 이 구원은 지금 현재로는 우리와 상관이 없습니다. 그러므로 이 땅에서 우리에게 남아 있는 구원은 무엇인가 하면 신분적인 구원과 과정적인 구원입니다. 신분적인 구원은 말씀에 비추어서 쉽게 이야기하면 사탄의 세계에 속했던 자들이 하나님의 세계로 적을 옮기는 것입니다. 내가 예수 그리스도를 믿는 순간 하나님의 은혜로 내 호적이 사탄의 집에서 파여 하나님의 집으로 옮겨집니다. 이것을 신분적인 구원이라고 합니다. 사탄의 종에서 하나님의 자녀로 신분이 승격되는 것입니다. 노력해서 받는 것이 아닙니다. 내가 예수 그리스도를 믿음으로 받아들일 때 이루어집니다. 그러나 구원은 여기에서 끝나지 않습니다.

성경은 그다음에 한 가지 구원이 더 있음을 알려 줍니다. 그것이 무엇입니까? 바로 과정적인 구원입니다. 성화적인 구원입니다. 이것은 하나님의 나라로 옮겨 간 사람들이 이 땅을 위해 살지 않는 것입니다. 사탄의 종 노릇 하지 않는 것입니다. 죄의 종 노릇 하지 않는 것입니다. 하나님 나라에 입적된 자답게 삶을 살아가는 것을 말합니다. 하루하루 점점 거룩해져 가는 것, 그것을 성경은 과정적인 구원이요, 성화적인 구원이라고 이야기합니다.

이것은 우리가 구원받고 나서도 날마다 이루어 가야 합니다. 그래서 사도 바울은 "너희 구원을 두렵고 떨림으로 이루라." 신분적인 구원을 두렵고 부들부들 떨림으로 이루라는 것이 아닙니다. 과정적인 구원을 이루어 가라는 말씀입니다.

구원 받으셨습니까? 그렇다면 또 하나 물어보겠습니다. 구원받고 계십니까? 지금 여러분의 삶을 하나님 앞에 드리기를 힘써 죄의 종이 아닌 의의 종으로 날마다 드리고 있습니까? 우리가 이 두 가지 구원을 염두에 두고 어떻게 하면 신분적인 구원과 과정적인 구원 모두를 얻을 수 있습니까? 여기에 대해서 몇 가지로 대답해 주고 있습니다.

## 하나님의 말씀을 받아들이라

*

먼저 하나님의 말씀을 받아들여야 한다고 말씀합니다. 37절을 다시 한 번 보겠습니다.

> 저희가 이 말을 듣고 마음에 찔려 베드로와 다른 사도들에게 물어 가로되 형제들아 우리가 어찌 할꼬 하거늘 (행 2:37)

여기에 모인 수천 명의 사람들이 하나님의 말씀을 듣는 순간 그 마음에 찔림이 있었다고 증언합니다. 마음이 찔리다니요? 이게 도대체 무슨 이야기일까요, 성경 곳곳에 보면 이것이 바로 하나님의 말씀의 역할이라고 성경은 가르쳐 주고 있습니다.

우리가 너무나도 잘 아는 말씀, 히브리서 4장 12절, 13절을 보겠습니다.

> 하나님의 말씀은 살았고 운동력이 있어 좌우에 날 선 어떤 검보다도 예리하여 혼과 영과 및 관절과 골수를 찔러 쪼개기까지 하며 또 마음의 생각과 뜻을 감찰하나니 지으신 것이 하나라도 그 앞에 나타나지

않음이 없고 오직 만물이 우리를 상관하시는 자의 눈앞에 벌거벗은 것 같이 드러나느니라 (히 4:12, 13)

하나님의 말씀이 우리에게 어떤 역할을 하고 있는가를 두 가지로 크게 말씀해 주십니다. 첫 번째는 하나님의 말씀은 살아 있는 말씀이라고 이야기합니다. 이 성경은 살아 있는 말씀입니다. 과거의 소설이 아닙니다. 고대 문서가 아닙니다. 과거의 어떤 역사책이 아니라, 지금 현재 살아 움직이는 말씀이라고 이야기합니다. 그 움직임이 어떠한가? 그 능력이 어떠한가? 그 역할이 무엇인가? 좌우에 날 선 어떤 검보다도 예리하다고 표현해 주십니다.

예리한 칼로 종이를 잘라 보셨습니까? 저는 예리한 칼을 좋아합니다. 책상 위에서 작업을 할 때 예리한 커터로 자를 대고 종이를 자릅니다. 칼이 예리하면 10장, 20장씩 자를 때 힘을 약간만 주어도 어떻습니까? 언뜻 보면 종이에 아무런 변화가 없는 것 같습니다. 그러나 자를 내려놓고 종이를 양쪽으로 벌려 보면 10장이 넘는 종이가 두부 잘리듯이 깔끔하게 잘려 있습니다. 그런데 칼이 무디면 어떻습니까? 한 번에 다 안 잘립니다. 종이 위가 찢어지고 밑에는 덜 잘립니다. 그러면 또 다시 잘라야 합니다.

하나님의 말씀을 어디에 비유하여 이야기하고 있습니까? 좌우에 날 선 어떤 검보다도, 이 세상에 존재하는 어떤 검보다도 더 예리하다고 이야기합니다. 하나님의 말씀입니다. 이 세상에 아주 날카로운 칼이 있다 해도 그 칼은 물건을 자를 수는 있습니다. 우리의 가슴은 자를 수 있습니다. 그러나 우리의 마음을 자를 수는 없습니다. 이 세상에 오직 우리의 마음을 자를 수 있는 칼이 있는데, 그것은 바로 하나님의 말씀이라고 이야기합니다.

"혼과 영과 및 관절과 골수를 찔러 쪼개기까지 하며" 그다음에 "또 마음의 생각과 뜻을 감찰하시나니"라고 했습니다. 하나님의 말씀은 우리의 몸을 치료하는 능력만을 이야기하는 것이 아니라, 하나님의 말씀이 우리의 마음도 치료하는 능력이 있다는 것입니다. 그 능력 가운데 하나가 무엇입니까? 우리의 마음속 깊이 감추어진 죄까지 다 드러내어 그 죄를 수술해 주신다는 것입니다.

우리 인간은 끊임없이 자기를 숨기는 존재입니다. 속에는 온갖 탐욕과 정욕과 더러운 것들을 품고 있으면서도 겉으로는 환한 미소와 거룩함으로 남 앞에 나섭니다. 하나님 앞에 사죄의 시간을 많이 갖어야 합니다. 그리고 거룩함으로 서기 위해서 마음을 정결케 해야 합니다. 영혼이 질병을 앓고 있으면서도 겉으로는 아무 일 없다는 듯이 변장하여 다른 사람들 앞에 나타나기를 좋아하는 우리들입니다.

이 세상에 아무리 가까운 사람이라고 해도 우리 마음에 있는 모든 생각이 다 통하는 사람은 없습니다. 남편과 아내라고 해도, 부모와 자식이라고 해도, 아무리 친한 친구라고 해도 우리의 마음을 다 털어놓을 사람은 없습니다. 왜 그렇습니까? 우리 마음속에는 너무나도 숨겨진 것들이 많기 때문에 그렇습니다.

하나님의 말씀의 역할이 무엇입니까? 우리가 하나님의 말씀을 주의 말씀으로 올바로 받을 때 그 말씀이 내 마음속에 꼭꼭 깊이 감춰져 있던 더러운 것들을 다 드러냅니다. 죄악스런 것들을 다 나타내신다 말씀하십니다. 문제는 우리의 태도입니다. 하나님의 말씀은 능력 면에 있어서 좌우에 날 선 어떤 것보다도 예리하지만, 문제는 우리의 태도라고 말씀하십니다.

이렇게 하나님이 우리 안에 있는 죄들을 드러내실 때 우리는 어떻게 해야 합니까? 예수님은 이 능력 있는 하나님의 말씀에 대한 사람들의 반응을 네 가지 밭으로 비유해 주셨습니다. 그 중 하나는 무엇입니까? 길가입니다. 하나님의 말씀이 들려올 때 어떤 사람들은 마음을 길가와 같이 되기로 작정합니다.

콘크리트가 얼마나 딴딴합니까? 옛날에는 콘크리트와 아스팔트가 없었습니다. 그 당시에 가장 딴딴한 땅은 길이었습니다. 사람들이 진흙밭을 밟고 다닙니다. 비가 옵니다. 또 밟습니다. 10년이 가고, 20년이 흘러 갈 때 그 길은 아스팔트와 같이 딴딴해져 버립니다. 아무리 하나님 말씀이 능력이 있지만, 내 마음을 길가처럼 마음먹을 때 하나님의 말씀은 그곳에서 뿌리를 내리지 못합니다. 그래서 새가 와서 이내 쪼아 먹을 수밖에 없습니다.

똑같이 예배를 드려도, 똑같은 말씀을 들어도 길가와 같은 마음이 있다고 예수님은 말씀하십니다.

두 번째 밭은 돌짝밭입니다. 위에는 부드러운 흙이 있습니다. 그러나 식물이 뿌리를 내리려 하니까 웬 걸요, 거기에 돌들이 있습니다. 처음에는 하나님의 말씀을 잘 받습니다. 감정적으로 울기도 합니다. 그러나 며칠이 지나면 언제 그랬냐는 듯이 다 잊어버립니다.

또 예수님은 가시밭을 말씀하셨습니다. 뿌리가 제법 내려가서 싹이 나고 줄기가 나옵니다. 그러나 조금 있다가 죽고 맙니다. 말씀을 잘 받은 것 같습니다. 성경 공부도 잘해서 새 가족 성경 공부도 마쳤습니다. 교회에 등록도 했습니다. 그러나 이 세상에 대한 염려와 물질을 사랑함으로 말미암아 사단의 세계를 버리지 못합니다. 쾌락의 세계를 버리지 못합니다. 죄악의 세계를 버리지 못하고 미련이 남아 있습니다. 그것을 탐하는 마음 때문에 하나님의 말씀이 죽어 버립니다.

마지막으로는 우리가 잘 아는 옥토밭이 있습니다. 하나님의 예리한 말씀이 내 마음의 그늘진 곳을 드러낼 때 그것을 부정하지 않습니다. "오, 하나님, 저를 맡깁니다." 하나님 앞에 나아가는 자들을 예수님은 옥토라고 말씀해 주셨습니다.

모인 수천 명의 사람들은 그들의 마음을 옥토로 만들었다고 성경은 증언합니다. "저희가 이 말씀을 듣고 마음에 찔려", 그들은 마음 문을 열어 하나님의 말씀이 역사하도록 하였습니다.

목사님들끼리 모이면 성도들이 알지 못하는 재미있는 농담들을 많이 합니다. 설교를 듣는 가운데 세 가지 부류를 재미있게 이야기합니다. 설교를 듣는 교인들에게 어떤 형이 있냐 하면 '가자미 형'이 있다고 합니다. 우리가 가자미눈이라 그러는 것은 왜 그렇습니까? 가자미눈이 옆으로 돌아가지 않았습니까? 좌광우도라고 해서 세로로 세워서 눈이 왼쪽으로 있으면 광어이고, 오른쪽에 있으면 도다리입니다. 어쨌든 한쪽으로 몰려 있습니다. 태어날 때는 똑바로 있는데 자라면서 그게 바뀌는 것입니다. 그래서 값 차이가 엄청납니다. 광어가 되면 싸고 도다리는 더 비쌉니다.

어떤 이야기인가 하면 설교를 들으면 자기에게 적용은 안 하고 가자미눈을 뜨며 옆에 앉은 사람을 봅니다. 옆을 봤더니 오늘따라 또 남편이 안 왔습니다.

'아이고, 주여~! 참 일이 안 된다, 안 돼! 이 말씀을 들어야 변화될 텐데……'

남편은 남편대로 옆에 앉은 아내를 의식합니다.

'하, 이 마누라가 이 말씀을 들어야 되는데……'

그래서 좀 졸라 치면 괜히 '으흠!' 하고 깨웁니다. 무슨 형입니까?

가자미 형입니다. 하나님 말씀을 받을 때 이런 사람들이 의외로 많습니다.

두 번째, 불독형이 있다고 합니다. 반항형입니다. 불독이 어떻게 합니까? 딱 마주쳤다 하면 그냥 싸우려고 으르렁 댑니다. 그래서 목사가 설교를 하면 '저 목사가 또 나를 치는구나' 라고 생각합니다.

저도 그런 이야기 많이 듣습니다. 설교 마치고 나면 좋은 의미든 나쁜 의미든 제가 처음 와서 몇 달 동안 들은 이야기가 있습니다. "목사님, 지난주에 저에게 그런 일이 있는 줄 어떻게 아셨어요?" 좋게 이야기하지만 속으로는 나름대로 불평을 털어놓는 것입니다. '왜 설교에서 내 이야기 했냐?' 는 거죠. 그러나 저는 설교할 때 어느 누구를 의식해서 설교한 적이 한 번도 없습니다. 그런데도 한두 명이 아닙니다. 어떨 때는 다섯 명, 일곱 명, 열 명 가량의 성도들이 똑같은 이야기를 합니다. '오늘 목사님이 제 이야기를 했다' 고 말이죠. 왜 그럴까요? 살아 있는 말씀이기 때문에 그렇습니다.

하나님 말씀이 선포될 때 불독형이 되지 않기를 바랍니다. 우리가 어떻게 받아야 합니까? 주의 말씀이 선포될 때 인간의 소리가 아니라 하나님께서 종을 통해서 지난 주간에 있었던 나의 잘못을 지적하시는 것으로 들어야 합니다. "아버지 하나님, 내 인생을 수술하고 계시는군요. 제 마음을 엽니다. 제 마음을 옥토로 만들겠습니다."

우리에게 이 작업이 필요하다고 이야기합니다. 우리가 어떻게 구원받을 수 있습니까? 어떻게 사단의 세계에서 하나님의 세계로 옮길 수 있습니까? 어떻게 하나님의 세계에 옮겨 간 자들이 거룩하신 하나님을 본받아 날마다 자기의 삶을 성화하는 구원을 얻을 수 있을까요? 하나님의 말씀을 받아들이라고 하십니다.

앞으로 우리의 남은 평생에 선포되는 주의 말씀을 나의 것으로 받아들이는 축복이 있기를 바랍니다. 그래야 구원받습니다. 그래야 신앙이 자랍니다.

## 하나님의 말씀에 나를 맡기라

*

두 번째, 우리가 구원받기 위해서, 우리의 신앙이 성장하기 위해서 우리가 무엇을 해야 합니까? 하나님의 말씀에 나를 맡겨야 합니다. 하나님의 말씀을 받아들여야 할 뿐만 아니라 하나님의 말씀에 나를 맡겨야 한다고 이야기합니다.

> 저희가 이 말을 듣고 마음에 찔려 베드로와 다른 사도들에게 물어 가로되 형제들아 우리가 어찌 할꼬 하거늘 (행 2:37)

누가는 이 수천 명이 베드로의 설교를 듣고 난 후의 반응을 두 가지로 기록해 주었습니다. 하나는 그들이 그 말씀을 들었을 때 마음이 찔렸습니다. 하나님의 말씀이 그들 마음속 깊이 박힐 수 있도록 그들의 마음 문을 열었습니다. 그뿐만 아니라 그들은 말씀으로 마음을 찔림 당한 후에 이렇게 반응했습니다. "형제들아, 우리가 어찌 할꼬?"

오늘 교회의 비극은 무엇입니까? 이 '어찌 할꼬?'의 자세가 없다는 것입니다. 말씀을 들을 때 자기가 취사선택합니다. 너무나 많은 말씀을 들어서 지식이 넘칩니다. 그래서 자기 기분에 드는 것은 받아들이고, 생각이 맞지 않으면 버려 버립니다.

오늘날 설교가 하나의 공연이 되기도 합니다. 가끔 가다가 직설적으로 표현하는 분이 있습니다. "목사님, 오늘 설교 따봉이에요, 따봉!" '오늘 공연 좋았다' 이거죠.

그러면 그 말만 하겠습니까? 차마 말을 못할 뿐이지, '목사님, 오늘 설교는 죽 쑤었어요.' 이렇게 말하고 싶을 때는 없겠습니까? 오늘날 어느덧 선포되는 하나님의 말씀이 하나의 공연이 되어 버렸습니다. 탤런트가 와서 공연하듯이 "야, 설교 잘한다, 저 목사님이 어젯밤에는 별로 설교 준비를 안 하셨나 보군."

그러나 여기에 모인 이 수천 명의 사람들은 하나님의 말씀에 어떠한 반응을 보였다고 성경이 이야기합니까? "형제들아 어찌 할꼬?" 하나님의 말씀으로 자신들의 속을 들여다본 이후에 그들은 하나님 앞에서 자신을 발견하기를 원했습니다. "형제들아, 형제들아! 우리가 어찌하면 좋겠는가?" 거룩하신 하나님을 일대일로 만난 자들은 이 고백을 할 수밖에 없다고 성경은 이야기합니다.

이사야가 그러했습니다. 나라가 위기 가운데 빠졌습니다. 자신을 위해 기도하기보다는 나라를 위해 성전에서 엎드려 기도하기 시작합니다. 기도하는 가운데 하나님을 만났습니다. 이 나라가 문제인 줄 알았더니 하나님을 만난 그 순간 자기의 영혼이 문제임을 깨닫습니다. "오호라, 나여, 망하게 되었구나. 나는 입술이 부정한 자로서 거룩하신 하나님을 뵈었습니다. 하나님, 어찌하면 좋습니까? 제가 어찌하면 좋겠습니까?" 이렇게 하나님의 말씀 앞에 자신을 맡기는 역사가 있었을 때 하나님께서 천사 가운데 가장 높은 '스랍'을 보내 주셔서 그의 죄를 먼저 정결케 해 주셨다고 성경은 말씀합니다.

또 베드로가 그리했습니다. 3년 동안 예수님을 친구같이 되어 따라

다녔습니다. 4대 성인의 한 사람인 줄 알았고, 능력이 많은 선지자인 줄 알았습니다. 그러나 어느 날 평생을 어부로 자란 자기도 모르는 한 곳에 그물을 던지라고 이야기하십니다. 순종해서 던졌더니 고기가 그물이 찢어지도록 잡혔습니다. 그 순간 베드로는 성령 하나님의 도움으로 그분이 인간이 아니라는 사실을 깨달았던 것입니다. 그리고 자신의 더러움을 보았습니다. 고기가 많이 잡힌 데에는 아예 관심도 없었습니다.

보통 논리로 이야기한다면 베드로가 어떻게 대답해야 합니까? "이야, 예수님, 굉장히 놀랍네요. 제가 평생 어부로 자랐는데 어떻게 저보다 고기 잡는 법을 더 잘 아십니까?" 그러나 그날 베드로는 털썩 무릎을 꿇고 앉았습니다. "주여, 나를 떠나소서. 나는 죄인이로소이다."

사울은 이 세상에서 자기가 가장 의로운 사람인 줄 알았습니다. 그래서 예수 믿는 자들을 잡아서 옥에 가두기 위해 그날도 허가장을 얻어 다메섹으로 가고 있었습니다. 갑자기 하늘에서 밝은 빛이 비취며 사울은 눈이 멀어 버렸습니다. 당황한 나머지 그는 땅에 엎드려 부르짖습니다.

"주여, 뉘시오니이까?"

"나는 네가 핍박하는 예수다."

그다음에 사울이 한 말이 무엇입니까?

주여, 내가 무엇을 하기를 원하시나이까? 말씀하옵소서. 말씀하시는 대로 제가 순종하겠나이다."

사울은 그 순간 하나님의 말씀 앞에 자기를 맡겼습니다. 그 순간뿐만 아니라 그의 일생 모두를 맡긴 자가 되었습니다.

"주님, 어찌하면 좋습니까? 주여, 내가 무엇을 하기를 원하시나이까?"

우리에게도 이러한 기도가 필요합니다.

"천부여, 의지 없어서 손들고 옵니다. 주 나를 박대하시면 나 어디 가리이까?"

우리에게 이런 기도가 필요합니다.

"아버지여, 내가 하늘과 아버지께 죄를 얻었사오니 지금부터는 아버지의 아들이라 일컬음을 감당치 못하겠나이다. 나를 품꾼의 하나로 보소서."

"나 주를 멀리 떠났다 이제 옵니다. 나 이제 왔으니 주여, 나를 받아 주시옵소서."

"내 주여, 뜻대로 행하시옵소서. 온 몸과 영혼을 다 주께 드리니 이 세상 고락 간 주 인도하시고 날 주관하셔서 뜻대로 합소서. 날 주관하옵소서."

우리에게 이러한 기도가 필요합니다. 하나님의 말씀을 들을 때마다 이러한 마음의 자세가 필요합니다.

"주여, 내가 당신 앞에 내 인생을 맡깁니다. 제가 무엇을 하기를 원하시나이까?"

"마음이 가난한 자는 복이 있나니"

"애통하는 자는 복이 있나니" 주님은 말씀하셨습니다.

"형제들아, 우리가 어찌 할꼬?" 바로 이것을 두고 하신 말씀입니다. 살아 있고 운동력이 있어 우리의 마음을 치유할 수 있는 이 세상에서 유일한, 단 하나! 하나님의 말씀 앞에 인생을 한번 맡겨 보시지 않겠습니까? 이 문서화된 하나님의 말씀이 어느 날 갑자기 살아 있는 음성으로 나의 가슴에 와 박힐 때에, '주여, 내가 무엇을 하리이까?' 오늘 한국 교회는 이 자세를 회복해야 합니다.

평양에 처음 복음이 들어왔을 때 저는 할아버님에게 들었습니다.

저의 할아버지는 말씀을 그렇게 잘하시는 분이 아니었습니다. 그러나 똑같은 복음 한 마디를 들고 설교하는데도 그 온 동네에 참회가 일어났다고 합니다.

오늘날 우리는 너무나 많은 하나님의 말씀을 접하고 있습니다. 라디오만 켜면, 테이프만 집어넣으면, 텔레비전을 켜도 수많은 하나님의 말씀을 들을 수 있습니다. 그러나 그 순간 나도 모르게 우리의 마음은 길가가 되어 버리는 것 같습니다.

우리 오늘부터 기도합시다.

"주여, 내 마음을 갈아엎어 주옵소서. 옥토로 만들어 주옵소서. 작은 어린아이의 음성 하나를 듣고도 하나님의 음성에 순종할 마음 주시옵소서."

우리에게 이러한 마음이 있기 시작하면, 저녁노을을 보고도 하나님께서 말씀하심을 느낄 수 있습니다. 바다를 보고 있어도 하나님이 말씀하십니다.

저는 그런 것을 너무나 많이 느꼈습니다. 해가 질 때 바닷가 산 위에 올라가면 하나님께서 내게 말씀을 얼마나 많이 주시는지 모릅니다. 산보하러 나갔다가 무릎 꿇은 적이 한두 번이 아닙니다. 수건을 온통 적시며 울었던 적이 한두 번이 아닙니다. 주의 말씀 앞에 인생을 맡기십시오.

우리가 어떻게 하나님의 나라로 옮겨 갈 수 있습니까? 어떻게 거룩한 자로 빚어짐을 받을 수 있습니까? 하나님의 말씀을 나의 것으로 받아들여야 합니다. 하나님의 말씀에 나를 맡겨야 합니다.

## 하나님의 말씀으로 나를 바꾸라

*

마지막, 세 번째, 하나님의 말씀으로 나를 바꾸어야 합니다.

38절, 39절을 보십시오. "우리가 어찌 할꼬?" 하고 물으니 베드로가 대답을 합니다.

> 베드로가 가로되 너희가 회개하여 각각 예수 그리스도의 이름으로 세례/침례를 받고 죄 사함을 얻으라 그리하면 성령을 선물로 받으리니 이 약속은 너희와 너희 자녀와 모든 먼 데 사람 곧 주 우리 하나님이 얼마든지 부르시는 자들에게 하신 것이라 하고 (행 2:38, 39)

그들에게만 하신 말씀이 아닙니다. 누구든지 회개하면 성령을 선물로 받게 됩니다. 죄 사함을 받게 됩니다. 깨끗하게 되고, 구원받게 된다 말씀하십니다. 조건은 단 하나입니다. 예수 이름으로 회개하고 세례/침례받는 것입니다.

회개가 무엇입니까? 많은 사람들이 회개에 대한 오해가 많습니다. '회개' 그러면 그저 하나의 후회로 생각합니다. 과거의 잘못을 뉘우치는 거죠. '지난주에 내가 그 말을 하지 말았어야 했는데······.' 이것은 회개가 아닙니다.

성경에서 말하는 회개라는 단어는 헬라어로 너무도 정확해서 아무도 오해할 소지가 없습니다. 그것은 내 마음을 완전히 바꾸는 것입니다. 과거에는 이러이러한 태도로 살았는데, 오늘 이 순간 내가 회개하고 나서 내 마음을 완전히 바꾸는 것입니다. 내가 동쪽으로 가다가 내 생애 방향을 서쪽으로 틀어서 유턴하는 것, 이것이 바로 회개입니다. 무엇을 하여야 구원받는다고 이야기합니까? 누구에 대해서 마음을 바꾸는 것이 회개입니까?

'이 말을 듣고', '이 말'이 무엇입니까? 베드로의 설교 내용입니다. 제가 앞 장에서 이미 줄거리를 말씀드렸습니다. 베드로의 설교는 단 하나였습니다. 예수 그리스도에 관한 것이었습니다. 베드로는 말씀드린 대로 예수님에 대해서 세 가지를 설교했습니다. 무엇에 대해서 마음을 바꾸어야 합니까? 예수님은 단순한 한 사람이 아닙니다. 정치가가 아닙니다. 혁명가가 아닙니다. 4대 성인 중 한 사람이 아닙니다. 그분은 하나님이라는 사실을 우리가 받아들여야 합니다. 우리를 사랑하셔서 이 땅을 지으셨는데 우리가 죄악의 길로 달려가자, 우리를 구원하기 위해서 친히 인간의 몸을 입고 이 땅에 찾아오신 것에 대해서 내 마음을 바꾸어야 합니다.

두 번째, 예수님에 대해서, 예수님의 죽음에 대해서 내 마음을 바꾸어야 합니다. 여기에 모인 무리들은 어떤 사람들입니까? 예수님이 갈보리 십자가에 달려 돌아가실 때 그 주위에 다 있었던 사람들입니다. 로마 군병들이 못을 박는 것을 보았습니다. 창으로 찌르는 것을 목도했습니다. 그들은 그때까지만 해도 로마 군병이 예수님을 죽였다고 생각했습니다. 서기관들이 예수님을 못 박았다고 생각했습니다. 그러나 베드로가 "그게 아니고 너희가, 바로 네가 예수님을 십자가에 못 박았다"라고 설교하자 그 말씀을 듣고 마음에 찔렸습니다.

오늘 우리에게도 이러한 회개가 필요합니다. 갈보리 십자가를 바라보며 "오, 아버지 하나님, 어쩐 일입니까? 내가 마땅히 거기에 달려 있어야 하는데 왜 죄 없으신 당신이 거기에 달려 있습니까? 주님, 바로 내 죄 때문입니다. 내가 당신을 십자가에 못 박았습니다." 오늘 이렇게 우리의 마음을 바꾸어야 합니다.

예수님은 부활하셨습니다. 무덤에 갇히신 것이 아닙니다. 그래서 베드로는 설교했습니다. 부활하신 후에 예수님이 이 세상의 주와 그리스도가 되셨다고 이야기합니다. 무슨 뜻입니까? 이 세상을 지금 예수님이 주관하고 계십니다. 앞으로 이 세상을 성부, 성자, 성령 하나님 가운데 성자 하나님이 심판하십니다. 십자가에 달리신 예수님이 못에 구멍난 손을 가지시고, 옆구리에 상처를 입으시고, 심판석에 앉아서 한 사람 한 사람 심판하실 날이 올 것입니다.

이 사실을 깨닫고 마음을 바꾸라고 이야기합니다. 이것이 회개입니다. 하나님이 날 사랑하셔서 인간의 몸을 입으시고 바로 내 죄를 대신하여 십자가에 달리신 사실을 믿는 것입니다. 그러한 자는 이런 고백이 나옵니다.

"오, 주님, 어찌하면 좋습니까? 내 마음을 엽니다. 내가 내 죄를 회개합니다. 교만하게 하나님도 모르고 살았습니다. 이 땅의 돈만 위해 살았습니다. 명예만 위해 살았고, 쾌락만 위해 살았습니다. 사단의 세계를 추구하며 살았습니다. 주여, 제 마음을 바꾸기를 원합니다. 나를 받아주옵소서." 이것이 회개입니다.

> 또 여러 말로 확증하며 권하여 가로되 너희가 이 패역한 세대에서 구원을 받으라 하니 (행 2:40)

무슨 세대입니까? 패역한 세대입니다. 제가 이 단어를 연구해 보았습니다. 문자적으로는 어떤 뜻입니까? 구부러진 것입니다. 그리고 막 비비꼬이고 비틀어진 것입니다. 세상이 하나님께서 원하시는 대로 가지 아니하고 지금 비틀어져 있단 말입니다. 구부러져 있단 말입니다. 이것은 그 당시에 이 세상이 부정직하다는 것입니다. 아주 교활하다는 것입니다. 거짓투성이인 세상이라는 것입니다.

우리는 이 세대가 패역해졌다는 사실을 새삼 증명할 필요가 없습니다. 텔레비전 5분만 보아도, 뉴스 5분만 보아도 우리는 그것을 인정할 수 있습니다. 이 세대는 패역해졌습니다. 한때 세 여자가 나라를 떠들썩하게 만든 적이 있습니다. 그런데 놀라운 사실은 그 세 여인이 한 교회에 출석하는 집사요, 권사들이라는 것입니다. 교회에 나란히 나와 예배드리는 그들이, 집사 직분을 받은 그들이 서로 고소하고 거짓말을 합니다. 단 한 사람도 정직을 말하는 사람이 없습니다.

이 세상이 얼마나 패역해졌는지 아십니까? 다른 사람들 이야기할 것 없습니다. 예배를 드리는 자들이 사업장에 나가 거짓말합니다. 가정에서 아내에게, 남편에게 거짓말합니다. 패역한 세대입니다.

하나님은 그래서 사도 베드로를 통해 뜨거운 마음으로 우리를 향해 외치십니다. "너희는 이 패역한 세대에서 구원을 받으라!"

이 구원이 가정에 임하기를 바랍니다. 직분이 중요한 것이 아닙니다. 예배에 참석하는 것이 중요한 것이 아닙니다. 성경 공부를 하는 것이 중요한 것이 아닙니다. 우리는 구원받아야 합니다. 성화적인 구원이 이루어져 가야 합니다. 구원이란 무엇입니까? 하나님의 사랑에 우리가 반응하는 것입니다.

마리아라는 여인과 크리스틴이라는 16살 난 딸아이가 함께 살고 있었습니다. 아버지가 일찍 돌아가셨기에 그들은 그저 모녀간에 의지하며 살았습니다. 남자가 없으니까 많은 돈을 벌 수가 없습니다. 굉장히 고생하며 가난 가운데 변두리에서 살아갑니다. 그런데 딸이 사춘기가 되자 늘 입버릇처럼 이야기합니다. "나는 이 지긋지긋한 집을 벗어나서 언젠가는 저 도시로 나갈 거야, 엄마!"

엄마가 말립니다. "어른이 된 다음 나가야 돼. 네 나이에 나가면 돈을 벌 수 있을 줄 아니? 많은 위험이 기다리고 있어. 나가지 마라!" 하며 부탁합니다.

그러나 어느 날 아침에 일어나 보니 딸아이의 방이 비어 있는 것을 발견합니다. 어머니는 금방 알아챘습니다. '드디어 아이가 나갔구나.' 그 딸은 브라질의 리오데자네이로라는 큰 도시로 나갔습니다. 이 어머니가 급하게 자기의 가방을 꾸립니다. 버스를 타고 떠날 준비를 다 마친 후 마지막으로 그 어머니가 한 사진관에 들립니다. 그리고 자기 증명사진을 찍고, 그 흑백 사진을 수백 장 현상하여서 가방에 넣었습니다. 그리고 그 어머니는 딸이 갔을 것으로 예상되는 도시를 가서 돌아다니며 사진을 일일이 붙입니다. 청소년들이 좋아하는 바(bar)에 들어가서 화장실 거울에도 붙여 놓기도 하고, 온 시내의 게시판에도 붙여 놓았습니다. 하여튼 있음직한 곳은 다 찾아다니며 붙였습니다. 그리고 집에 돌아와 하나님께 기도하며 기다렸습니다.

한편 크리스틴은 일주일이 지나자 집에서 가지고 나간 돈을 다 써 버렸습니다. 누가 그녀에게 밥을 먹여 주겠습니까? 수많은 위험이 도사리고 있었습니다. 사흘 동안 아무것도 먹지 못해서 배는 고플 대로 고프고, 머리는 감지 못해서 이미 더러워질 대로 더러워졌습니다. 집 떠나고 나면 집이 얼마나 그립습니까? 이러지도 못하고, 저러지도 못합니다. 회의에 빠졌습니다. 하루는 2층 카페에서 커피를 마시고 내려오는 중이었습니다. 그 순간 게시판에서 하나의 조그만 사진을 보게 됩니다. 눈에 굉장히 익은 사진입니다. 자기 어머니의 사진이었습니다. 깜짝 놀라 그 사진을 떼었더니 뒤에 이런 글귀가 적혀 있었습니다. 이것은 실화입니다.

크리스틴아, 내가 너를 너무도 사랑한다.
네가 무슨 일을 했든지,
그리고 지금 네가 어떤 형편에 있든지
제발 돌아오기만 해라.
-엄마가-

　그날 저녁 딸은 집으로 돌아왔습니다.
　참구원이란 무엇입니까? 집으로 돌아가는 것입니다. "아버지, 당신이 날 만드셨습니다. 당신이 나를 귀한 존재로 이 땅에 보내셨습니다. 이렇게 돈만 벌라고, 이렇게 죄만 지으라고 이 땅에 보내신 것이 아님을 압니다. 이렇게 사단의 종노릇하라고 이 땅에 보내신 것이 아닙니다. 당신의 아들로 이 땅에 목적이 있어서 나를 보내셨음을 제가 깨달았습니다. 아버지, 내 마음을 바꿉니다. 제가 당신 곁으로 돌아가겠습니다. 저를 받아주십시오."
　하나님은 지금도 두 팔 벌리고 당신을 기다리고 계십니다.
　"애야, 네가 어떤 일을 행했든지 나는 관계하지 않겠다. 네가 지금 어떤 형편에 있든지 나는 상관하지 않는다. 돌아오기만 해 다오."
　우리 모두 주님 앞에 돌아가 구원 얻는 하나님의 놀라운 자녀가 됩시다. 진실되게 하나님 앞에 반응해 보십시다. 지금 어떤 상태에 놓여 있습니까? 거룩함을 추구하고 계십니까? 아버지의 품에서 생활하고 계십니까? 아니면 구원받았다고 하면서도 여전히 사단의 세계에서 지냅니까? 교회를 수십 년간 다녔으면서도 죄의 종노릇 하며 살고 있지는 않습니까? 단 한 번도 하나님의 목적을 생각해 보지 않은 채로 방황하며, 그저 하루하루 바쁘게 그렇게 살아가지는 않습니까? 그리고 남몰래 감춰 놓은 죄악이 있지는 않습니까?

이 패역한 세대! 저 나라가 패역한 것이 아니라, 바로 우리나라가 패역했습니다. 저 교회가 잘못된 것이 아니고, 바로 우리 교회가 패역했습니다. 내 가정이 패역했습니다. 내 마음이 패역했습니다. 어찌하면 좋습니까? 주님 앞으로 발걸음을 옮기십시오. 나를 기다리고 계시는 주님 앞으로 돌아갑시다. 남모르게 멀리 하나님을 떠나 있던 자리에서 돌이킵시다. 옛 삶을 정리하고 주님 앞에 돌아가는 놀라운 은혜가 우리 모두에게 있기를 원합니다. 그래서 오늘 이후 삶이 달라지기를 바랍니다. 가정에서의 언행심사가 달라지기를 바랍니다. 부부 관계가 달라지기를 바랍니다. 이 패역한 세대에 휘말리는 자가 아니라, 이 세대에서 구원받아 오히려 멸망으로 가고 있는 자들을 이끌어 내는 하나님의 사신(使臣)이 되십시오.

# 7

교회,
:: 영혼의 보금자리 ::

사도행전 1 | 제 7 장

# 교회, 영혼의 복음자리

저희가 사도의 가르침을 받아 서로 교제하며 떡을 떼며 기도하기를 전혀 힘쓰니라 사람마다 두려워하는데 사도들로 인하여 기사와 표적이 많이 나타나니 믿는 사람이 다 함께 있어 모든 물건을 서로 통용하고 또 재산과 소유를 팔아 각 사람의 필요를 따라 나눠 주고 날마다 마음을 같이하여 성전에 모이기를 힘쓰고 집에서 떡을 떼며 기쁨과 순전한 마음으로 음식을 먹고 하나님을 찬미하며 또 온 백성에게 칭송을 받으니 주께서 구원받는 사람을 날마다 더하게 하시니라

행 2:42~47

*우리 중에는 지금 자녀들을 둔 부모들도 있고, 앞으로 또 부모가 되실 분도 있을 것입니다. 그런데 부모가 된다는 것이 그리 쉬운 일은 아닌 것 같습니다. 생물학적으로는 그저 낳기만 하면 부모가 됩니다. 그러나 사실 부모의 의미는 그 이상입니다. 집에서 기르는 개가 새끼를 낳으면 그 개를 '어미 개'라고 부릅니다. 아무리 귀여워도 '어머니 개' 또는 '부모 개'라고 부르지 않습니다. 오직 우리 인간에게만 '부모'라는 칭호를 붙입니다. 이렇게 구분하는 것은 존경의 뜻이 포함되어 있기 때문입니다. 그러나 더 큰 이유는 부모가 된다는 것이 단순히 생물학적인 의미만이 아니라, 도덕적, 사회적 의미가 포함되어 있기 때문일 것입니다. 즉 부모는 단순히 자식을 낳기만 하면 되는 것이 아닙니다. 그 아이가 잘 자라도록 생물학적으로, 사회적으로, 도덕적으로 보금자리를 만들어 주어야 합니다. 이것이 부모의 역할입니다. 자식을 낳아 놓고 팽개치면 그 사람은 부모가 아닙니다. 생물학적으로는 낳았으니까 부모일지 모르겠습니다. 그러나 사회적, 도덕적으로는 아닙니다.

그러므로 올바른 부모가 된다는 것은 자식이 훌륭하게 자랄 수 있는 환경을 부단히 만들어 감을 의미합니다. 쉬운 일이 아닙니다. 따뜻한 잠자리, 이불, 베개, 담요, 기저귀, 내의, 외출복, 모자, 양말, 하나부터 열까지 보살펴야 합니다. 아이를 가진 후 출산 예정일을 앞두고 준비하던 그 옛날을 한번 돌이켜 보십시오. 얼마나 준비할 것이 많습니까? 저도 참 많이 당황했습니다. 몇 날 며칠을 아니, 몇 달을 두고 시장을 보았는데도 빠진 것이 자꾸 나오는 것입니다.

그뿐입니까? 자식을 낳게 되면 말을 삼가야 합니다. 혼자 있을 때는 아무렇게나 그저 막말을 했지만, 부모가 되면 그렇게 할 수 없습니다. 아이가 내 말버릇을 그대로 본받기 때문입니다. 행동도 삼가야 합니다. 함부로 행동할 수 없습니다. 자식에게 좋은 본을 보여야 합니다. 이것이 부모의 사명입니다. 이것이 부모의 의미입니다.

그렇다면 교회의 사명은 무엇일까요? 우리가 다 잘 알고 있습니다. 교회의 사명은 단 하나, 선교입니다. 믿지 않는 영혼들을 구원해서 주님의 자녀로 만들어야 합니다. 이것이 교회입니다. 새로운 영혼을 낳는 것입니다. 영혼을 낳지 않는 교회는 교회가 아닙니다. 그 교회에 아무리 화려하고 크고 멋있는 예배가 있다 할지라도 영혼을 구원하지 못하는 교회는 하나님의 눈으로 볼 때 교회가 아닙니다. 교회는 반드시 새로운 영혼을 낳아야 합니다. 전도해야 합니다.

그러나 단순히 새로운 영혼을 낳았다고 진정한 교회가 되겠습니까? 그것은 생물학적인 교회일 뿐입니다. 그렇다면 어떠한 교회가 건강한 교회일까요? 그것은 새 신자가 날마다 늘어날 뿐만 아니라 들어온 새 신자들이 영적으로 무럭무럭 자랄 수 있는 여건을 구비한 교회입니다. 이것이 영적인 교회입니다. 즉 교회는 영혼이 자라나는 보금자리가 되어야 한다고 성경은 가르칩니다.

영혼의 보금자리로서의 교회는 어떤 모습일까요? 그 해답이 잘 나타나 있습니다. 놀랍게도 교회가 이 땅에 처음 탄생한 이후의 모습을 그려 주고 있습니다. 우리가 이 원래의 모습을 간직하는 것은 참으로 중요하다고 생각합니다.

120문도에게 성령이 임했습니다. 모두가 성령 충만을 받고 베드로가 설교를 합니다. 그런데 놀랍게도 그 설교를 듣고 난 그날 하루에 3,000명이 주님 앞으로 돌아와서 세례/침례를 받았다고 합니다. 예수님의 제자가 된 것입니다. 그저 교인이 된 정도가 아닙니다. 그리고 거기서 끝나지 않았습니다. 놀랍게도 이 120문도와 사도들은 전혀 당황하지 아니하고 하루에 3,000명이 모여든 그 교인들이 잘 자랄 수 있도록 보금자리를 만들어 갔다고 이야기합니다.

저에게 그런 능력도 없겠습니다만, 제가 한 번 설교를 했더니 3,000명이 여기에 몰려들었다고 칩시다. 만일 그렇다면 우리 교회가 감당할 수 있을까요? 오늘 여기에 100명의 헌신된 지도자가 있다면 3,000명 아니라 5,000명도 감당할 수 있습니다. 문제는 평신도 지도자입니다. 초대교회 예루살렘 교회는 3,000명, 5,000명이 몰려왔지만, 전혀 문제없이 그들을 위해 보금자리를 만들었다고 증언해 주십니다. 120문도가 이미 성령 충만함을 받았고, 주님과 함께 훈련을 받았기 때문입니다.

그렇다면 영혼이 자라나는 보금자리로서의 교회는 어떤 모습일까요?

## 배우는 교회

✳

먼저 배우는 교회입니다. 42절을 보십시오.

> 저희가 사도의 가르침을 받아 서로 교제하며 떡을 떼며 기도하기를 전혀 힘쓰니라 (행 2:42)

"저희가 사도의 가르침을 받아" 이 구절은 평범한 이야기 같지만, 굉장히 중요한 말씀입니다. 놀라운 일입니다. 왜 그렇습니까? 이미 말씀 드린 대로 초대교회는 성령 충만한 교회였습니다. 성령의 기적이 나타났습니다.

> 사람마다 두려워하는데 사도들로 인하여 기사와 표적이 많이 나타나니 (행 2:43)

"사람마다 두려워하는데", 즉 경외심이 나타나는데 사도들로 인하여 기사와 표적이 많이 나타났습니다. 흔히 이런 기적을 맛보게 되면 한 가지 특징이 나타납니다. 그것은 바로 말씀을 등한히 한다는 것입니다. 오늘날 교회를 보십시오. 하나님께서 은사를 부어 주시고 무슨 기적을 맛보았다는 사람들을 보십시오. 기도원에 가서 병이 나았다고 하는 사람들을 보면 간증은 많이 합니다. 그리고 뭔가 자꾸 느끼려고 하긴 합니다. 그러나 하나님의 말씀에 대한 가르침을 받으려고 하지 않습니다. 왜 그렇습니까? 그 마음속 깊은 곳에 '내가 성령님과 직통했는데 무슨 하나님의 말씀이 더 필요하단 말인가?' 하는 교만이 있기 때문입니다.

그러나 이 초대 교회를 보십시오. 그렇게 엄청난 기적을 맛보고, 그렇게 많은 성령의 은사를 맛본 사람들입니다. 그런 직후에도 이들은 사도의 가르침을 받았습니다. 서로 교제하며 떡을 떼며 기도하기를 전혀 힘썼다고 성경은 기록하고 있습니다. 이것이 중요합니다.

어떤 교회가 건강한 교회인가? 말씀을 배우려고 하는 열의가 가득 찬 교회가 건강한 교회입니다. 새로 거듭난 영혼들이 말씀을 배울 수 있는 여건이 잘 형성된 교회가 건강한 교회입니다. 만일 그렇다면 어떻게 새 신자들이 말씀을 잘 배우도록 우리가 그 여건을 만들어 줄 수 있을까요? 그 방법은 간단합니다.

제가 미국에 있을 때 하루는 의사로부터 전화가 왔습니다. 아동심리학을 전공한 의사였습니다. 지금 병원에 한국 사람이 와 있는데 아이는 영어를 좀 하지만 그의 부모가 영어를 못한다는 것입니다. 제가 와서 통역을 좀 해 주어야겠다고 하기에 갔습니다. 아이가 한 여섯 살쯤 되었는데 몸도 굉장히 작고 말랐습니다. 병원에 가서 여러 가지로 진단을 해 보았지만, 육체적으로 아무 이상이 없다는 것입니다. 문제는 아이가 밥을 안 먹습니다. 부모가 밥숟가락을 들고 따라다니는데도 애가 밥을 먹는 데에는 아예 관심이 없습니다. 그러니 마를 수밖에요! 안 클 수밖에요!

상담이 시작되었습니다. 저는 의사가 당연히 이 아이에게 질문을 많이 하리라 생각했습니다. 그런데 아이에게는 한두 마디만 묻더니 부모에게만 질문하는 것입니다. 아이의 식사 습관을 물어야 할 텐데 말입니다. 부모도 그걸 기대하고 왔는데 말입니다.

"아버지는 식사하실 때 어떻게 잡수십니까?"

"뭐, 저야 신문 보고, 책을 좋아하니까 책 보면서 먹죠."

"그럼, 어머니는 어떻게 하십니까?"

"뭐, 아버지가 식사할 때 요리를 더 만들기도 합니다."

"같이 앉지는 않습니까?"

"예, 안 앉습니다. 텔레비전 보면서 대충 먹습니다."

치료는 간단했습니다. 이 결론은 앞으로 6개월 동안 이 아이 앞에서 부부가 같이 식사를 하되 밥을 아주 맛있게 먹어 달라는 것입니다.

"밥을 어떻게 맛있게 먹습니까?" 의사에게 물었습니다.

"잘 안 되면 저녁을 아예 먹지 말고 굶으십시오."

그러면 이들이 얼마나 배가 고프겠습니까? 그때 막 먹으라는 것입니다. 한 6개월 지난 다음 저에게 전화가 왔습니다. 그 부모였습니다. 그때 통역을 해 줘서 굉장히 고마웠다는 인사를 합니다.

"아, 이제 아이가 어떻게 좀 변했습니까?"

"아, 다 고쳤습니다."

"아니, 어떻게 고쳤어요?"

"의사 말대로 우리 부부 둘이서 맛있게 음식을 씹어 가며 '맛있다, 그치?'를 연발하면서 먹었습니다." 그랬더니 애도 밥을 먹더라는 것입니다.

우리나라의 대개 6.25 세대, 또는 그 이전 세대들을 보면 한 가지 특징이 있는데 밥을 참 맛있게 먹는다는 것입니다. 왜냐하면 그 당시에는 음식이 귀했으니까요. 그때는 각자 한 그릇씩 뚝뚝 떠 주는 것이 아니지 않습니까? 우리 어릴 때는 그저 밥상 가운데에다 보리밥 한 솥 비며 놓으면 같이 먹었습니다. 숟가락을 든 채로 기도 마치자마자 한 숟가락이라도 더 먹기위해 부모고, 형제고 소용없습니다. 그게 습관이 되어서 그런지 잘 관찰해 보십시오. 6.25 사변 이전 세대들을 보면 식사를 엄청나게 빨리 합니다.

그런데 요사이 신세대들은 그렇지 않은 것 같습니다.

어떻게 새 가족들이 말씀을 열심히 배우는 분위기를 창출할 수 있습니까? 방법은 하나입니다. 먼저 믿은 자들이 음식을 맛나게 먹듯이 말씀을 열심히 섭취해야 합니다.

저는 목회를 오래 하지 않았지만, 설교를 해 보면 그 교회가 건강한 교회인지 아닌지 금방 알 수 있습니다. 설교할 때 말씀을 받는 태도를 보면 벌써 압니다. 어떤 교회는 말씀을 한참 전하고 있는데 성도들이 자꾸 시계를 들여다봅니다. 처음에는 그래도 제 눈치를 살피며 조심스럽게 들여다봅니다. 그러다가 나중에는 몇 시인지 다 알면서도 저 보란 듯이 드러내 놓고 봅니다. 설교 시간이 길다 이거죠. 제가 그 정도 눈치 없겠습니까?

그런가 하면 또 어떤 교회에는 조 집사, 주 집사가 그렇게 많습니다. 예배 시간에 열심히 좁니다. 그러다가 나중엔 아예 주무십니다.

지난주에 한 전도사님이 군대에서 얼마나 피곤했는지를 예배 시작하면서 묵도할 때 눈을 잠시 감았는데 나중에 눈을 떠 보니 벌써 축도하고 있더랍니다. 얼마나 피곤했으면 그랬겠습니까?

그런데 어떤 교회에 가서 말씀을 전해 보면, 정말 제가 어떻게 주체할 수 없을 정도로 말씀을 잘 받습니다. 말씀이 한 마디라도 그냥 땅에 떨어질까 봐 눈빛들이 반짝반짝 빛납니다. 이쯤 되면 그 교회는 물어보지 않아도 건강한 교회입니다. 그런 교회에서는 새 가족들이 들어오면 보금자리가 만들어져서 자동으로 성숙하도록 되어 있습니다.

사도 베드로가 베드로 전서 2장 2절에서 무엇을 이야기했습니까?

> 갓난아이들같이 순전하고 신령한 젖을 사모하라 이는 이로 말미암아
> 너희로 구원에 이르도록 자라게 하려 함이라 (벧전 2:2)

여기서 가장 중요한 단어는 무엇일까요? 오래 믿은 분들에게 가장 중요한 단어를 이야기해 보라 그러면 잘 발견해 내지 못합니다. 제가 시험을 내 보았는데 지금까지 한 분도 맞힌 적이 없습니다. 주로 이렇게 나옵니다. '구원', '신령한 것', '자라도록', '젖' 등등.

그러나 가장 중요한 것은 '같이' 입니다. '갓난아이들같이' 이 단어가 여기서 가장 중요합니다. 왜까요? 사도 베드로는 이 수신자들에게 무엇을 이야기하려고 합니까? 하나님의 말씀을 대하는 우리의 태도가 어떠해야 하는가? 바로 그것을 말씀하는 것입니다. 어떤 태도로 하나님의 말씀을 사모해야 하는가? 어린아이가 아닙니다. 갓난아이들같

이' 입니다.

애를 키워 보셨죠? 배가 고파 우는 아이에게 젖을 주지 않고 견딜 재간이 어디 있던가요? 저도 밤에 자다가 애가 울면 일어나야 하는데도 우리 집사람과 서로 안 일어나려고 버틴 적이 있습니다.

"여보, 당신이 좀 일어나 봐."

"여보, 당신이 우유병 가지고 먹여." 그러나 누구든 한 사람은 일어나긴 일어나야 합니다. "아가야, 내일 두 배로 줄게. 곱빼기로 줄 테니 오늘은 그냥 자자." 그런다고 울음 그치는 아기 보셨습니까? 갓난아이는 젖 줄 때까지 울어 댑니다.

독일군들이 다양한 인간 실험을 했습니다. 배고픈 아이에게 젖을 안 주고 그냥 놓아둡니다. 그러면 아이가 배가 고파서 아사(餓死)하는 것이 절대 아니라고 합니다. 그냥 울다가 지쳐서 죽더라는 것입니다.

지금 사도 베드로가 이 말씀을 하고 있는 것입니다. 우리가 어떻게 구원받고 종국적인 구원까지 잘 성장할 수 있는가? 갓난아이가 젖을 사모하는 태도로, 그렇게 간절하게 말씀을 사모하라고 말씀하십니다. 어떤 교회가 건강한 교회입니까? 어떤 교회가 새 가족들이 와서 훌륭하게 잘 자랄 수 있는, 보금자리가 완벽하게 갖추어진 교회입니까? 바로 말씀을 배우고자 하는 열의가 가득 찬 교회입니다.

우리 마음속에 하나님의 말씀을 공부하고자 하는 열의가 있어야 합니다. 하나님의 말씀을 알고자 하는 열의가 있어야 합니다. 하나님의 말씀을 받아들이고자 하는 열의가 용솟음칠 수 있어야 합니다. 선교를 통해 많은 사람들이 찾아올 때, 어떻게 새 가족들이 교회 안에서 뿌리를 내리고 그들의 믿음이 잘 자라게 할 수 있는가? 영혼의 보금자리를 만들 수 있는가? 바로 배우는 교회입니다.

# 사랑하는 교회

*

두 번째 가르쳐 주는 것은 사랑하는 교회입니다.

> 저희가 사도의 가르침을 받아 서로 교제하며 떡을 떼며 기도하기를 전혀 힘쓰니라 (행 2:42)

이 '교제'의 의미를 잘 풀어 놓은 곳이 있습니다.

> 믿는 사람이 다 함께 있어 모든 물건을 서로 통용하고 또 재산과 소유를 팔아 각 사람의 필요를 따라 나눠 주고 날마다 마음을 같이하여 성전에 모이기를 힘쓰고 집에서 떡을 떼며 기쁨과 순전한 마음으로 음식을 먹고 (행 2:44~46)

무슨 이야기입니까? 그 당시에는 내 것을 내 것이라고 하는 자가 없었습니다. 서로 필요에 따라 자기의 것을 나누어 주었다고 말씀하십니다. 있는 사람이 없는 사람에게 줍니다. 이 사람에게 필요한 것을 저 사람이 채워 주었다고 말씀합니다. 이기심이 완전히 사라지고, 욕심이 사라진 것입니다. 가치관이 완전히 바뀐 것입니다. 이것이 교회의 모습이어야만 합니다. 교회란 어떤 곳인가? 가치관이 바뀐 사람들의 모임입니다. 욕심이 사라진 사람들의 모임입니다.

세상의 모습은 어떻습니까? 세상을 한마디로 이야기하면 돈에다 목숨을 건 곳 아닙니까? 겉으로는 다른 말로 멋있게 이야기하고 있지만, 결국 종착역에 도달해 보면 돈입니다. 돈 문제가 걸려 있으면 부모도 필요 없고, 형제도 필요 없고, 친구도 필요 없습니다. 사생결단하고 달려드는 곳이 세상입니다. 그러므로 교회는 이 세상과 다른 모습을 보여 주어야 합니다. 교회는 그렇지 않다는 것을 새로 찾아오는 영혼들에게 보여 주어야 한다는 것입니다. 돈보다 더 중요한 것이 있음을 나타내 보여야 합니다.

그런데 현실은 어떻습니까? 교회 안에 가치관이 바뀌지 않은 사람들이 너무나 많습니다. 가치관이 전혀 바뀌지 않은 사람들이 지도자가 되어 있습니다. 교회에 꾸준히 참석하면서 겉모습으로는 치장을 합니다. 그러나 깊숙이 파고 들어가 보면 세상 사람들의 가치관과 전혀 다를 것이 없습니다. 욕심이 꽉 차 있습니다. 말로는 물질이 하나님의 것이라고 하면서도 속으로는 아직 내 것으로 여기며 살아갑니다.

어떻게 하면 한 푼이라도 더 모을까에 집착합니다. 세상 사람과 다른 점이 있다면 세상 사람들은 자기의 힘으로 돈을 모으는 것이고, 교회 안에 있는 사람들은 하나님의 힘을 빌어서 돈을 모으는 것뿐입니다. 이것이 문제입니다. 새 가족들이 와서 왜 이 교회에서 자라나지 못하고 실족하여 돌아가는가? 이러한 가치관의 변화를 가진 사람이 교회에 적기 때문입니다.

진정 구원받고 성령 충만한 자는 이 세상 물질에 대한 욕심이 없는 법입니다. 먹을 것과 입을 것이 있으면 자족(自足)합니다. 언젠가는 다 두고 떠날 것을 알기 때문입니다. 그리고 성령 충만하게 되면 이전에 보이지 않던 가난한 자들의 모습이 보이기 시작합니다. 내 도움이 필요로 한 자들이 보입니다. 그리고 그들을 위해서 내가 애써 모아 놓았던 저금통장을 과감하게 엽니다. 이것이 예수 믿는 것이라고, 이것이 참된 교회의 모습이라고 성경은 말씀합니다.

감사하게도 우리 교회에는 이런 일들이 많이 일어나고 있습니다. 한 젊은 부부가 수년간 모은 1,000만 원짜리 적금을 저에게 가지고 와서 형제자매들에게 나누어 주겠다고 했습니다. 그분은 선뜻 그렇게 했습니다.

또 지난 주간에는 제가 사무실에 앉아 있는데 우리 교회 성도도 아닙니다. 방송 설교를 듣고 은혜 받았다고 하면서 현금 300만 원을 들고 찾아 왔습니다. "목사님, 이것을 가난한 사람들을 위해 써 주십시오. 교회가 구제 사업을 하고 있다던데 거기에 써 주십시오." 그는 이름도 남기지 않고 떠나갔습니다.

제가 아는 한 젊은 집사님 부부는 서로 상의해서 그렇게 아껴 오던 다이아몬드 결혼반지를 과감하게 팔았습니다. 그리고 그것으로 가난한 사람을 도와주었습니다. 제 눈에 보이지 않는 놀라운 일들이 지금 우리 교회에 일어나고 있는 것입니다. 이 일이 계속되기를 바랍니다. 이 일을 계속 하십시오. 그리고 오래 믿었지만, 교회의 지도자 위치에 있지만 아직도 사랑의 헌금에 동참하지 않는 분들이 계십니까? 이 일에 과감하게 순종해 보시기 바랍니다. 교회를 계속 그렇게 만들어 주시기 바랍니다. 새로 들어온 사람들이 교회와 세상의 차이점을 무엇으로 알 수 있을까요? 다른 방법이 없습니다. 사랑뿐인 줄 믿습니다.

초대 교회는 자기의 재산을 과감하게 팔았습니다. 그리고 나누어 주었습니다. 믿은 지가 수십 년 되었으면서 십일조도 채 바치지 못해 부들부들 떠는 사람들이 교회 안에 아직도 많이 있습니다. 그러니 어떻게 교회가 변화되겠습니까? 그러니 어떻게 새 가족들이 이곳에 와서 보금자리를 마련할 수 있겠습니까?

서울의 어느 한 큰 교회는 전 교인이 '장기(臟器) 기증 운동'에 가입을 했습니다. 우리 교회도 그 일에 앞장서야 한다고 생각합니다. 언젠가는 우리 전 교인도 이 일에 동참하도록 할 것입니다. 우리가 다 장기

기증을 해야 하지 않겠습니까?

그리고 또 어떤 교회는 '유산(遺産) 남기지 않기 운동'을 벌이고 있습니다. 많은 교인들이 거기에 동참하고 있습니다. 이것도 교회가 해야 할 일이라고 생각합니다.

오늘날 교회가 이 사회에 은혜를 던지고, 하나님의 복음을 가르칠 수 있는 길은 화려한 건물이 아닙니다. 많은 숫자가 아닙니다. 사랑을 실천하는 교회가 필요한 것입니다.

부모가 자녀에게 줄 수 있는 가장 큰 유산이 무엇입니까? 그것은 재산이 아니라 사랑입니다. 자녀의 마음속에 하나님의 사랑을 심어 줄 수 있어야 합니다. 그런데 우리가 어떻게 자녀에게 사랑을 가르칠 수 있습니까? 심리학자들은 사랑을 가르칠 수 있는 방법은 단 하나밖에 없다고 합니다. 그것은 다름 아닌 부부가 서로 예수 그리스도 안에서 사랑하는 것입니다.

그런데 우리 한국은 어떻게 해 왔습니까? 자식은 끔찍하게 사랑합니다. 그러나 부부간에는 서로 사랑하지 않습니다. 오히려 이렇게 합니다. "네 애비가 젊었을 때 내 속을 얼마나 썩였는지 아니?" 엄마는 자식들을 모아 놓고 아빠에 대해서 나쁜 세뇌 교육을 시킵니다.

청와대 비서관으로 있던 제 친구 중 하나가 믿음이 없던 어린 시절, 저를 붙들고 그랬습니다. 자기에게 소원이 있다는 것입니다. '내가 언제 커서 우리 아버지 손 한번 봐 주나!' 그의 어머니가 날마다 아버지 욕을 얼마나 했던지 말입니다. 거기서 무슨 사랑을 배우겠습니까?

우리가 자녀에게 사랑을 가르칠 수 있는 방법은 다른 길이 없습니다. 그저 부부간에 사랑하는 것입니다. 저는 그래서 진짜 사랑하기 때문인 이유도 있지만, 어떨 때는 의도적으로 아내를 안고 있습니다. 집에서는 애들이 가운데 못 오게 하고 우리 집사람을 가능하면 안고 있습니다. 제가 밖에서는 떨어져서 다니지만 집안에서는 그렇게 합니다. 그리고 가끔 데이트를 나갑니다. 그러면 막내 녀석은 아, 오늘 또 나가느냐면서 막 못 나가게 합니다. 그러면 큰 녀석이 막내를 저 구석으로 끌고 가서는 "자식, 입 다물어" 하며 한 방 먹입니다. 큰 녀석은 벌써 철이 들었는지 지난 어버이날, 둘이 데이트하고 오시라고, 데이트 비용까지 주었습니다.

교회도 마찬가지입니다. 어떻게 새로 오는 신자들에게 사랑을 가르칠 수 있겠습니까? 입으로 가르칠 수 있습니까? 우리가 하나 되지 못하는 가운데 날마다 전쟁하면서 새로 온 신자들에게 하나 되라고 가르칠 수 있겠습니까? 먼저 믿은 자들이 서로 시기하고 질투하면서 그럴 수 있겠습니까? 아닙니다. 그러한 교회는 새 가족들이 견딜 수가 없습니다.

영락 교회의 창립 목사이신 한경직 목사님이 아주 유명한 말씀을 했습니다. 어떤 교회가 부흥하는가? 목회자 회의에서 말씀하시기를 '교회가 부흥하는 비결이 딱 하나 있는데, 그것은 싸움만 안 하면 된다.' 그분이 목회를 오래 하시고 나서 얻은 비결입니다. '비결이 뭐, 이렇게 쉬운가!' 그랬더니, 제가 목회를 해 보니까 그것이 정말 진리입니다. 교회에는 하나님이 살아 계시지 않습니까? 성령님께서 역사하고 계시지 않습니까? 그렇기 때문에 교회는 저절로 부흥하게 돼 있다는 것입니다. 서로 싸우지만 않는다면 말입니다.

우리는 이미 먼저 믿은 자들입니다. 그리고 증인이 되겠다고 하나님 앞에 결단도 했습니다. 그러므로 수많은 영혼들이 찾아와서 이 자리를 채울 것입니다. 날이 가면 갈수록 새 가족들이 들어오고 있습니다.

우리가 어떻게 그들의 신앙이 잘 자랄 수 있도록 보금자리를 만들어 줄 수 있을까요? 사랑하는 교회가 되어야 합니다. 믿지 않는 사람이 내 가정을 들여다보니 사랑하는 가정입니다. 그 부부 관계를 보니까 나와는 뭔가 다릅니다. 그리고 부모 자식 간을 보아도 뭔가 다릅니다. 이렇게 우리가 사랑해 나갈 때 세상에서 고아와 같이 버려진 새 가족들이 찾아와서 그 영혼이 무럭무럭 자라나게 되는 것입니다. 배우는 교회가 영혼의 보금자리가 될 수 있습니다. 사랑하는 교회가 영혼의 보금자리가 될 수 있습니다.

## 예배하는 교회

\*

영혼의 보금자리가 되는 세 번째 방법은 예배하는 교회입니다.

> 날마다 마음을 같이하여 성전에 모이기를 힘쓰고 집에서 떡을 떼며 기쁨과 순전한 마음으로 음식을 먹고 하나님을 찬미하며
> (행 2:46, 47)

"날마다 마음을 같이하여 성전에 모이기를 힘쓰고 집에서 떡을 떼며 기쁨과 순전한 마음으로 음식을 먹고" 46절 말씀은 사실 그다음 47절의 '하나님을 찬미하며' 여기까지 이어져야 합니다.

성경을 읽을 때 장과 절에 너무 구애를 받지 마시기 바랍니다. 왜냐하면 성경 원본에는 장, 절이 없습니다. 여기 보니까 날마다 모였다는 것입니다. 집에서 떡을 떼었습니다. 교회에서 모이고, 집에서 소그룹으로

또 모이고, 그저 모이면 먹었습니다. '교인들은 뭐, 모이면 매일 먹을 것만 탐하나!' 아니요, 먹어야 합니다.

가만히 보십시오. 음식을 함께 먹는 사람들은 친합니다. 세상 친구들도 보세요. 제일 친한 사람과 술친구가 되어 한잔하고 삼겹살을 구워 먹지, 처음 만난 사람끼리 먹으면 서먹서먹합니다. 좌우지간 먹어야 합니다. 그리고 먹을 때 사람들 마음이 너그러워져서 싸우지 않는 것이 인간의 심리입니다.

음식을 통해서 우리의 교제가 원활하게 이루어집니다. 그래서 초대 교회 성도들은 날마다 모였습니다.

예배가 무엇입니까? 나를 지으시고 나를 구원하신, 그 거룩하신 하나님께 영광을 돌리고 나를 헌신하는 것입니다. 어떤 교회가 건강한 교회인가? 어떤 교회가 새 가족이 오면 그 신앙을 자라나게 하는 교회인가? 예배드리는 것을 보면 압니다.

예배 시간에 늦지 마시기 바랍니다. 우리가 중요한 사업 계약을 따내야 하는데 그 물건 팔 사람을 이곳에서 11시에 만나기로 했다면 어떻겠습니까? 늦겠습니까? 어쩌다가 한 번 예배에 늦을 수는 있겠지요. 그러나 늦는 사람들이 계속 늦는 것을 봅니다. 그것은 문제가 있는 것입니다.

예배가 살아나야 합니다. 어떤 교회가 건강한 교회인가? 찬양할 때 정말 마음이 기뻐서 찬양해야 합니다. 박수를 쳐도 왜 맥없이 칩니까? 공산당은 한낱 인간을 찬양하는데도 그렇게 온 힘을 다해서 치는데 말입니다.

또 어떤 분은 찬양하는데 그냥 팔짱끼고 계십니다. 그것은 예배가 아닙니다. 노래를 못해도 좋습니다. 예배 시간에 전심으로 한번 참여해 보십시오. 우리의 신앙이 자라나게 되어 있습니다. 정말 예배에 나올 때

'오늘 하나님께서 어떤 말씀을 주실까? 내게 어떤 감동을 주실까?' 기대해 보십시오. 그리고 예배 오기 전에 단 10분이라도 기도해 보십시오. 찬송이 시작되면 기쁘고 간절하게 주님을 찬양하게 됩니다. 기도할 때 간절한 마음으로 기도하게 됩니다. 말씀을 아멘으로 받아들이게 됩니다. 이럴 때 우리의 신앙이 자라나게 되어 있습니다.

예배란 무엇인가? 우리가 하나님 앞에 나와 영광을 돌리는 것입니다. 내가 하나님 앞에 가장 합당한 사람이 되도록 주님께서 조율해 주시는 그것이 예배입니다. 우리는 조율을 받아야 합니다. 음정이 틀린 것을 조율하듯이 내 영혼의 더러운 것들과 잘못된 것, 부족한 것들을 하나님 앞에 다 고침 받고 돌아가야 합니다. 그래서 예배 한 번 잘 드리면 가정의 문제가 해결됩니다. 내 심령의 문제가 해결됩니다. 예배드리다가 병이 나았다는 간증이 그래서 생기는 것입니다. 영혼이 고쳐지니까 육신도 고쳐집니다. 영혼이 잘됨같이 범사가 잘되며 강건하게 됩니다. 예배의 감격을 회복하십시오. 우리가 그런 모습으로 예배드릴 때 교회에 처음 나와 예배드리는 분들도 마음이 뜨거워집니다. 모일 때마다 주님 앞에 전심으로 예배를 드리고, 예배를 회복하는 아름다운 일이 계속 일어날 수 있도록 합시다.

어떤 교회가 영혼의 보금자리 역할을 할 수 있는가? 배우는 교회입니다. 사랑하는 교회입니다. 그리고 예배하는 교회입니다.

# 선교하는 교회

*

마지막 네 번째로 가르치는 것이 선교하는 교회입니다.

> 또 온 백성에게 칭송을 받으니 주께서 구원받는 사람을 날마다 더하게 하시니라 (행 2:47)

하루에 3,000명이 구원받았는데 그다음 날마다 구원받는 사람이 더 생겼다고 이야기합니다. 이것이 교회 본래의 모습이었습니다. 1년이 가고, 2년이 가도 새로 온 사람이 정착하지 않습니다. 오는 것 같더니 다 새어 나가고, 오는 것 같더니 새 신자들이 사라집니다. 이러한 교회는 교회가 아닙니다. 영혼의 보금자리 역할을 잘 못하고 있는 것입니다.

거기 있던 모든 사람들이 그렇게 예배를 드렸더니 백성 한두 명에게 칭송을 받은 정도가 아니라는 것입니다. 온 백성들에게 칭송을 받았다고 증언합니다. 이런 일이 지금도 일어나야 합니다.

어떤 교회가 영혼의 보금자리 역할을 할 수 있는가? 그 교회 교인들이 가는 곳마다 칭송을 받아야 합니다. 가정에 가면 가정에서 칭송받고, 직장에 가면 직장에서 칭송을 받아야 합니다. 학교에 가면 학교에서 칭송을 받아야 합니다. 어느 곳에 가든지 그 교회 성도들이 백성들로부터 칭송을 받는 교회! 이러한 교회가 영혼의 보금자리 역할을 할 수 있는 교회입니다.

그러나 오늘의 현실을 봅시다. 한국에서 '신자들' 그러면 아주 싫어합니다. 제가 지난 주간에 부산에서 한 친척 의사를 만났는데, 사람이 너무너무 좋습니다. 그래서 예수만 믿으면 딱 좋을 것 같아 왜 예수 안 믿느냐고 물어보았습니다. 그의 할머니는 겉으로 보기에는 너무나 진실한 신자였습니다. 그런데 몇 번을 만나도 그가 그런 이야기를 한 적이 없더니 그날은 저에게 마음 문을 열었습니다. "그래, 이제 박 목사가 주지 목사가 됐는가?" 그럽니다.

그렇게 비꼬는데도 제가 아랑곳하지 않고 이야기를 했더니 그날 자기의 진심을 털어놓는 것입니다. 사실은 자기가 할머니에게 넌더리가 나서 예수 안 믿는다는 것입니다. 무슨 말이 필요하겠습니까? 그 할머니가 가정에서 삶을 어떻게 살았으면 그 손자가 넌더리나도록 만들었겠습니까? 이런 일들이 우리 주위에는 너무나 많습니다. 새로 온 영혼들이 오면 그들로 하여금 교회의 칭송이 퍼져 나가야 합니다. 다른 나쁜 행위들만 자꾸 퍼져 나갈 때 교회는 멸망의 길로 갈 수밖에 없습니다.

여러분은 칭송받고 있습니까? 남편과 아내에게, 자녀들에게 칭송받고 있습니까? 직장 상사에게, 부하에게, 친구들에게 칭송받고 있습니까?

IMF 사건이 처음 터지고 나서 고아 아닌 고아들이 고아원을 많이 찾아들어 왔었습니다. 제가 하루는 TV를 보는데 정말 마음 아픈 장면을 하나 보게 되었습니다. 기자가 가서 그 현실을 취재하는데, 여섯 살 난 아이가 얼마나 처량하게 우는지 말이죠. 기자가 물었습니다. "얘, 너는 뭐가 그렇게 슬퍼서 우니?" 애가 말을 잘하더군요. 엄마가 자기를 이곳으로 데려와서는 다음날 과자 많이 사 가지고 올 테니까 잠시만 있으라고 했답니다. 그런데 한 달이 지나도 아무 소식이 없는 것입니다.

"얘야, 한 달이 된 걸 어떻게 알았니?" 달력에다 매일 표시를 해 놓았다는 것입니다. 여섯 살 난 애가 굉장히 똑똑해 보였습니다. 그런데 오늘이 한 달째인데 엄마가 오지 않는다는 것입니다.

원장의 이야기를 들으니 더 가슴이 아팠습니다. 그 애가 다른 애와는 좀 다르게 머리가 좋은데 잘 때 꼭 베개를 껴안고 흐느껴 운다는 것입니다. 그래서 가 보면 자는 척하는데 눈물이 줄줄 흘러서 밤마다 베개가 흥건히 젖어 있다는 것입니다. 그 아이를 버리고 어머니가 떠나 버린 겁니다. 이런 일이 한두 부모가 아니라고 합니다.

그러나 이보다 더 심각한 일은 무엇입니까? 오늘날 이 세상에 영적인 고아들이 더 많다는 사실입니다. 하나님도 모르고, 영원한 세계도 모르고, 그저 이 세상만 알고 방황합니다. 그들 마음속에 영원한 세계가 있다는 것은 압니다. 그러나 누구 하나 그들을 이끌어 줄 사람이, 교회가 없다는 것이 문제입니다. 그래서 그들은 방황합니다. 한없이 방황합니다. 멸망의 길로 달려가고 있는 것입니다. 그들은 지금도 자신들의 영혼을 위한 보금자리를 찾고 있습니다. 누가 그들에게 영혼의 보금자리를 내놓을 것입니까?

영혼의 문제로 말미암아 가정이 깨어집니다. 영혼의 문제로 말미암아 죄악 가운데서 고민하며 지냅니다. 영혼의 문제로 말미암아 고아와 같이 방황하고 있습니다. 이 수많은 영혼들을 우리가 품어 보지 않겠습니까? 그들이 하나님을 만나고 신앙이 잘 자라날 수 있도록 우리가 그들을 위해 영혼의 보금자리가 되어 봅시다.

교회가 무엇입니까? 이 건물이 아닙니다. 우리의 마음이 교회라고 하나님은 말씀하셨습니다. 그렇다면 스스로에게 질문을 던져 보시기 바랍니다. 당신은 영혼에 합당한 보금자리입니까? 먼저 당신 스스로 배우는 일에 얼마나 열심이 있습니까? 하나님의 말씀을 배우는 일에 시간을 얼마나 투자하십니까? '시간이 없어서 성경 공부 못 한다.' 저는 그 말을 절대 믿지 않습니다. 그것은 거짓말입니다. 시간이 없기 때문이 아닙니다. 성경 공부가 우선순위에 있지 않기 때문에 그렇습니다. 성경 공부가 1순위라면 아무 문제 될 것이 없습니다. 성경 공부하는 데 한 시간에 10만 원씩 준다하면 참석 안 할까요? "목사님, 일주일에 10시간합시다." 시간 당 10만 원인데 그럴 사람이 많지 않겠습니까?

묵상해 보십시오. 사랑하고 있습니까? 미래를 하나님께 맡기고 이 세상에 먹을 것과 입을 것이 있으니 족하고 그저 남을 도와야 합니다. 사랑으로 표현을 해야 합니다.

여러분 스스로 질문해 보십시오. 하나님께서 우리에게 물질을 맡기셨습니다. 많은 것 가운데 얼마가 아닌, 정말 나 자신을 희생해서 남을 도와 본 적이 한 번이라도 있습니까? 지난 수십 년간의 신앙생활 동안 단 한 번이라도 하나님 앞에 내놓을 수 있는 사건이 있습니까? 예배의 감격이 있습니까? 칭송을 받고 계십니까?

이 질문들이 우리 자신을 거울과 같이 비추어 주는 조명이 되기를 바랍니다. 우리 모두 부족하기 때문에 말씀대로 살 수 있도록 하나님의 은혜를 갈망해야 합니다.

주님은 우리를 영혼의 보금자리로 부르셨습니다. 우리만 구원받고 천국 가라고 한 것이 아닙니다. 세상의 수많은 영적 고아들을 이끌어 내야 합니다. 그들의 신앙이 자랄 수 있도록 보금자리를 만들어 가야 합니다. 바로 이 일을 위해 우리를 부르신 것입니다. 이 일에 우리는 얼마나 충성했는가? 초대 교회의 모습을 통해 우리 교회의 모습을, 내 가정의 모습을, 나의 모습을 비춰 보기 원합니다. 우리 마음속에 찔림이 되기를 바랍니다. "어찌 할꼬?" 주님 앞에 내 마음을 드리십시오. 우리 교회가 다른 사람을 위한 공간을 배려하고 그들이 나로 인해 자랄 수 있는 영혼의 보금자리가 되게 하십시오. 그들의 영혼이 하나님의 만지심으로 말미암아 문제가 해결되고 변화될 것입니다.

# 8

교회, 무엇을
:: 세상에 줄것인가? ::

사도행전 1 | 제 8 장

# 교회,
# 무엇을 세상에 줄 것인가?

제구 시 기도 시간에 베드로와 요한이 성전에 올라갈새 나면서 앉은 뱅이 된 자를 사람들이 메고 오니 이는 성전에 들어가는 사람들에게 구걸하기 위하여 날마다 미문이라는 성전 문에 두는 자라 그가 베드로와 요한이 성전에 들어 가려함을 보고 구걸하거늘 베드로가 요한으로 더불어 주목하여 가로되 우리를 보라 하니 그가 저희에게 무엇을 얻을까 하여 바라보거늘 베드로가 가로되 은과 금은 내게 없거니와 내게 있는 것으로 네게 주노니 곧 나사렛 예수 그리스도의 이름으로 걸으라 하고 오른손을 잡아 일으키니 발과 발목이 곧 힘을 얻고 뛰어서 걸으며 그들과 함께 성전으로 들어가면서 걷기도 하고 뛰기도 하며 하나님을 찬미하니 모든 백성이 그 걷는 것과 및 하나님을 찬미함을 보고 그 본래 성전 미문에 앉아 구걸하던 사람인 줄 알고 그의 당한 일을 인하여 심히 기이히 여기며 놀라니라   행 3:1~10

*현대 사회는* 계속 도시화되어 가고 있습니다. 그래서 사람들은 도시로, 도시로 모여듭니다. 사회학자들은 그 이유를 아직도 모르고 있습니다. 다만 내놓은 것 중의 하나가 편리함이라고 이야기합니다. 도시에 산다는 것, 편리함이 많습니다. 예를 들면 병원 하나만 해도 그렇지 않습니까?

제가 옛날 시골에서 자랄 때에는 몸이 아프면 어느 병원으로 가야 할까 망설일 필요가 없었습니다. 저희 동네에는 병원이 딱 한 군데밖에 없었기 때문입니다. 지금 생각해 보니 그 시설이라고 하는 것이 형편 없었던 것 같습니다. 제가 한번 다친 적이 있어서 병원을 갔습니다. 거기 계신 할아버지가 손을 부들부들 떨면서 치료를 하는데 의사 자격이나 있으셨는지 모르겠습니다.

애들과 놀다가 개울을 건너는데 바위와 바위 사이가 멀었습니다. 다른 애들이 다 못 건너니까 애들이 저에게 부추기길 "너는 다리가 기니까 할 수 있을 거야." 그러는 겁니다. 제가 참 순진해서 그 말을 곧이듣고 뛰었습니다. 건너뛰었다 싶었는데 깨어 보니 병원이었습니다. 머리 터진 데를 마취도 안 하고 댓 바늘 꿰맸습니다. 기절했던 제가 너무너무 아픈 통에 절로 깨어났습니다.

지금은 얼마나 병원이 많은지 한 수백 개는 되는 것 같았습니다. 그래도 우리는 병원을 함부로 가지 않습니다. 우리 집 바로 옆에 있다고 해서 가지 않습니다. 잘 선택해서 갑니다.

우리가 좋은 병원을 어떻게 찾을 수 있습니까? 그 기준은 간단합니다. 어느 병원이 좋은 병원인가? 진단과 처방, 이 두 가지만 잘하면 됩니다. 의사 선생님들도 제 말에 동의하실 줄 믿습니다. 진단을 잘하는 병원이 좋은 병원이요, 치료를 잘하면 좋은 병원인 것입니다. 굉장히 간단합니다. 그런데 이 간단한 걸 잘하는 병원이 그리 많지 않은 것 같습니다.

제가 군에 있을 때 한 졸병이 밤중에 배가 갑자기 아프다는 겁니다. 제가 의무실에 데리고 갔더니 군의관은 이미 퇴근하고 없고, 위생병만 있는 것입니다. 대충 배를 눌러 보기도 하고 두들겨 보더니 "괜찮아. 식중독이야!" 그러는 겁니다. 그래서 진통제를 놓아 주는데, 한 대 놓아서 안 되니까 두 대를 놓고, 하여튼 몇 대를 놓는 것입니다. 그런데도 계속 아프다는 겁니다. 다음날 아침에 군의관이 와서 보니 이미 맹장이 다 터져 버렸습니다. 병원에 바로 실려 가서 목숨을 겨우 건졌습니다. 그 돌팔이가 진단을 잘못한 것입니다. 진단이 이렇게 굉장히 중요합니다.

그뿐입니까? 올바른 진단을 했다고 해서 다 치료되는 것은 아닙니다. 우리 교회에 황 집사님 남편 되는 분이 계십니다. 참 어렵게도 간암 진단을 받으셨어요. 간암 초기니까 요사이는 복개 수술을 하지 아니하고도 약물만 넣고 방사선으로 간암 조직을 죽일 수 있다는 것입니다. 그래서 부산에 있는 꽤 큰 병원에서 수술을 받았습니다. 다 됐다고 해서 집으로 돌아왔습니다.

그런데 그 딸이 마침 얼마 전에 삼성 병원에 취직을 했던 터였습니다. 좀 미심쩍어서 "그래도 아버지, 다시 한 번 검사를 받아 보시죠." 그래서 삼성 병원에 갔더니 결과는 무엇입니까? 간암 조직은 그대로 있고 멀쩡한 부위에 방사선을 쏘아 댄 것입니다. 그래서 다시 수술을 받았습니다. 그것을 발견하지 못했더라면 어떻게 될 뻔했습니까? 진단과 치료, 이 두 가지! 병원에서 빼놓을 수 없는 것입니다.

교회의 역할이 무엇인가? 여기에 대해서 주님은 병원과 굉장히 비슷한 것을 말씀하셨습니다. 이 교회는 영혼의 질병을 치료하는 곳이라고 이야기하십니다. 우리 교회가 무엇을 해야 하는가? 제 8장 본문은 중요한 말씀을 이런 면에서 기록하고 있다고 생각됩니다. 앉은뱅이를 일으킨 사건은 적어도 두 가지 면에서 중요합니다. 첫 번째는 이 사건이 교회가 이 땅에 생긴 이후 처음 있는 치유 사역이었다는 점입니다. 왜 하나님은 교회를 이 땅에 만드시고 처음 이적으로 하필 앉은뱅이를 일으키셨을까요? 우연히 그렇게 하셨을까요? 아닙니다. 뭔가 의미가 있을 것입니다.

우리가 누가복음과 다른 복음서를 종합해 보면 교회가 생기고 나서 사도들이 수많은 기적을 행했습니다. 여러 가지 병들을 고쳤습니다. 그런데도 불구하고 수많은 사건 가운데 오직 이 한 사건만을 뽑아서 사도행전 3장에 기록해 주셨다는 것입니다. 단순히 아무 의미 없이 지나가는 사건으로 기록하셨겠습니까? 하나님께서 우리에게 주시고자 하는 중요한 메시지가 있기 때문입니다.

## 올바른 진단

∗

몇 가지 메시지가 있겠지만, 첫째로 우리가 받아야 할 메시지는 이것입니다. 교회가 영적 환자들을 치료하는 곳이라는 것입니다. 주님은 우리가 치료받기 위해 이곳에 왔다고 말씀하십니다. 왜 우리는 매주일 모여서 수많은 봉사와 헌금을 드리는가? 하나님은 이 땅에 교회를 왜 세우셨는가? 우리로 하여금 치료받게 하기 위해서 세우셨습니다. 동시에 우리로 하여금 세상을 치료하도록 하시기 위해 교회를 세우셨다고 말씀하십니다. 이것이 교회의 목적입니다.

그러면 어떻게 해야 우리가 치료받고, 또한 이 세상에서 치유의 역할을 감당하는 올바른 교회가 될 수 있을까요? 어떻게 올바른 영적 치유 사역을 감당할 수 있겠습니까? 그래서 이 말세지말에 하나님이 들어 쓰시는 하나님의 성전, 하나님의 교회 역할을 올바로 할 수 있겠는가 말입니다.

우리에게 가르쳐 주는 것은 우리가 치유받기 위해서, 또 우리가 치유자가 되기 위해서 먼저 문제를 올바로 보아야 한다고 말씀하십니다. 우리가 '우문(愚問)에 우답(愚答)이다' 라는 말을 많이 씁니다. 질문이 어리석으면 올바른 답이 나올 수 없다는 것입니다. 당연합니다. 우리가 질문을 이해하지 못하거나 질문이 무엇인지 모르면 거기에 올바른 대답을 내놓을 수 없습니다.

제 8장 본문에 등장하는 앉은뱅이의 문제가 무엇이라고 생각하십니까? 하나님은 이 앉은뱅이를 통해서 우리에게 무엇을 말씀해 주기를 원하고 계실까요? 사도행전의 저자 누가는 그의 직업이 의사였습니다. 그래서 특별히 이 사도행전에 나타나는 환자들에 대해 의사답게, 상당히 상세하게 기록하고 있음을 우리는 볼 수 있습니다.

먼저 누가는 이렇게 증언합니다.

> 나면서 앉은뱅이 된 자를 사람들이 메고 오니 이는 성전에 들어가는 사람들에게 구걸하기 위하여 날마다 미문이라는 성전 문에 두는 자라
> (행 3:2)

나면서 앉은뱅이 된 자를 이렇게 설명하고 있습니다. 그의 문제가 무엇이냐 하면 그는 나면서부터 앉은뱅이였다고 이야기합니다. 자신이

선택한 것이 아닙니다. 병에 걸려서 그렇게 된 것도 아니요, 실수한 것도 아닙니다. 교통사고로 그렇게 된 것도 아닙니다. 그는 태어나면서부터 앉은뱅이였습니다. 무슨 말씀입니까? 우리 인간은 태어나면서부터 죄인이라 말씀하십니다. 수많은 사람들이 교회에 나오면서도 성경의 말씀을 깊이 이해하지 못합니다.

"당신은 죄인입니까?" 그러면
"예. 제가 죄인입니다."

그러나 좀 더 대화를 해 보면 자신이 죄인인 이유가 과거에 자신이 이러이러한 죄를 지었기 때문이라고 생각합니다. 그러나 성경은 그렇게 이야기하지 않습니다. 우리가 왜 죄인인가? 죄를 지었기 때문에 죄인이 아닙니다. 우리가 이미 죄인이기 때문에 죄를 짓는다고 성경은 말씀하십니다. 이것을 깨닫는 것이 중요합니다. 내 안에 선한 것이 없다는 것입니다. 나는 태어나면서부터 타락해서 태어났다는 말입니다. 인간의 전적 타락을 말합니다. 이것을 깨닫는 사람은 하나님 앞에 겸손할 수밖에 없습니다.

> 내 속사람으로는 하나님의 법을 즐거워하되 내 지체 속에서 한 다른 법이 내 마음의 법과 싸워 내 지체 속에 있는 죄의 법 아래로 나를 사로잡아 오는 것을 보는도다 오호라 나는 곤고한 사람이로다 이 사망의 몸에서 누가 나를 건져 내랴 우리 주 예수 그리스도로 말미암아 하나님께 감사하리로다 그런즉 내 자신이 마음으로는 하나님의 법을, 육신으로는 죄의 법을 섬기노라 (롬 7:22~25)

그래서 사도 바울도 한탄했던 것입니다. "오호라, 나는 곤고한 사람이로다. 내게 두 마음이 있노니 한 마음은 선을 행하고자 하는 마음이요, 또 한 마음은 악을 행하고자 하는 마음이 있도다. 이 사망의 몸에서

누가 나를 건져 내랴?'

사람을 태어나자마자 무인도에 갖다 놓아 보십시오. 그 사람이 죄를 모르는 곳에 있다고 해서 죄를 안 지을 것 같습니까? 아니요! 죄를 짓습니다. 왜 그렇습니까? 우리는 죄인으로 태어났기 때문입니다.

우리 인간의 문제가 무엇입니까? 내 영혼의 문제가 무엇입니까? 이 세상의 영적 문제가 무엇입니까? 그것은 다름 아닌 우리가 태어나면서부터 죄인의 모습으로 태어났다는 것입니다. 이 앉은뱅이도 나면서부터 그렇게 태어났습니다.

두 번째, 이 앉은뱅이의 문제가 무엇입니까? 그는 자신의 문제를 스스로 해결할 능력이 없었다고 이야기합니다. 누가 감히 앉은뱅이를 치료하겠다고 덤빌 수 있겠습니까? 오늘날에도 힘든 일이겠거늘 그 당시 의학으로는 더더욱 꿈도 꾸지 못할 일입니다. 누가 감히 앉은뱅이를 고치려고 시도했겠습니까? 그래서 그는 부모를 향한 수많은 원망을 지닌 채 체념 속에 살고 있었습니다. 그리고 매일 두 발로 걷는 사람들을 볼 때마다 자신의 모습을 저주합니다. 한탄하는 가운데 절망감 속에 빠져서 살았을 것입니다.

우리들의 마음속 깊은 곳에도 이런 절망감이 있음을 발견해 보셨습니까? 때로 나쁜 습관을 고치려고 마음먹어 봅니다. 결심해 봅니다. 저도 수없는 각오를 해 보았습니다. '이 습관을 내가 반드시 고쳐야지.' 마음먹고 결심하고 계획하지만, 며칠 지나지 않아서 실패에 실패를 거듭합니다. '역시 나는 안 돼.' 시간이 지나면서 스스로 포기해 버립니다. 체념합니다. 마침내 그것을 자신의 문제로 받아들이기 시작합니다.

'에이, 이 세상에 이렇게 숨어서 죄짓는 사람이 나 혼자인가? 인간이란 원래 다 그런 거지 뭐. 그래도 저 옆집 사람보다는 내가 조금 더 나

은 것 같다. 다 부정(不正)을 저지르지만 그래도 나는 가끔 헌금이라도 하잖아!'

심각한 문제를 지니고 있으면서도 그 문제를 문제로 보지 않습니다. 그래서 우리는 체념과 절망감 속에 사로잡혀 있습니다. 그러다가 그 문제를 정상으로 보기 시작한다는 것입니다.

이 앉은뱅이가 그러했습니다. 이 사람의 마음속에는 비정상이 정상으로 받아들여졌다는 것입니다. 이것이 바로 그의 심각한 문제였습니다. 그래서 그는 더 이상 자기 인생의 문제, 일어서야겠다는 문제를 생각지 않습니다. 다른 것에 집중합니다. 그가 집중한 문제가 무엇입니까? 그는 성전 미문에서 날마다 구걸했다고 이야기합니다. 이제 그에게는 앉은뱅이가 더 이상 문제가 될 수 없었습니다. 왜 그렇습니까? 자신이 어찌할 수 없으니까요! 어렸을 적부터 그래 왔으니까요! 그게 자신의 인생이니까요! 이제 비정상이 그에게는 정상이 되어 버린 것입니다. 다만 그에게 있어서 문제는 오직 돈이었습니다, 돈!

사람들의 출입이 많은 성전 미문. 유대인들은 하루에 세 번 기도했습니다. 그중 두 번은 성전을 향해 각자 있는 곳에서 기도합니다. 그러나 세 번 중 한 번은 성전 가까이 사는 사람들은 반드시 성전에 나와서 기도해야 합니다. 그 시각이 바로 제 구 시였습니다. 얼마나 수많은 사람들이 성전 앞에 모였을까요? 그것을 바라보며 이 앉은뱅이는 자신의 문제를 다 잊어버린 채 오직 하나에만 집중하기 시작합니다. 돈에 집중했습니다.

상상해 보십시오. 그의 수입이 꽤 괜찮았을 것입니다. 그래도 사람들이 예배드리러 갈 때에는 마음이 너그러워지지 않습니까? 그 성전 미문 앞에 거지가 진을 치고 앉았으니 얼마나 많은 사람들이 그에게 적선을 해 주었겠습니까? 아마 수입이 좋은 날은 돈을 세면서 앉은뱅이로 태어난 것을 내심 감사했을지도 모릅니다. 그는 40년을 그렇게 지내 왔습니다.

무엇이 문제입니까? 그의 진정한 문제는 자신의 문제를 올바로 보지 못하는 영적 무지였습니다. 이것은 동시에 우리의 문제가 아닐까요? 수많은 사람들이 반드시 해결해야 할 병, 마음의 병, 영혼의 질병을 방치한 채 하루하루 쾌락을 위해 살아갑니다. 매일매일 벌어들이는 돈을 바라보며 어느새 자신의 영혼의 심각한 문제와 질병을 잊어버리며 살아갑니다. 아파트가 조금 넓어지는 것, 차가 조금 좋아지는 것, 직장이 조금 나아지는 것을 바라봅니다. 영혼의 심각한 문제와 질병을 잊어버리고 그것에 만족하며 살아갑니다. 이것이 이 앉은뱅이의 진정한 문제였다고 주님은 말씀하십니다. 그런데 이것이 혹시 나 자신의 문제는 아닙니까?

톨스토이는 어느 날 자신과 세상의 이러한 모습을 발견했습니다. 이것을 세상 사람들에게 깨닫게 하기 위해서 놀라운 비유를 들었습니다. 한 사람이 여행을 떠났습니다. 산을 지나가는데 갑자기 사자가 나타납니다. 놀라서 36계 줄행랑을 쳤습니다. 아, 그런데 낭떠러지입니다. '이제 죽었구나' 싶었는데 웬 걸요! 거기에 소나무가 죽 나 있는 것입니다. 잽싸게 뛰어서 소나무에 매달렸습니다. '휴, 이제 살았구나' 하며 소나무에 올라탔습니다.

그 언덕 밑을 보니까 소나무까지 약 4, 5m되는 거리라 뛰어내리면 살 것 같습니다. 그래서 이제는 사자를 보고 혀를 내밀며 놀리는 여유까지 보입니다. "날 잡아 봐라" 하고 뛰어내리려는 순간 밑을 보니 거기에 독사가 우글거리고 있는 것입니다. 오도 가도 못 하게 되었습니다. 고민에 빠져 있는데 설상가상으로 자기가 매달려 있는 그 소나무 가지를 생쥐 떼가 와서 갉아먹기 시작합니다. 생쥐들이 이 소나무 가지를 다 갉아내는 날이면 이제 끝장입니다.

그런데 놀라운 것은 슬퍼하던 이 사람이 눈길을 돌려서 그 옆을 보니 거기에 웬 벌꿀 집이 있는 것입니다. 그 안을 보니까 꿀이 가득합니다. 그 사람이 그 위기 일촉즉발의 순간에 벌꿀통의 꿀을 찍어 먹었습니다. '아! 달콤해.' 너무 좋아합니다. 그 결과가 어떻게 되었겠습니까? 안 봐도 뻔한 일 아닙니까? 이 이야기는 러시아의 대철학자, 톨스토이가 우리의 어리석음을 지적해 주기 위해서 쓴 글입니다.

이 앉은뱅이의 문제가 무엇이었습니까? 앉은뱅이 자체는 문제가 아니었습니다. 그의 진짜 문제는 자신의 영혼 문제와 자신의 심각한 문제를 직시하지 못했다는 것입니다. 문제를 올바로 보지 못하고 그저 사람들이 던져 주는 돈을 바라보며 하루하루 살아가고 있었다는 것입니다.

우리가 어떻게 이 교회에 나와서 영적인 치료를 올바로 받을 수 있을까요? 어떻게 하면 나 자신만 치료하지 아니하고, 내 가정과 내 주위 세상을 치료하는 자가 될 수 있을까요? 먼저 문제를 올바로 바라보아야 한다고 말씀하십니다. 영적인 눈이 떠져야 합니다.

## 올바른 해결책

*

두 번째 하나님이 가르쳐 주시는 치유 사역자로서의 방법은 올바른 해결책을 제시해야 한다고 말씀합니다. 문제를 올바로 보는 것, 진단도 중요하지만, 올바른 치료도 중요합니다. 올바른 해결책을 제시해야 합니다. 이 앉은뱅이에 대한 해결책이 무엇인지 한번 보겠습니다. 2절을 보십시오. 먼저 세상 사람들이 내놓은 해결책입니다.

> 나면서 앉은뱅이 된 자를 사람들이 메고 오니 이는 성전에 들어가는 사람들에게 구걸하기 위하여 날마다 미문이라는 성전 문에 두는 자라 (행 3:2)

사람들은 이 앉은뱅이를 어떻게 했습니까? 날마다 메고 와서 성전 문에 두었다고 이야기합니다. 이것이 쉬운 일이라 생각지 마십시오. 우리가 어떤 한 사람을 매일 승용차에 태워서 성전 문 앞에 데려다 주고, 끝나고 나면 또 데려간다고 생각해 보십시오. 이것은 결코 쉬운 일이 아닙니다. 하물며 그 성전은 어디서도 볼 수 있도록 높은 데 있었습니다. 혼자서 못 메니까 이웃 사람들이 돌아가면서 1년도, 2년도 아닌 근 40년 동안 이 앉은뱅이를 메어다 놓았다고 이야기합니다. 참으로 좋은 이웃입니다. 이것은 쉬운 일이 아니었습니다. 굉장히 어려운 일이었습니다.

오늘날 세상 사람들이 교회를 비판합니다. 물론 우리가 그 비판을 마땅히 수용해야 할 부분도 있지만, 세상 사람들이 잘못 비판하는 것도 없지 않습니다.

미국 경우의 예를 들면, 미국 정부가 구호하는 것 외에 다른 가난한 사람을 구호하는 기관의 96%가 다 기독교 기관입니다. 한국은 80%가 기독교 기관입니다. 부산역에 있는 안내문을 한번 보십시오. '노숙자 쉼터 안내문'을 보면 '제발 여기서 잠을 주무시지 마십시오. ㅇㅇㅇ에 찾아 가면 여러분을 위해 음식과 잠자리를 제공해 주고 있습니다.' 그리고 전화번호를 적어 놓은 9개의 기관이 나와 있습니다. 그 모두가 하나도 빠짐없이 다 교회에서 운영하는 기관입니다.

교회는 구제를 해야 합니다. 그러나 우리가 잊지 말아야 할 것이 하나 있습니다. 교회가 구호는 해야겠지만, 교회가 꼭 구호단체는 아니라는 것입니다. 교회는 학교를 세워야 합니다. 교회는 교육에 관여해야 합니다. 그러나 교회가 교육 단체여서는 아니 됩니다. 교회가 병을 고쳐야 하겠지만 의료 기관은 아니요, 세상을 개혁해야 하겠지만 개혁 단체는 아닙니다. 정의를 실현해야 하겠지만 정의 실현 단체는 더더욱 아닌 것입니다.

이것은 많은 앉은뱅이를 성전 미문 앞에 데려다 놓는 것에 불과하기 때문에 그렇습니다. 교회가 이것만을 한다면 칭찬은 들을 수 있을지 모릅니다. 그러나 그렇게 되면 이 사람들과 같이 그의 근본적인 문제를 해결하지 못합니다. 그저 성전 미문 앞에 앉은뱅이를 메어다 놓는 기관 밖에는 아무것도 아닌 것입니다. 교회는 이것을 위해 부름 받지 않았습니다. 이것은 세상 사람들이 내놓은 해결책입니다. 그렇다면 우리는 무엇을 해야 합니까? 우리가 우리의 문제를 올바로 발견한 이후에, 세상의 문제를 올바로 발견한 이후에, 구원받은 우리는 도대체 무엇을 해야 한단 말입니까? 사도 베드로가 한 일 가운데 두 가지를 말씀드리고 싶습니다. 사도 베드로가 내놓은 해결책을 보겠습니다.

## 올바른 해결책 – 영적 관심

\*

먼저 우리는 그들을 위해 영적 관심을 불러일으켜야 합니다.

베드로가 요한으로 더불어 주목하여 가로되 우리를 보라 하니
(행 3:4)

수많은 사람들이 성전에 오가고 있었습니다. 구걸하는 사람들을 자세히 보신 적이 있습니까? 저는 가끔 전철을 타면 구걸하는 사람들을 자세히 봅니다. 그들의 특징이 무엇인지 아십니까? 절대로 눈을 마주치지 않는다는 것입니다. 구걸하는 사람이 우리 눈을 빤히 쳐다보면서 "한 푼 줍쇼!!" 그러는 사람 보셨습니까? 그 마음속 본연에 수치심이 있기 때문입니다. 그리고 도와주는 사람도 그들의 눈을 들여다보려고 하지 않습니다. 그냥 줍니다. 왜 그렇습니까? 그 사람이 얼마나 미안할까를 알기 때문에 우리가 서로 신호 교환만 하는 것입니다. 모든 사람이 다 그렇게 합니다.

그래서 이 앉은뱅이도 그랬습니다. 앉아서 그저 다리만 쳐다봐도 사람 지나가는 것을 다 알 수 있습니다. 그날도 뚜벅뚜벅 소리가 들리기에 '아, 사람이 오는구나.' 그래서 "한 푼 줍쇼!" 그랬습니다. 웬 두 사람이 딱 서 있습니다. 돈을 꺼내는가 싶더니 베드로와 요한이 어떻게 했습니까? '주목하여 가로되' 이건 보통 있는 일이 아닙니다. 그리고 그 앉은뱅이가 잘 안 쳐다보려고 하니까 하는 말이 "우리를 보라!" 이 문장을 헬라어 원문으로 보면 보통 문장이 아닙니다. 상당히 강한 어조입니다. "우리를 보라!" 특별한 의미를 가지고 선포하는 것을 볼 수 있습니다. 무슨 이야기입니까? 베드로는 영적인 관심을 그 앉은뱅이 안에 불러일으키기를 원했던 것입니다.

예수님은 이 땅에 오셔서 그냥 설교하지 아니하시고 "귀 있는 자는 들을지어다." 이 말씀을 계속 반복하셨습니다. 무슨 이야기입니까? 듣

는 자 가운데 수많은 사람들이 육신의 귀로 듣지만, 영적인 관심을 유발시키기 위함이었던 것입니다.

그는 성전 가까이에 있었습니다. 아니, 하나님 가까이에 있었습니다. 수많은 예배자들 가까이에 있었습니다. 그러나 그의 관심은 오직 한 푼의 돈이었습니다. 도대체 그 성전 안에 누가 계시는지, 저들이 가서 성전 안에서 무엇을 하는지 전혀 관심이 없었습니다. 그래서 사도 베드로는 먼저 그 앉은뱅이에게 "우리를 보라!" 하면서 영적인 관심을 일으키기를 원했습니다.

오늘날도 수많은 사람들이 영적 관심이 없어서 멸망의 길로 빠져들고 있습니다. 절망의 늪에 그대로 거하고 있습니다. 그들은 교회 가까이에 있습니다. 아니, 교회 안에 있는 사람들은 그들의 문제를 해결해 줄 답안에 아주 가까이 있습니다. 그러나 그들은 여전히 문제를 해결받지 못합니다. 이유가 무엇입니까? 이유는 단 하나입니다. 그들의 마음 속에 영적인 관심이 없기 때문입니다. 단순히 우리가 교회에 와 앉아 있기 때문에 영적 관심이 있는 것이라고 생각하지 마십시오. 이 사람도 성전 뜰 안에 앉아 있었습니다.

우리가 성가대를 하고, 교사를 합니다. 집사 직분을 가졌고, 교회를 오래 다니고 있습니다. 모태신앙입니다. 그렇다고 해서 영적인 일에 관심이 있을 것이라고 생각하지 마십시오. 우리가 하나님의 말씀을 압니다. 성경 공부를 수년간 했습니다. 그래서 자동적으로 영적인 일에 관심이 있을 것이라고 착각하지 마십시오.

이 사람도 그곳에 40년을 머물러 있었습니다. 저는 이 말씀을 묵상할 때 한 가지 이상한 생각이 들었습니다. 그는 약 40년을 성전 미문 앞에 날마다 하루도 빠지지 않고 와 앉아 있었다고 성경은 기록합니다. 그런데 놀라운 일은 예수님께서 자주 이 성전 미문 앞을 지나다니셨다는 것입니다. 그리고 그 성전 안에서 백성들에게 하나님의 말씀을 가르쳤다는 것입니다. 아마 그는 예수님과 만났을지도 모릅니다. 그리고 예수님 말씀도 들었을 것입니다. 그런데 왜 예수님은 이 앉은뱅이를 고쳐 주시지 않았을까요? 왜 그는 고침 받지 못했을까요? 그는 늘 하나님 가까이에 있었습니다. 아니, 하나님을 만났습니다. 예수님 말씀을 직접 들었습니다. 그러나 영적인 일에 관심을 갖지 않았기 때문에 그는 그의 문제를 해결받지 못했던 것입니다.

오늘도 수많은 사람들이 예배를 드립니다. 그러나 영적인 일에 관심을 가진 자는 그리 많지가 않습니다. 하나의 의식(儀式)으로 와서 예배를 드립니다.

"내 영혼의 문제가 무엇입니까? 아버지 하나님, 당신의 거룩한 빛으로 내 영혼을 비춰 주시옵소서. 제가 치료받기를 원합니다. 저를 고쳐주옵소서."

사랑하는 아내와 사랑하는 자녀를 영적인 눈으로 바라보며 진심으로 하나님 앞에 눈물을 흘리는 자들이 교회 안에 지극히 적습니다.

그래서 사도 베드로는 이 앉은뱅이에게 먼저 영적인 관심을 일으키기를 원했습니다. 그리고 나서 놀라운 선포를 합니다.

> 베드로가 가로되 은과 금은 내게 없거니와 내게 있는 것으로 네게 주노니 곧 나사렛 예수 그리스도의 이름으로 걸으라 하고 오른손을 잡아 일으키니 발과 발목이 곧 힘을 얻고 뛰어 서서 걸으며 그들과 함께 성전으로 들어가면서 걷기도 하고 뛰기도 하며 하나님을 찬미하니 모든 백성이 그 걷는 것과 및 하나님을 찬미함을 보고 그 본래 성전 미문에 앉아 구걸하던 사람인 줄 알고 그의 당한 일을 인하여 심히 기이

히 여기며 놀라니라 (행 3:6~10)

베드로가 "은과 금은 내게 없거니와 내게 있는 것으로 네게 주노니 곧 나사렛 예수 그리스도의 이름으로 걸으라!" 하고 그의 손목을 잡고 일으킵니다. 그가 벌떡 일어나서 뛰어다니며 하나님을 찬양합니다. 사람들이 놀랐다고 기록하고 있습니다.

그 당시를 한번 상상해 보십시오. 지나가다가 웬 사람이 "우리를 보라!" 합니다. 앉은뱅이가 쳐다봅니다.

'오늘 횡재했구나!' 그런데 그다음에 나온 말이 무엇입니까?

"은과 금은 내게 없거니와", 즉 "나는 땡전 한 푼 없거니와" 그 거지가 뭐라 그랬겠습니까?

"아니, 돈이 없으면 그냥 지나갈 것이지."

아마 실망의 눈빛이 역력했을 것입니다. 그러나 그것도 잠시 "은과 금은 내게 없거니와 내게 있는 것으로 네게 주노니 곧 나사렛 예수 그리스도의 이름으로 걸으라" 하면서 손목을 잡고 벌떡 일으킵니다. 그 앉은뱅이는 자신도 모르게 벌떡 일어섰습니다. 그의 진정한 문제가 해결되었다고 성경은 이야기합니다. 무슨 말씀입니까?

우리에게 필요한 것은 무엇입니까? 건강입니까? 직장입니까? 아니면 집입니까? 자가용입니까? 오늘날 수많은 사람들이 교회에 와서 이러한 것들을 이야기합니다. 건강 중요하죠. 그러나 건강 이야기만 하다 돌아가는 사람들이 교회 안에 너무나 많습니다. 지금 당신이 무엇을 추구하고 있는가를 알기 원한다면 지난 한 달 동안 했던 기도 제목을 한번 하나님 앞에 솔직히 써 내려가 보십시오. 우리는 아직도 이 앉은뱅이와 같이 한 푼의 돈을 위해 기도하며 이 땅을 살아가는 것은 아닌지 모르겠습니다. 우리에게 필요한 것이 무엇입니까? 이 세상에 필요한 것이 무엇입니까? 돈입니까? 아니요! 예수 그리스도인 줄 믿습니다.

어느 날 한 사람이 포드 자동차를 샀습니다. 그리고 언덕을 올라갑니다. 그런데 차가 언덕 중간에 가다가 그만 서 버렸습니다. 뚜껑을 열어 보니 난리가 났습니다. 그런데 뭐 아는 게 있어야지요. 아무리 이것저것 눌러 보고 만져 보아도 잘 되지를 않습니다. 그런데 한 사람이 오토바이를 타고 지나가다 이 광경을 보고는 멈춥니다.

"당신 왜 그러오?"

"아, 차가 고장이 났지 뭡니까?"

"봅시다" 하며 쓱 둘러봅니다.

"저쪽에 있는 선을 여기다 한번 꽂아 보시오." 그래서 연결을 했습니다.

"그리고 시동을 걸어 보시오." 부르릉! 하고 걸립니다. 그래서 그 사람이 물었습니다.

"도대체 당신 누구요?" 그랬더니 그 사람 하는 말이

"내가 바로 헨리 포드요."

그 자동차를 만든 사람이 그것 하나 못 고치겠습니까?

주님도 이와 똑같은 말씀을 우리에게 하십니다. 내가 곧 이 세상에 하나밖에 없는 길이요, 하나밖에 없는 진리요, 하나밖에 없는 생명이니 나로 말미암지 않고는 아버지에게로 올 자가 없느니라." 주님께서 이 땅에 와서 선포하신 말씀이 무엇입니까? 우리 인생의 진정한 모든 문제의 열쇠는 오직 예수 그리스도밖에 없다고 하십니다.

우리가 세상에 무엇을 줄 수 있습니까? 어떻게 하면 세상을 구원할 수 있을까요? 어떻게 우리 인생을 올바로 정돈할 수 있을까요? 해답은 하나입니다. 내가 예수 그리스도를 받고, 이웃에게도 예수 그리스도를 주어야 합니다.

이 세상 모든 문제의 열쇠는 예수 그리스도입니다. 왜 그렇습니까? 그분은 보통 사람이 아니지 않습니까? 그분은 하나님이십니다. 바로 우리의 문제를 해결하기 위해서 인간의 몸을 입고 이 땅에 오신 분입니다. 그분 외에는 우리 인생의 진정한 문제를 해결할 자가 없다고 성경은 선포하십니다.

우리는 세상에 무엇을 주어야 합니까? 아니, 어떻게 우리가 세상을 구원할 수 있습니까? 문제를 올바로 바라보아야 합니다. 무엇이 문제인지를 보아야 합니다. 내 문제를 보고, 내 이웃의 문제를 볼 수 있어야 합니다. 그리고 올바른 해결책을 제시해 주어야 합니다.

## 올바른 해결책 – 예수님을 체험

*

그렇다면 우리가 어떻게 이 올바른 해결책을 그들에게 줄 수 있겠습니까? 우리가 이 올바른 해결책을 세상에 내놓기 위해 우리는 반드시 예수 그리스도를 체험해야 한다고 말씀합니다.

6절을 다시 한 번 보십시오. "베드로가 가로되 은과 금은 내게 없거니와 내게 있는 것으로 네게 주노니" 이것이 중요합니다. 우리가 어떻게 세상에 해결책을 내놓을 수 있습니까? 내게 있는 것이 무엇입니까? 먼저 예수 그리스도를 소유해야 한다고 말씀하십니다. 당신은 진정으로 예수 그리스도를 소유하고 계십니까? 제가 지금 하는 질문은 당신의 직분을 묻고 있는 것이 아닙니다. 당신이 얼마나 교회를 오래 다니고 있는가를 묻는 것도 아닙니다. 진정으로 예수님을 마음에 소유한 적이 있으신가요? 그래서 "은과 금은 내게 없거니와 내게 있는 것으로 네게 주노니"라고 말할 수 있습니까? 우리가 가지고 있는 것이 무엇인지 아십니까? 가지고 있는 것이 있어야 줄 수 있습니다. 무엇을 가지고 있는지 알아야 줄 수 있습니다.

교회의 문제가 무엇인가? 예수 없는 자가 너무나 많다는 것입니다. 그저 종교 생활을 할뿐입니다. 교회에 가서 예배드립니다. 서로 자화자찬을 하며 만족해합니다. '좀 더 거룩해졌겠지. 오늘 와서 헌금했으니까 하나님이 날 용서해 주셨겠지.' 아니요! 교회의 출석이 중요한 것이 아닙니다. 예수를 소유해야 한다고 말씀하십니다. 어떻게 세상에 해결책을 줄 수 있습니까? 먼저 예수 그리스도를 내가 체험해야 합니다.

## 올바른 해결책 – 예수님과의 교제

\*

세 번째, 예수님과 교제의 시간을 끊임없이 가져야 합니다. 3장 1절을 보십시오.

제 구 시 기도 시간에 베드로와 요한이 성전에 올라갈새 (행 3:1)

이 구 시를 오늘날로 말하면 오후 세 시가 됩니다. 공교롭게도 이 시간은 우리가 잘 아는 바와 같이 예수 그리스도께서 십자가에 달려 돌아가신 바로 그 시간입니다. 베드로가 어떤 사람입니까? 예수님과 동행할 수 없는 사람이었습니다. 예수님을 부인했습니다. 3년이나 예수님을 따라다니면서 죽는 데까지 함께 가겠다고 큰소리쳤습니다. 그래 놓고 막상 위급한 상황이 오자 예수님을 저주하고 부인하며 도망갔던 사람입니다.

그러나 성경이 무엇이라고 증언합니까? '제 구 시 기도 시간에' 베드로는 그 성전 안에 올라갔다고 이야기합니다. 베드로는 한 번도 빠짐없이 그 시간에 성전에 가서 주님과 교제했습니다. 주님이 자신의 죄를 대속하기 위해서 십자가에 달리신 그 시간에 말입니다. 다른 말로 말하면 예수 충만했던 것입니다.

왜 우리의 가정이 변하지 않습니까? 왜 내 아내가, 내 남편이, 내 자녀가, 내 부모가 주님 앞으로 돌아오지 않습니까? 이유는 하나 예수 충만하지 않기 때문에 그렇습니다. 내 안에 계신 분이 예수님이고, 내가 예수님과 날마다 동행하고 있다면 이적이 일어난다고 성경은 이야기합니다. 앉은뱅이가 일어나는 이적보다 더 위대한 이적이 우리 인생에서 일어날 것입니다. 우리 가정에 일어날 것입니다. 우리 주변에서 일어납니다.

하루는 예수님께서 감람산 위에 올라가셨습니다. 예루살렘 성을 바라보시며 우십니다. 그들의 영혼이 너무너무 불쌍해서 울고 계셨습니다. 그리고 내려오셔서 "얘들아, 추수할 일꾼을 보내 달라고 너희들이 좀 기도해야겠다" 명령하셨습니다. 누가 추수할 일꾼입니까? 예수님을 소유한 사람입니다. 예수 충만한 사람이 추수할 일꾼인 것입니다.

오늘 세상에는 앉은뱅이들이 얼마나 많이 있는지요? 영적인 앉은뱅이들이 소망도 없이 절망 가운데 빠져 있습니다. 그저 단 한 푼의 돈 때문에 본연의 문제를 잊고 살아갑니다. 명예 때문에 그렇게, 그렇게 살아가고 있습니다. 누가 이 세상을 구원하겠습니까? 우리는 왜 여기에 부름 받았나요? 우리는 도대체 세상에 무엇을 주어야 합니까?

예수 그리스도는 능력의 주이십니다. 권능의 주이십니다. 치료의 주이십니다. 우리의 죄를 말끔히 제하시는 분이십니다. 죄악의 종 노릇 하는 자에게 자유를 주시는 분이십니다. 모든 이름 위에 뛰어난 이름을 가지신 분이십니다. 능력의 이름 되신 예수, 치유의 이름 되신 예수! 그 이름을 확실하게 소유하시기 바랍니다. 그리고 세상에도 나누어 주시기 바랍니다.

# 9

## 기적 같은 삶을
## :: 사는 법 ::

사도행전 1 | 제 9 장

# 기적 같은
# 삶을 사는 법

베드로가 이것을 보고 백성에게 말하되 이스라엘 사람들아 이 일을 왜 기이히 여기느냐 우리 개인의 권능과 경건으로 이 사람을 걷게 한 것처럼 왜 우리를 주목하느냐 아브라함과 이삭과 야곱의 하나님 곧 우리 조상의 하나님이 그 종 예수를 영화롭게 하셨느니라 너희가 저를 넘겨주고 빌라도가 놓아 주기로 결안한 것을 너희가 그 앞에서 부인하였으니 너희가 거룩하고 의로운 자를 부인하고 도리어 살인한 사람을 놓아 주기를 구하여 생명의 주를 죽였도다 그러나 하나님이 죽은 자 가운데서 살리셨으니 우리가 이 일에 증인이로라 그 이름을 믿으므로 그 이름이 너희 보고 아는 이 사람을 성하게 하였나니 예수로 말미암아 난 믿음이 너희 모든 사람 앞에서 이같이 완전히 낫게 하였느니라 형제들아 너희가 알지 못하여서 그리 하였으며 너희 관원들도 그리 한 줄 아노라 그러나 하나님이 모든 선지자의 입을 의탁하사 자기의 그리스도의 해받으실 일을 미리 알게 하신 것을 이와 같이 이루셨느니라 그러므로 너희가 회개하고 돌이켜 너희 죄 없이 함을 받으라 이같이 하면 유쾌하게 되는 날이 주 앞으로부터 이를 것이요 또 주께서 너희를 위하여 예정하신 그리스도 곧 예수를 보내시리니 하나님이 영원 전부터 거룩한 선지자의 입을 의탁하여 말씀하신 바 만유를 회복하실 때까지는 하늘이 마땅히 그를 받아 두리라 모세가 말하되 주 하나님이 너희를 위하여 너희 형제 가운데서 나 같은 선지자 하나를 세울 것이니 너희가 무엇이든지 그 모든 말씀을 들을 것이라 누구든지 그 선지자의 말을 듣지 아니하는 자는 백성 중에서 멸망 받으리라 하였고 또한 사무엘 때부터 옴으로 말한 모든 선지자도 이때를 가리켜 말하였느니라 너희는 선지자들의 자손이요 또 하나님이 너희 조상으로 더불어 세우신 언약의 자손이라 아브라함에게 이르시기를 땅 위의 모든 족속이 너의 씨를 인하여 복을 받으리라 하셨으니 하나님이 그 종을 세워 복 주시려고 너희에게 먼저 보내사 너희로 하여금 돌이켜 각각 그 악함을 버리게 하셨느니라  행 3:12~26

\*우리는 살아가면서 '불가능은 없다. 할 수 있다. 칠전팔기' 이런 말들을 많이 듣게 됩니다. 우리에게 친숙한 말들입니다. 이런 말들은 자신에게 주어진 어려운 일을 극복하고 꿈을 이룩한 사람들의 모토였습니다. 실제로 어떤 사람들은 불굴의 의지로 자신의 꿈을 이룩해 냈습니다.

우리가 잘 알 듯이 나폴레옹은 30대에 이미 세계를 지배했습니다. 그래서 그가 남긴 유명한 말이 있습니다. 원래 불어 원문으로는 '넌 불가능하다고 하지만, 그런 단어는 불어에 없다. 프랑스식이 아니다. 프랑스인답지 않다' 라는 뜻입니다. 그런데 지금은 이것이 영어로 '내 사전(辭典)에는 불가능이 없다' 로 해석되어 회자되고 있습니다. 아무튼 사람들은 부단한 노력으로 꿈을 이루어 갑니다.

나이팅게일은 매우 훌륭한 집안에서 태어났지만, 그 당시에 굉장히 천대받는 간호사의 신분으로 살았습니다. 수많은 영국의 병원을 세우고, 나아가 인도와 아시아에서 위대한 간호사의 어머니가 되었습니다. 90세까지 사는 동안 그가 이루어 놓은 일은 이루 헤아릴 수 없이 많습니다. 불굴의 의지입니다.

그런가 하면 또 어떤 사람들은 기발한 아이디어로 어려움을 헤쳐 나가기도 합니다. 미국에서 아주 재미있는 사건이 있었습니다. 조그만 슈퍼마켓을 운영하는 한 사람이 있었습니다. 하루는 불도저가 와서 자기 옆집 땅을 막 밀더니 큰 대형 할인 매장이 들어서지 않겠습니까? 그런데 한 두 달 있더니 설상가상으로 그 옆에도 또 대형 할인 매장이 들어서는 것입니다. 이렇게 양쪽에 대형 할인 매장이 들어섰으니 어떻게 합니까? 이 조그만 슈퍼마켓 주인이 몇 달을 밤새 고민하다가 한 아이디어를 냈습니다. 있는 돈을 다 털어서 그 조그만 상점 지붕 위에다 네온사인 간판을 대문짝만하게 내걸었습니다. '들어가는 곳' 이렇게 썼습니다. 얼마나 기발한 아이디어입니까? 실제로 그곳으로 많은 사람들이 들어갔다고 합니다.

그러나 이러한 의지와 노력에도 불구하고 우리 인생에는 극복될 수 없는 수많은 일들이 일어나고 있습니다. 불가능이 없다고 외치던 나폴레옹은 자신을 비관하며 마지막을 유배지에서 초췌하게 죽어 갔습니다. 아주 건강했던 사람이 한 번의 사고로 목숨을 잃는 경우도 우리 주위에서 보고 있습니다. 그렇게 불굴의 투지를 가졌던 사람이 작은 악성 종양 하나에 무너지기도 합니다. 우리는 우리의 힘만으로는 살 수 없는 존재입니다.

제 9장 본문에 나오는 앉은뱅이 사건을 통해서 하나님은 바로 이 말씀을 하고 싶어 하시는지도 모르겠습니다. "얘들아, 너희가 너희 힘으로 인생을 살 수 있을 줄 아니? 아니다. 너희가 모든 것을 이루는 것 같

아도 너희가 할 수 없는 일이 있다. 내가 하지 않고는 해결될 수 없는, 해결할 수 없는 수많은 문제들을 너희들은 안고 살아간단 말이다." 아마 하나님은 우리가 그것을 깨달아 주기를 간절히 원하시는지도 모르겠습니다. "아무리 강한 의지가 있고, 투지가 불타고, 아무리 반짝이는 아이디어가 있다 해도 인생은 너희 힘만으로는 살 수 없다"라고 하나님은 말씀하십니다. 우리는 하나님의 도움을 필요로 하는 존재입니다.

기적이 무엇입니까? 우리의 상식을 넘어서는, 설명할 수 없는 외부로부터의 도움입니다. 때로 내가 내 마음을 주체할 수 없습니다. 아무리 좋은 병원에 가도 내 병을 고칠 수 없습니다. 사랑하는 사람을 떠나보내야만 합니다. 때로 주체할 수 없는 감정에 휩싸여서 나 스스로 무너지기도 합니다. 우리는 외부로부터의 도움을 필요로 하는, 기적을 필요로 하는 존재입니다. 지금 마음속 깊이 기적을 간절히 바라는 분들이 있을지도 모르겠습니다.

저는 그래 보았습니다. 저의 집사람이 수술하는 동안 그 암이 퍼지지 않기를 얼마나 기도했는지요? 지금은 집사람이 수술을 받은 지 11년이 지났습니다. 저는 여전히 하나님의 기적을 의존하고 살아갑니다. 인간의 의학으로는 도저히 고칠 수 없다고 하는 그 암! 병원의 모든 치료를 받지 않고 기도하며 매일매일 하나님의 도움을 바라며 저는 오늘도 살아가고 있습니다. 오늘날 누구라서 이 기적을 바라지 않는 사람이 있겠습니까?

우리는 표현하지 않을지 몰라도 내 마음속에 "하나님 그렇습니다. 저는 제 힘으로 해결할 수 없는 어떤 문제를 가지고 있습니다." 영혼의 문제, 마음의 문제, 건강의 문제, 경제적인 문제, 자식의 문제, 아내와 남편 관계의 문제! 나 스스로 해결할 수 없는 수많은 문제들! 기적을 요구하는 문제들 가운데 둘러싸여 살고 있습니다.

그렇다면 우리가 어떻게 이 엄청난 골리앗과 같은 문제들을 해결하며 살아갈 수 있을까요? 어떻게 하면 이 모든 것을 다 청산하고 기적 같은 삶을 살아갈 수 있을까요? 오늘 우리가 읽은 본문은 거기에 대해서 몇 가지 해답을 주고 있습니다.

> 나은 사람이 베드로와 요한을 붙잡으니 모든 백성이 크게 놀라며 달려 나아가 솔로몬의 행각이라 칭하는 행각에 모이거늘 (행 3:11)

무슨 이야기입니까? 남의 이야기가 아닌 우리의 이야기로 한번 읽어 봅시다. 오늘 우리가 예배 시간에 왔습니다. 수십 년을 이 성전을 지나다닙니다. 그런데 여기에 앉은뱅이가 한 분 앉아 있다고 생각해 보십시오. 여러분이 젊었을 때부터 이 교회에 나왔는데 그 앉은뱅이도 거기에 앉아 있었습니다. 그리고 우리가 예배당에 들어갈 때마다 한 푼의 적선을 기다립니다. 처음에는 한두 푼 줍니다. 왜 여기 앉아 있느냐고 시비도 걸어 봅니다. 그다음에는 미워서 안 주기도 합니다. 그랬다가 설교 듣고 회개하고 나가서 또 한 보따리 주기도 합니다. 이러면서 아마 수없는 관계를 형성했을 것입니다. 그래서 그 사람 이름도 알게 되었을 것입니다. 그 사람도 우리를 알고, 우리도 그를 압니다.

그런데 예배가 끝나고 국수를 먹고 있는데 한 사람이 막 뛰어옵니다.

"여보, 여보! 김 집사, 아, 그 앉은뱅이 있잖아? 우리 교회 앞에 앉아 있던 앉은뱅이 말이야."

"그 앉은뱅이가 왜?"

"아, 글쎄, 그 앉은뱅이가 일어났어!"

"앉은뱅이가 일어나다니 무슨 말이야?"

"그 앉은뱅이가 지금 일어나 뛰어다닌다고! 걷고 뛰고 난리가 났어!"
"그래? 잘 일어났네" 하면서 그냥 먹던 국수 계속 먹겠습니까?

아마 저 같으면 국수 먹다가 젓가락을 팽개치고 곧장 뛰쳐나갈 겁니다. 온 교인들이 다 모일 겁니다.

오늘 사건이 일어난 배경도 이렇습니다. 그 수많은 사람들이 다 모여서 눈이 휘둥그레 가지고 있습니다. 그 일어난 사람이 지금 베드로와 요한을 붙잡고 있습니다. 얼마나 감격했을까요? 어떻게 그들을 놓아 줄 수 있겠습니까? 자기 평생에 해결하지 못할 이 문제, 누구도 해결할 수 없던 이 앉은뱅이의 문제를 베드로와 요한이 찾아와서 해결해 준 것입니다. "나를 보라. 우리를 주목하라." 영적인 관심을 일으킨 다음 "은과 금은 내게 없거니와 내게 있는 것으로 네게 주노니, 나사렛 예수 그리스도의 이름으로 걸으라!" 하니 그가 벌떡 일어났습니다.

그 수많은 사람들 가운데, 이 두 사람을 놓쳤다가는 영영히 만나지 못할 것 같습니다. 그래서 그 앉은뱅이는 그 두 사람을 꼭 붙잡고 있는 것입니다. "선생님들, 저를 떠나지 마세요. 제가 평생 동안 이 교회 안에서 무슨 일이 일어났는지 모릅니다. 그러나 이제 그 진리를 알고 싶습니다." 왜 안 붙잡겠습니까? 그러한 상황에서 베드로가 이 앉은뱅이가 일어난 사건을 해석하기 시작합니다.

베드로의 두 번째 설교입니다. 일어난 사건을 하나님의 마음으로 재해석하는 것입니다. 수많은 사람들이 똑같은 사건을 보는데도 어떤 사람들은 거기에 대한 깨달음이 없습니다. 그래서 하나님은 설교자를 통해서 설교하십니다. 우리의 생각을 바꾸어 주시는 것입니다. 똑같은 한 사건을 보고도 해석이 다를 수 있습니다. 하나님은 이 앉은뱅이를 일으킨 사건을 자신의 입장에서 중요한 신학적인 용어를 사용하시며 백성들에게 설명해 주고 계십니다.

## 능력은 오직 하나님께만

*

우리가 어떻게 기적을 날마다 체험하며 살아갈 수 있을까요? 하나님은 베드로를 통해서 우리에게 먼저 이렇게 부탁하십니다. 능력이 오직 하나님께만 있음을 믿어야 한다고 말씀하십니다. 우리가 이것을 믿을 때 하나님은 우리에게 오늘도 이적을 베푸신다는 것입니다. 사람들이 다 모여서 놀란 눈으로 그를 쳐다보자, 베드로는 설교 가운데 두 가지 질문을 던집니다. 그들을 책망하는 질문입니다.

첫 번째는 "이 사람들아, 왜 놀라느냐? 왜 기이히 여기느냐?"

두 번째 질문은 "왜 우리를 주목하느냐?" 이것이 베드로의 설교의 중요한 요점입니다. 베드로가 하는 말은 무엇일까요?

"성도들이여, 이것은 당신들이 놀랄 만한 일이 아닙니다. 이 일을 보고 놀라서는 안됩니다."

아니, 앉은뱅이가 일어났는데 놀라지 말라뇨? 무슨 이야기입니까? 지금 베드로가 하는 이야기는

"만일 이 일을 사람이 행했다면 여러분이 정말 놀라야 합니다. 이 일을 어떤 의사가 고쳤다면 여러분은 그 사람을 바라보고 놀라는 것이 마땅합니다. 그런데 놀라지 말아야 합니다. 왜냐하면 여러분은 하나님을 믿는 사람들이지 않소? 이 일은 사람이 행한 것이 아닙니다. 하나님이 행하셨기 때문에 그렇게 놀라는 반응을 해서는 안됩니다."

하나님은 어떤 분이십니까? 하나님은 말씀 한마디로 해와 달과 별을 지으신 분입니다. 말씀 한마디로 이 우주를 창조하신 분입니다. 하나님은 말씀 한마디로 죽은 자를 살리셨던 분입니다. 그런데 그 하나님이 앉은뱅이 하나 일으키는 것쯤이야 무슨 대수로운 일이겠습니까?

이것이 바로 우리의 문제입니다. 우리는 늘 하나님을 믿는다 하면서도 하나님을 제한합니다. 우리가 하나님을 믿기는 믿는데 하나님 되게 믿지 않습니다. 내 생각대로 믿습니다. 하나님을 몰래 내 생각 속에 제한시키며 믿습니다.

어떤 사람은 이적을 믿지 않습니다. 왜 그럴까요? 자기 생각 밖의 것은 모르기 때문입니다. 이적이 없다고요? 천만의 이야기입니다. 어떤 사람은 이적을 믿기는 믿는데 머리로만 믿습니다. 자기와 상관없는 이적을 믿기 때문에 하나님의 이적을 기대하지 않습니다.

오늘날 수많은 성도들도 그렇습니다. 하나님께로부터 일어나는 매일의 이적을 기대하지도 않고 살아갑니다. 그저 무감각 속에서 종교의식의 하나로 예배는 드립니다. 살아 계신 하나님이 내 생에 개입하셔서 이적을 일으켜 주실 것을 전혀 기대하지 않은 채 신앙생활하고 있다는 말입니다.

놀란 사람들이 누구입니까? 이미 말씀드린 대로 그 당시에 세 번의 기도 시간이 있다고 했습니다. 그 당시 세 시 기도를 하러 교회에 모인 사람들은 아마도 오늘날로 말하자면 집사 정도는 되었을 것입니다. 교회를 오래 다닌 사람입니다. 그럼에도 불구하고 이 사람들은 하나님께로부터 오는 이적을 전혀 기대하지 않았습니다. 앉은뱅이가 일어나자 '어찌 이런 일이 있을 수 있는가!' 하며 놀랐다고 성경은 기록합니다. 바로 베드로는 이것을 책망하고 있는 것입니다.

하나님은 우리의 영혼 속에 우리의 상식을 벗어난 이적을 행하는 분이심을 믿습니까? 오늘도 사셔서 우리의 가정과 육체와 사업 현장에 이적을 행하는 분이심을 믿습니까? 이것을 믿으셔야 합니다. 왜 수많은 사람들이 이적을 경험하지 못하는가? 이 기대감과 이 믿음이 없기 때문입니다. 하나님을 하나님 되게 믿지 않기 때문입니다. 내 생각에 가두어 놓고 믿기 때문입니다.

두 번째 베드로가 가르치고 있는 진리는 다름 아닌 '왜 우리를 주목하느냐?' 입니다. 오직 능력이 하나님께만 있다고 가르치고 있습니다. 우리 주변에서 늘 보는 현상 가운데 하나는 무엇입니까? 이적이 일어나면 어떻게 합니까? 사람에게 집중합니다. 행한 사람은 우쭐해하고 그 이적을 입은 사람은 사람에게 집중합니다.

"어느 기도원에 가서 병 나았대." 그러면 사람들은 거기로 몰려듭니다. 그래서 헌금하라 하면 헌금하고, 집 팔라 하면 다 팝니다. 결국 그 기도원 원장은 그것을 챙겨서 사라지니까 이단이 되는 것 아닙니까? 이것이 한국 교회의 수준입니다. 이것이 잘못이라는 이야기입니다.

> 베드로가 이것을 보고 백성에게 말하되 이스라엘 사람들아 이 일을 왜 기이히 여기느냐 우리 개인의 권능과 경건으로 이 사람을 걷게 한 것처럼 왜 우리를 주목하느냐 (행 3:12)

베드로가 하는 이야기는 무엇입니까? 이 앉은뱅이가 어떻게 일어났습니까? 내가 경건해서, 내가 기도 많이 해서 일어난 것이 아니라고 이야기합니다. 이 기적의 근원이 조금도 나에게 있지 않다는 것입니다. 사실 이것은 너무나 당연한 진리 아닙니까?

저는 텍사스에 있었기 때문에 피아니스트 반 클라이번(Van

Cliburn)을 잘 압니다. 텍사스가 그의 고향입니다. 그가 얼마나 유명한 피아니스트입니까? 그는 침례교 집사이며 결혼도 하지 않고 독신으로 살고 있습니다.

반 클라이번이 피아노 연주를 합니다. 그러면 청중은 일어나서 우레와 같은 박수를 칩니다. 아마 앙콜을 두 번, 세 번 받겠죠. 누구를 보고 박수를 칩니까? 반 클라이번을 향해 칩니다. 그런데 음악회가 끝나고 나와서 반 클라이번은 본척만척합니다. "야, 오늘 음악이 참 좋았어. 피아노 참 끝내 주네." 그러면서 피아노에다 박수 치는 사람 보셨습니까?

이 역할을 바로 교회가 하고 있습니다. 기도해서 병을 고치면 능력의 근원을 하나님께 돌리지 아니하고, 자기가 그 영광을 취해 갑니다. 그래서 모든 교인의 시선을 자기에게 집중시킵니다. 이것이 얼마나 잘못된 것인지 아십니까?

수많은 사람들이 이적을 맛볼 수 있는데도 불구하고 사람에게 시선을 뺏겨서 하나님의 이적을 맛보지 못하고 살아갑니다. 내가 기도하면 하나님은 나에게 이적을 베풀어 주시는데도 말입니다. 다른 사람이 안수하지 않아도 내가 기도하면 하나님은 내 병을 고쳐 주십니다. 내가 하나님께 기도해도 하나님은 응답해 주십니다. 그런데 우리는 늘 사람만을 쳐다봅니다. 어떤 능력 많은 목사님을 쳐다보고, 어떤 능력 많은 기도원 원장을 쳐다봅니다. 우리가 어떻게 기적을 맛보며 살아갈까요? 오직 능력이 하나님께만 있음을 믿으시기 바랍니다.

하나님을 바라보셔야 합니다. 하나님을 앙망하셔야 합니다. 하나님을 앙망하는 자는 독수리가 새 힘을 얻음같이 날아오를 것이라고 말씀했습니다.

우리는 이적이 필요합니다. 우리 가정에 이적이 필요하고, 우리 사회에 이적이 필요합니다. 누구를 바라보겠습니까? 우리 모두 하나님만을 바라보아야 합니다. 능력이 하나님께만 있음을 인정해야 합니다. 그분께만 외치고 매달리십시오.

## 올바른 믿음을

*

하나님은 두 번째 방법을 16절에서 가르쳐 주고 계십니다. 그것은 바로 올바른 믿음을 갖는 것입니다.

> 그 이름을 믿으므로 그 이름이 너희 보고 아는 이 사람을 성하게 하였나니 예수로 말미암아 난 믿음이 너희 모든 사람 앞에서 이같이 완전히 낫게 하였느니라 (행 3:16)

굉장히 중요한 구절이요, 어려운 구절입니다. 지금 무슨 이야기를 하고 있습니까? 예수님이 고쳤다고 한 것도 아닙니다. 하나님이 고쳤다는 이야기도 아닙니다. 그 이름! 바로 예수님의 이름이 앉은뱅이를 일으켰다고 말합니다. 이름이란 무엇입니까? 이름은 부르면 대답이 따라오는 것이며, 그 존재와 나와의 만남의 관계를 이루는 것입니다. 그것이 이름입니다. 내가 이름을 부름으로써 그 사람이 대답하고 그 존재가 나에게 응답하여서, 나와 그 사람이 만나는 관계를 이야기합니다. 이것이 이름의 철학적인 의미입니다.

무슨 이야기입니까? 그 이름이 이 앉은뱅이를 고쳤다는 것입니다. 베드로가 하나님 앞에 예수 이름을 불렀더니 하나님이 응답해 주셨다는 것입니다. 베드로와 하나님과의 관계를 설명해 주시는 겁니다.

하나님은 어떤 하나님인가? 응답하시는 하나님이십니다. 하늘에 계시며 침묵하시는 하나님이 아닙니다. 오늘도 살아 계셔서 우리의 기도에 응답하시는 하나님이라고 성경은 가르칩니다. "그 이름이 이 사람을 낫게 하였느니라." 우리가 "예수님!" 하고 부르면 듣지 아니하시고 외면하시는 분이 아닙니다. 우리가 그 이름을 부르기만 하면 우리와 관계를 가지셨기에 응답하시는 하나님이십니다. 우리가 그 이름을 부르면 그 이름의 존재와 능력이 나타납니다.

예수님을 부르면 예수님이 나타납니다. 예수님의 능력이 나타납니다. 우리가 예수님의 이름을 부르면 그것이 예수님의 사건이 됩니다. 똑같은 일을 하는데 예수님의 이름으로 하면 그것이 내가 하는 일이 아닙니다. 예수님이 하시는 사건이 됩니다.

우리가 예수님의 이름을 부르면 그 집은 예수님의 집이 된다고 말씀하십니다. 성전을 짓는 목적도 하나님의 이름을 두기 위해서라고 했습니다(왕상 8:16). 우리가 예수의 이름으로 구원받고, 예수의 이름으로 병 고침 받습니다. 이 이름에 대한 비밀이 참으로 크고 놀랍습니다.

로마서 10장 13절에 보면 '누구든지 주의 이름을 부르는 자는 구원을 얻으리라' 라는 말씀이 있습니다. 이 말씀을 따라 예수님의 이름을 부를 때마다 예수님의 능력이 나타났다고 사도행전은 증언하고 있습니다.

그런데 오늘날 이 예수님의 이름이 능력이 있다고 하니까 우리가 이것을 주문으로 잘못 이해하는 것입니다. 그래서 말도 안 되는 내용으로 기도해 놓고 예수님의 이름을 갖다 붙입니다.

예수의 이름은 주문이 아닙니다. '수리수리 마수리' 가 아닙니다. '열려라, 참깨야!' 가 아니란 말입니다. 관계가 중요한 것이지, 그 이름

자체가 중요한 것이 아닙니다. 내가 과연 하나님의 이름을 불렀을 때 하나님께서 내게 응답할 수 있는 관계가 형성되어 있는가? 16절은 이 말씀을 하는 것입니다. "그 이름을 믿으므로 그 이름이 너희 보고 아는 이 사람을 성하게 하였나니 예수로 말미암아 난 믿음이", 예수로 말미암아 난 믿음이 모든 사람 앞에서 이같이 완전히 낫게 하였다고 합니다.

우리가 예수님의 이름을 부를 때 예수님이 우리에게 응답하시는 관계는 그 이름 앞에 서는 우리의 자세라고 이야기합니다. 예수님의 이름 앞에 우리가 어떤 자세를 가지고 서는가? 그것은 바로 믿음입니다.

그러나 믿음을 이야기하긴 하는데 보통 믿음을 이야기하는 것이 아니라 '예수 그리스도로 말미암아' 난 믿음을 이야기합니다. 굉장히 중요한 이야기입니다.

많은 사람들이 신앙생활을 자신의 믿음을 가지고 합니다. 굉장히 열심이 있는 것 같은데 가까이 가 보면 그 사람의 믿음은 '내 믿음' 입니다. 믿음을 정신 통일쯤으로 생각합니다. 기도하는데도 의심이 자꾸옵니다. 그러니까 "주여, 믿습니다. 믿습니다. 믿습니다" 연발하며 믿으려고 용을 씁니다.

어떤 사람은 또 믿음을 정성으로 해석합니다. 이것은 한국의 미신입니다. '지성이면 감천이다. 내가 정성을 많이 들이면 하나님이 응답하시겠지' 그렇게 생각합니다. 그래서

'100일 철야 기도 한번 해 볼까?'

'새벽 기도 해 볼까?'

'3일 금식 기도 해 볼까?'

'40일 금식 기도를 해 볼까?' 그래도 응답되지 않으면 어떻게 합니까?

'안 되겠다. 내 힘으로는 안 되니까 비서실장 되시는 목사님을 찾아가자.'

"목사님, 기도해 주세요."

그것 자체가 잘못된 것은 아닙니다. 문제는 동기입니다. 믿음을 잘못 이해하고 있는 것입니다. 믿음을 정신 통일로 생각하고, 믿음을 내 의지로 생각하고, 믿음이 내게서 난 것으로 생각한다는 것입니다. 베드로를 통해서 하나님은 말씀하십니다. 믿음은 믿음인데 누구를 통해서 난 믿음인가? 예수를 통해서 난 믿음이라고 이야기합니다.

지금부터 약 30년 전에 삼각산에서 큰 집회가 있었습니다. 집회를 마치고 나와 보니 홍수가 났습니다. 소낙비가 갑자기 쏟아져서 그 앞에 흐르던 물이 홍수를 이루었습니다. 은혜를 많이 받은 여자 집사님 세 분이 꿇어 앉아 엎드려 기도합니다. "주여, 모세가 홍해를 건넜는데 우리도 믿습니다." 간절히 기도하고 거기를 건너갔습니다. 건너긴 건넜는데 문제가 좀 생겨서 세 분 다 한강 하류에서 시체로 발견되었습니다.

왜 그렇습니까? 그들은 분명히 믿었습니다. 그런데 그것은 하나님께로부터 난 믿음이 아니었습니다. 예수께로부터 난 믿음이 아니었다는 것입니다. 오늘날 많은 신자들이 이 실수를 얼마나 많이 하는지 모릅니다. 우리는 어떻게 믿어야 합니까? 하나님께로부터 난 믿음으로 믿어야 합니다.

때로 환자들이 저에게 기도해 달라고 요청할 때가 있습니다. 그러면 제가 기도해 드리기 위해 심방을 갑니다. 그런데 어떨 때는 기도를 하는데도 확신이 없습니다. 겉으로 표현은 안 하지만 짜 내서 기도할 때가 있습니다. 그런데 어떤 때는 하나님께서 강하게 감동을 주십니다. 기도하라고 명령하십니다. 그럴 때 기도하면 내 개인의 경건과 상관없이 그 일은 꼭 이루어집니다. 올바른 믿음을 가져야 이적을 체험할 수 있습니다.

기독교의 믿음은 타 종교의 믿음과 다릅니다. 정신 통일 하는 믿음, 정성들이는 믿음, 그런 믿음은 불교에도 있고, 마호메트교에도 있고, 다른 종교에도 얼마든지 있습니다. 우리 믿음을 다른 종교와 무엇으로 구분합니까? 그것은 예수로부터 말미암은 믿음인 줄 믿습니다.

올바른 믿음을 갖고 계십니까? 예수님과 올바른 관계를 맺고 있습니까? "예수님!" 하고 부르면 예수님께서 마음속에 응답하십니까? 우리에게 왜 이적이 없는가? 하나님 앞에 올바르게 서는 자세가 없기 때문입니다. 하나님과의 관계가 올바로 형성되어 있지 않아서 그렇습니다. 수많은 죄악 가운데 여전히 거하면서 예배만 드릴 때, 하나님의 마음과 상관없는 일을 할 때 우리는 하나님 앞에 이적을 체험할 수 없다고 성경은 말씀합니다.

이적의 삶을 살기 원하십니까? 오직 하나님께만 능력이 있음을 믿으십시오. 그리고 그 능력 많으신 하나님과 올바른 관계를 맺으십시오. 하나님이 원하시는 올바른 믿음을 소유하십시오.

## 회개하고 돌이키라

\*

마지막 세 번째 방법을 19절에는 이렇게 소개합니다. 회개하고 돌이켜야 합니다.

그러므로 너희가 회개하고 돌이켜 너희 죄 없이 함을 받으라 이같이

> 하면 유쾌하게 되는 날이 주 앞으로부터 이를 것이요 (행 3:19)

똑같은 회개인데 베드로는 지금 강조점을 한 군데에 두고 있습니다. 그 포인트의 힌트가 17절에 나와 있습니다.

> 형제들아 너희가 알지 못하여서 그리 하였으며 너희 관원들도 그리 한 줄 아노라 (행 3:17)

무슨 이야기입니까? '너희가 알지 못하여서 십자가에 예수를 못 박았다'는 것입니다. 로마 군병이 아니고 바로 나 자신이 십자가에 못 박았다는 것입니다. 이것이 참 중요한 이야기입니다. 십자가와 나와의 관계가 형성되는 것입니다. 그것을 믿을 때 그 이름의 능력이 내게 응답 되는 것입니다. 그런데 왜 예수를 십자가에 못 박았는가? '너희가 알지 못하여서 그랬다'는 것입니다.

회개란 무엇인가? 베드로가 말하는 회개는 지난날의 무지를 깨닫는 것입니다. 특히 하나님과 예수님에 대해서 내 무지함을 깨닫는 것입니다.

얼마 전에 유행했던 '지저스 크라이스트 수퍼스타 (Jesus Christ Super Star)라는 유명한 뮤지컬이 있습니다. 오페라로도 나왔고, 영화로도 만들어져서 굉장히 많이 공연 되고 상영 되었습니다. 그 마지막 장면에 보면 사람의 마음을 찌르는 한 노래가 나오는데, 성경에는 없는 가사입니다. 가룟 유다가 살아납니다. 진짜 살아나는 것은 아니고 극작자가 그렇게 만든 것입니다.

가룟 유다의 혼령이 살아나서 구슬피 울면서 이 노래를 부릅니다. '왜 내게 말하지 않았나요?' 무엇을 말 안 했다는 겁니까? '예수님, 당신이 하나님의 아들이심을 왜 나에게 말해 주지 않았나요? 당신이 사흘 후에 부활하실 것이라고 왜 나에게 말해 주지 않았나요?' 가룟 유다의 혼령이 돌아다니며 우는 장면이 사람의 폐부를 찌릅니다. 가룟 유다는 굉장히 똑똑한 사람이었습니다.

그러나 예수님이 정말 말씀을 안 해 주셨습니까? 성경을 자세히 보십시오. 예수님이 제자들과 3년 동안 계시며 내가 곧 하나님이라고 얼마나 많이 말씀하셨습니까? "나는 단순한 사람이 아니다. 인간의 몸을 입고 이 땅에 왔지만, 내가 곧 하나님이다. 내가 죽었다가 사흘 만에 부활할 것이다." 수없이 말씀해 주셨습니다. 그런데 가룟 유다는 그것을 듣지 못했습니다. 가룟 유다의 혼령이 얼마나 억울했겠습니까? 3년을 따라다녔는데도 그가 하나님임을 모르고 팔아 버렸으니 말입니다. 그가 예수님이 하나님임을 알았다면 팔아 버렸겠습니까? 그가 예수님이 부활할 것을 확실히 알았더라면 배반했겠습니까?

오늘날도 마찬가지입니다. 똑똑한 척하지만 미련한 사람들이 너무 많이 있습니다. 모든 죄의 원인은 무식에 근거합니다. 인도의 한 동네에 가면 지금도 남편이 죽으면 아내도 따라 죽는 동네가 있다고 합니다. 남편을 화장시킬 때 여자를 묶는 것이 아닙니다. 남편을 사랑하는 마음으로 그 남편을 꼭 껴안고서 같이 불에 타 죽습니다. 동네 사람들은 공덕비를 세워 줍니다. 이것이 칭찬할 일입니까? 그들은 생명이 얼마나 귀중한지를 모릅니다. 무지가 얼마나 무섭습니까?

회개는 감정으로 하는 것이 아닙니다. 눈물, 콧물 흘렸다고 회개한 게 아니라는 것입니다. 회개는 지식에서부터 시작합니다. 회개란 무엇입니까? 오늘 베드로가 말하는 회개는 과거에 내가 몰랐던 것을 돌이키는 것입니다.

"하나님에 대해서 제가 모르는 것이 너무 많았습니다. 예수님에 대해서 내가 모르는 것이 너무 많았습니다. 성경에 천국이 있다고 했는데 나는 믿지 않았어요. 평생을 똑똑한 것처럼 살아왔는데 헛되게 살아왔어요. 돈만 추구하고 살아왔고, 쾌락만 추구하고 살아왔어요. 내가 모태신앙이라고 자랑하면서도 여전히 하나님과는 상관없이 살아왔습니다."

그 잘못된 개념으로부터 돌이키는 것, 그것을 회개라 이야기합니다. 그래서 예수님은 이렇게 말씀하십니다.

> 예수께서 가라사대 너희가 소경 되었더면 죄가 없으려니와 본다고 하니 너희 죄가 그저 있느니라 (요 9:41)

무슨 말씀입니까? 차라리 알지 못했으면 예수님 앞에 나올 수 있는 사람입니다. 그런데 안다고 하는 것 때문에 예수님을 영접할 수 없었다는 것입니다. 자신이 똑똑하다고 생각했기 때문에 멸망받는 것입니다. 회개는 지난날의 무지를 깨닫는 것입니다. 내가 지난날 하나님 앞에 무지했음을 시인하는 것입니다. "주님, 내가 똑똑한 줄 알았습니다. 내가 잘난 줄 알았습니다. 내 주먹을 믿고 살았습니다. 그러나 이제 보니 헛 살았습니다. 나를 만드신 하나님도 모르고 살았습니다. 하나님의 뜻이 뭔지도 모르고 살았어요. 주님, 제가 돌이킵니다. 저를 용서해 주세요." 이것이 회개입니다.

우리가 이 땅에 살면서 어떻게 이적을 맛보며 살아갑니까? 내 힘으로 해결할 수 없는 부부 관계를 어떻게 해결할 수 있습니까? 우리 자식을 어떻게 올바로 교육할 수 있습니까? 하나님에 대한 무지를 회개하고 돌아올 때 가능하다고 성경은 가르칩니다. 우리가 이렇게 회개하면 한 가지 결과가 나타납니다.

19절을 보면 '유쾌하게 되는 날', 저는 이 단어를 연구하다가 얼마나 놀랐는지 모릅니다. '카이로이 아나포케오스', 헬라어로 '카이' 그러면 'again' 입니다. '아나포케오스' 그러면 숨을 불어넣는 것입니다. 바로 창세기 2장 7절에 나오는 단어입니다.

> 여호와 하나님이 흙으로 사람을 지으시고 생기를 그 코에 불어넣으시니 사람이 생령이 된지라 (창 2:7)

"하나님이 흙으로 사람을 만드시고 생기를 불어넣으시니 그 흙덩어리가 생령이 된지라." 다시 숨을 불어넣는다는 뜻입니다. 생령이 된 영혼이 죄를 범함으로 그 영혼이 죽었습니다. 그런데 하나님께서 무슨 말씀을 하고 계십니까? 우리가 이렇게 회개하고 주님 앞에 돌아올 때 하나님은 다시 우리의 영혼에 생기를 불어넣어 주신다는 것입니다.

유쾌하게 되는 맛을 아십니까? 예수를 수십 년 믿고도 이 유쾌하게 되는 맛이 무엇인지 모른다면 그 사람은 예수 믿는 사람이 아닙니다. 누구에게도 고백할 수 없는 죄 덩어리를 가지고 양심의 가책을 받아 가며 괴로워하고 괴로워하다가 어느 날 하나님 앞에 나와 회개합니다. 그럴 때 하나님이 내 영혼에 생기를 불어넣어 주십니다. 나를 유쾌하게 만들어 주시는 것입니다.

"이같이 하면 유쾌한 날이 너희에게 이를 것이요" 물론 예수님의 재림을 이야기하고 있는 것입니다만, 그때뿐 아니라 예수님은 오늘도 살아서 우리의 영을 부흥시켜 주신다는 것입니다. 우리의 영혼이 유쾌하게 됩니다. 얼마나 기쁜지요? 그래서 하루하루 살아도 기쁩니다. 병들어도 기쁘고, 망해도 감사하고, 교통사고가 나도 기쁩니다. 이것이 이적 아닙니까? 도저히 기뻐할 수 없는 상황 가운데서 기뻐합니다. 절망할 수밖에 없는 상황 가운데서 절망은커녕 감사하며 살아갑니다. 사도 바울의 삶! 이것이 바로 이적의 삶 아니겠습니까?

　하나님의 말씀이 선포되었습니다. 이 선포된 하나님의 말씀에 한 번 반응해 보시지 않겠습니까? 문제가 무엇입니까? 육체적 질병입니까? 경제적 여건입니까? 마음의 문제입니까? 하나님이 가르쳐 주신 이 말씀을 우리가 순종할 수만 있다면 당신도 이적을 체험할 수 있습니다.

# 10

## 종교 생활과
## :: 신앙생활의 차이 ::

사도행전 1 | 제 10 장

# 종교 생활과 신앙생활의 차이

사도들이 백성에게 말할 때에 제사장들과 성전 맡은 자와 사두개인들이 이르러 백성을 가르침과 예수를 들어 죽은 자 가운데서 부활하는 도 전함을 싫어하여 저희를 잡으매 날이 이미 저문 고로 이튿날까지 가두었으나 말씀을 들은 사람 중에 믿는 자가 많으니 남자의 수가 약 오천이나 되었더라 이튿날에 관원과 장로와 서기관들이 예루살렘에 모였는데 대제사장 안나스와 가야바와 요한과 알렉산더와 및 대제사장의 문중이 다 참예하여 사도들을 가운데 세우고 묻되 너희가 무슨 권세와 뉘 이름으로 이 일을 행하였느냐 이에 베드로가 성령이 충만하여 가로되 백성의 관원과 장로들아 만일 병인에게 행한 착한 일에 대하여 이 사람이 어떻게 구원을 얻었느냐고 오늘 우리에게 질문하면 너희와 모든 이스라엘 백성들은 알라 너희가 십자가에 못 박고 하나님이 죽은 자 가운데서 살리신 나사렛 예수 그리스도의 이름으로 이 사람이 건강하게 되어 너희 앞에 섰느니라 이 예수는 너희 건축자들의 버린 돌로서 집 모퉁이의 머릿돌이 되었느니라 다른 이로서는 구원을 얻을 수 없나니 천하 인간에 구원을 얻을 만한 다른 이름을 우리에게 주신 일이 없음이니라 하였더라   행 4:1~12

*요사이 우리가* 사는 시대는 대용품의 시대인 것 같습니다. 수많은 대체품들이 쏟아져 나오고 있습니다. 옛날에는 가죽 제품을 쓰느라 동물의 가죽을 벗겨서 많은 과정을 거쳐야 했습니다. 그러나 이제는 인조 가죽이 생겨서 그럴 필요가 없어졌습니다. 가죽과 아주 유사한 성능과 모양을 비닐 가지고도 충분히 그렇게 만듭니다. 옛날에는 또 다이아몬드반지를 끼고 다닐 때면 '잃어버리면 어떻게 하나' 불안해했습니다. 그러나 요사이는 그럴 필요가 없습니다. 그저 유리를 다이아몬드처럼 만들면 됩니다. 전문가가 아니면 어느 누구도 진짜와 가짜를 구별해 내지 못합니다.

얼마 전에는 제가 장미꽃 조화를 본 적이 있습니다. 수많은 조화가 나옵니다만, 장미꽃이 얼마나 아름다운지요? 실물보다 더 아름답습니다. 놀라운 것은 가까이 갔더니 거기서 장미꽃 향기가 실제처럼 나는 것입니다. 만져 보지 않으면 누구라도 속을 수밖에 없습니다.

그런가 하면 버터의 대용품도 나왔습니다. 미국 사람들은 버터를 먹지 않고는 견딜 수 없지 않습니까? 그렇지만 몸에는 버터가 안 좋습니다. 그렇다고 동물성 기름을 사용할 수 없으니 몸에 좋은 식물성 기름과 똑같은 맛을 내는 버터를 만들어서 사용하고 있습니다. 그 이름이 좀 깁니다. 우리말로 번역하면 '야, 이게 버터가 아니라니 믿을 수가 없네.' 이것이 상표 이름입니다. 그런데 얼마나 많이 팔리는지 모릅니다. 우리나라에도 이미 수입되어 왔습니다만, 정말 버터와 똑같은 맛을 냅니다. 이 외에도 수많은 대용품과 모조품이 쏟아져 나오고, 그 결과 우리는 진짜를 구별해 내기 힘든 세대에 살고 있습니다.

그런데 문제는 이러한 현상이 교회 안에서도 일어나고 있다는 것입니다. 교회 안에도 대체품이 들어와 있습니다. 기독교가 창시될 초창

기만 해도 교회에 모인 사람들은 참 순박했습니다. 모두가 신앙생활하기 위해 모였고, 모두가 복음이 뚜렷했고, 모두가 구원받은 사람들이었습니다. 교회 나오는 것 자체가 굉장한 핍박을 요구하는 상황이었기 때문에 구원받지 않았다면 교회에 모여들 이유가 없었습니다.

그러나 오늘날 신앙생활에는 대체품이 많아졌습니다. 교회는 출석하지만 주님과 상관없는 사람들이 많습니다. 하나님의 이름을 내걸고 교회를 세우고, 교회로 모입니다. 큰 건물을 자랑합니다. 그러나 가 보면 멋있는 사람의 논리가 진리를 대체하고 있습니다. 얄팍한 술수와 능력이 하나님의 능력을 대신합니다. 정신 통일이 믿음을 대체합니다. 내 요구가 기도를 대체합니다. 나의 강한 열심이 하나님의 뜻을 대체하고 있습니다. 이것이 오늘의 현실입니다. 오직 성령의 능력으로만 가능한 신앙생활을 딱딱한 종교생활이 대체하고 있습니다.

기독교의 가장 큰 적은 종교입니다. 놀라실지 모르겠지만 사실입니다. 기독교의 가장 큰 적은 다른 어떤 것이 아니라 바로 종교라고 성경은 이야기합니다. 모든 종교에는 한 가지 기본적인 특징이 있습니다. 그것은 바로 내 힘으로 하나님을 찾아내는 것입니다. 내 힘으로 하나님을 기쁘시게 하고, 내 노력으로 하나님께 갈 수 있다고 믿습니다. 그 근본은 '내가' 중심입니다. 인간이 중심인 인본주의입니다.

그러나 기독교는 그렇게 이야기하지 않습니다. 내가 하나님을 찾아갈 수 없습니다. 하나님이 우리를 찾아오신 것입니다. 성경은 우리 힘으로 하나님을 발견할 수 없기 때문에 하나님께서 먼저 우리를 사랑하셨다 말씀합니다. 우리가 하나님을 찾기도 훨씬 전에 말입니다.

우리는 어떻습니까? 진정으로 신앙생활을 하고 계십니까? 아니면 교회는 와 앉아 있지만, 종교 생활을 하고 계십니까? 우리가 물어야 할 심각한 질문입니다.

　사도행전 4장 1절부터 12절, 이 영감된 하나님 말씀은 종교적 특징과 신앙생활의 특징을 나누어 몇 가지로 구분해 주고 있습니다.

## 종교 생활의 특징 – 잘못된 교리

*

　하나님은 몇 가지 종교 생활의 특징을 이렇게 가르쳐 주십니다. 종교 생활의 특징은 무엇인가? 먼저 모든 종교 생활에는 잘못된 교리가 그 밑바탕을 이루고 있다는 것입니다. 왜 그렇습니까? 하나님께로부터 나온 것이 아니기 때문입니다. 내가 중심이 되어 만든 단체이기 때문입니다. 생각으로는 굉장히 멋있는 것 같습니다. 그러나 그 중심을 계속 파고들면 거기에는 인간적인 교리가 자리 잡고 있습니다. 그것은 하나님의 눈으로 볼 때 잘못된 것입니다.

　한때 베스트셀러였던 '공자가 죽어야 나라가 산다'라는 책을 혹시 읽어 보셨습니까? 우리 한국에서 최초로 갑골학을 전공하여 박사 학위를 받은 분이 쓴 책입니다. 그는 한국 사람이지만 중국에서 존경의 대상입니다. 그런 그가 선포하기를 공자가 죽어야 나라가 산다고 선포했습니다.

　왜 그럴까요? 그는 유교의 근원을 연구하기 시작했습니다. 지금까지 한문학의 원조인 갑골학을 아무도 연구하지 못했습니다. 그가 내린 결론은 다름 아닙니다. 한 정치가가 백성을 꼼짝달싹하지 못하도록 다스리기 위해서 만든 종교 의식이라는 것입니다. 그러나 공자가 이것을 집대성해 놓았습니다. 공자는 그것을 알면서도 자기의 지혜를 동원하고 타협했습니다. 하나의 유교를 만들기 위해서 말입니다. 그래서 공자가 죽어야 이러한 잘못된 교리가 죽고, 그래야 나라가 산다고 그 저자는 과감히 선포했습니다.

유교뿐이겠습니까? 이 땅에 있는 모든 종교가 그렇습니다. 교회에 나오면서도 종교 생활을 하고 있는 모든 사람의 통일점이 바로 여기에 있습니다. 이 세상의 모든 종교 이면에는 잘못된 교리가 숨어 있다는 것입니다. 그들은 사람이 만든 것을 숭배하고 있습니다. 이것은 하나님께로부터 나온 것이 아닙니다.

지금 40년이 넘도록 앉은뱅이로 있던 사람이 일어났습니다. 그러면 이 사건이 얼마나 기쁜 일입니까? 얼마나 놀라운 일입니까? 그러나 지도자들은 그의 기쁨을 조금도 고려하지 않았습니다. 앉은뱅이를 항상 잘못된 교리로 바라보았기 때문입니다.

이 증거를 우리는 제자들의 질문에서도 읽을 수 있습니다. 그 당시에 유행된 잘못된 교리를 이렇게 표현하고 있습니다. 날 때부터 소경이 있었습니다. 하루는 제자들이 지나가다가 예수님께 묻습니다. "예수님, 이 사람이 소경된 것이 누구의 죄 때문입니까? 본인의 죄 때문입니까, 아니면 부모의 죄 때문입니까?" 그때 주님이 그 잘못된 교리를 책망하십니다. 누구의 죄 때문도 아니며, 하나님의 하시는 일을 나타내고자 함이라고 말씀해 주십니다.

> 예수께서 길 가실 때에 날 때부터 소경 된 사람을 보신지라 제자들이 물어 가로되 랍비여 이 사람이 소경으로 난 것이 뉘 죄로 인함이오니이까 자기오니이까 그 부모오니이까 예수께서 대답하시되 이 사람이나 그 부모가 죄를 범한 것이 아니라 그에게서 하나님의 하시는 일을

나타내고자 하심이니라 (요 9:1~3)

　종교 지도자들은 성전에는 나왔지만, 종교 생활을 하고 있었습니다. 그래서 그들 마음속에는 잘못된 교리가 있었습니다. 앉은뱅이를 바라볼 때마다 불쌍히 여기기는커녕 저주했습니다. 무시했습니다. "태어날 때부터 앉은뱅이 된 것을 보니 부모가 어지간히 죄를 많이 지었겠구먼." 그러므로 이들에게는 앉은뱅이가 일어나든 말든 그것이 중요하지 않았습니다. 그 사람을 조금도 불쌍하게 여길 필요가 없었습니다. 이것이 하나님을 섬기는 사람들의 태도입니까? 이 앉은뱅이가 일어났는데 그 일을 같이 기뻐하지는 못할망정 왜 그 일 한 사람을 핍박한단 말입니까? 그들은 하나님을 섬기고는 있었습니다. 그러나 마음속 깊이 잘못된 교리를 가지고 있었던 것입니다.

　그렇다면 우리는 어떻습니까? 수많은 교인들이 교회에 나옵니다. 그러나 교회에 나와 앉아 있으면서 하나님과 상관없는 자기 나름대로의 철학을 가지고 있습니다. 자기 나름대로의 전통을 가지고 있습니다. 자기 나름대로의 잘못된 교리를 가지고 살아갑니다. 주일에 와서 예배드리고 말씀 듣는 것이 따로, 생활하는 것이 또한 따로입니다. 하나님은 이것을 가리켜 신앙생활이라 하지 아니하시고, 종교 생활이라 부르십니다.

　교회는 매일 나옵니다. 새벽 기도도 드립니다. 설교도 듣습니다. 그러나 그 가정에 변화가 없습니다. 그 직장 생활에 전혀 기쁨이 없습니다. 믿지 않는 사람들에게 덕이 되지 않습니다. 왜 그럴까요? 그들은 지금 현재 종교 생활을 하고 있기 때문입니다. 그저 교회 마당만을 밟는 종교 생활을 하고 있기 때문이라고 지적해 주십니다. 이것은 하나님과 아무런 상관이 없습니다. 종교 생활의 특징은 잘못된 교리입니다.

## 종교 생활의 특징 – 이기주의

\*

두 번째 특징을 무엇이라고 지적합니까? 이기주의라 말씀하십니다. 종교도 겉으로는 하나님의 이름을 부릅니다. 겉으로는 하나님을 굉장히 열심히 섬기는 것 같습니다. 그러나 그 밑바닥 중심을 양파 벗기듯이 파고들면, 그 가운데에는 무엇이 있습니까? '내가' 도사리고 있습니다. '내가' 중심입니다. 하나님이 계신 것이 아닙니다. 왜 예배드리는가? 내가 복 받기 위해서입니다. 왜 십일조 바치는가? 내 사업이 잘되기 위해서입니다. 왜 기도하는가? 내 자손이 잘되기 위해서 기도합니다.

'주님, 내가 고난 받더라도, 내가 차라리 가난하게 살더라도, 내가 이 땅에서 핍박받더라도 내 이름은 낮아지게 하옵소서. 하나님의 이름만 나타나게 하옵소서.' 이런 마음이 종교 생활 하는 사람들 마음에는 없습니다.

여기에 나타난 지도자들은 오늘날로 말하면 풀타임 사역자들입니다. 평생 성전에서 예배를 인도하는 자들이었습니다. 그런데 이들이 화가 났습니다. 그래서 베드로와 요한을 감옥에 가두어 버립니다. 위협하고 핍박합니다. 기분이 굉장히 나빴기 때문입니다. 왜 기분이 나빴겠습니까?

생각해 보십시오. 그래도 명색이 제사장들 아닙니까? 항상 예배를 인도하며 성전을 맡았던 자들입니다. 앉은뱅이가 40년 가까이 그 성전에 있었는데, 소위 하나님의 종들이라는 사람들이 도와줄 방법이 없다 말입니다. 그저 가끔 가다가 돈 몇 푼 집어던져 줍니다. '어이구, 저 앉은뱅이 오늘은 안 나왔으면 했는데, 또 교회 앞에 와서 진 치고 앉았네.'

이맛살 구기면서 들어갑니다.

그런데 베드로와 요한이 오더니 자기들이 꼼짝달싹 어찌 할 수 없던 그 앉은뱅이를 일으킨 것입니다. 신학교를 졸업한 것도 아닙니다. 듣도 보도 못하던 어부 출신들입니다. 그의 손을 잡고 나사렛 예수의 이름으로 일어나 걸으라고 했더니 그 앉은뱅이가 벌떡 일어났단 말입니다. 어떻게 되었겠습니까? 그 제사장의 체면이 뭐가 되었겠습니까?

이해됩니까? 생각해 보십시오. 자기 체면이 뭐 그리 중요하단 말입니까? 40년을 넘게 앉은뱅이로 있던 사람이 일어났으면 내 체면이 좀 구겨졌다 해도 함께 기뻐할 일이지, 그것을 시기하고 질투해서 그들을 감옥에 집어넣는단 말입니까? 이것이 종교 생활의 특징이라고 주님은 지적하십니다.

성령님의 도움을 얻어서 우리의 마음을 자세히 들여다보길 원합니다. 마음속 깊은 곳에 누가 앉아 계십니까? 정말 하나님의 영광을 위해 살고 싶은 마음이 있습니까? '나는 못 살아도 좋습니다. 나의 가진 것 다 바쳐서라도 하나님의 이름만 드러날 수 있다면 좋겠습니다. 주의 복음만 전파될 수 있다면 좋겠습니다.' 이런 마음이 있으신가요? 이것이 신앙생활이라고 주님은 말씀하십니다.

## 신앙생활의 특징
## - 부활의 능력을 체험하며 사는 삶

\*

그렇다면 신앙생활의 특징은 무엇일까요? 먼저 신앙생활의 특징은 부활의 능력을 체험하는 자들이라고 말합니다.

우리는 부활의 신앙을 이야기하면 늘 예수님의 부활만 이야기합니다. 이것이 문제입니다. 모든 기독교인들은 예수님의 부활을 믿습니다. 교회 안에 모인 사람들은 예수님이 부활하신 것을 압니다. 그러나 문제는 그것을 자기와 연관시키지 못한다는 것입니다. 물론 예수님의 부활이 굉장히 놀라운 일입니다. 왜 그렇습니까? 지금까지 이 역사상에 부활하신 이는 예수 그리스도 외에는 아무도 없기 때문입니다. 제가 이렇게 이야기하면 성경을 좀 읽으신 분들은 마음 가운데 의문이 떠오를 것입니다. '아니, 목사님, 무슨 소리입니까? 나사로도 부활했고, 수넴 여인의 아들도 부활했는데요.' 아닙니다.

물론 나사로가 죽었다가 살아났습니다. 그러나 나사로가 죽었다 살아났을 때에는 어떤 몸을 받았습니까? 옛날에 가졌던 똑같은 몸을 받았습니다. 그러다가 얼마 안 있어 늙어서 다시 죽어 버렸습니다. 수넴 여인 아들의 경우도 그렇고(왕하 4:35~37), 나인 성 과부의 아들도 마찬가지입니다(눅 7:15). 그것은 성경이 말하는 부활이 아닙니다. 예수님이 하신 부활은 그 본질이 다릅니다. 예수님께서는 죽으셨다가 다시 사신 정도가 아니라 완벽한 몸을 가지고 부활하셨습니다. 병들지 않는 몸, 시들지 않는 몸, 늙지 않는 몸! 이것이 성경이 말하는 부활입니다.

이 세상의 3대 성자들이 예수님의 삶을 흉내 낼 수는 있습니다. 예수님이 가르쳤던 것을 석가도 가르칠 수 있습니다. 불경을 읽어 보십시오. 거기에 얼마나 좋은 말들이 많습니까? 석가가 얼마나 좋은 삶을 살았습니까? 그들의 삶을 따라갈 수가 없습니다. 그 동기야 어떠했든 간에 공자도 꽤나 좋은 삶을 살려고 노력했던 사람입니다. 소크라테스는 또 얼마나 많은 철학과 가르침을 남겼던 사람입니까?

그러나 3대 성자 모두가 예수님을 도저히 흉내 낼 수 없는 사건 하나가 있습니다. 그것은 다름 아닌 부활입니다. 그래서 3대 성인의 무덤은 그대로 있지만, 예수님의 무덤은 지금도 비어 있습니다.

예수님의 부활이 중요한 이유는 성경이 예수님의 부활만을 가르치려 하지 않는다는 점에 있습니다. 언젠가 그렇게 부활할 것이라고 이야기합니다. 예수님의 부활이 왜 중요합니까? 우리도 그 뒤를 따라 언젠가 부활할 것이기 때문입니다. 그것이 고린도 전서 15장의 가르침입니다. 어느 정도 신앙생활한 사람이라면 여기까지는 잘 알고 있습니다.

그런데 문제는 오늘날 성도들이 여기서 끝나 버리고 만다는 것입니다. 예수님의 과거의 부활을 믿습니다. 우리가 앞으로 부활할 미래의 부활도 믿습니다. 그러나 우리에게 부족한 것이 하나 있습니다. 바로 현재의 부활이 빠져 있다는 것입니다.

> 사도들이 백성에게 말할 때에 제사장들과 성전 맡은 자와 사두개인들이 이르러 백성을 가르침과 예수를 들어 죽은 자 가운데서 부활하는 도 전함을 싫어하여 (행 4:1, 2)

또 9절, 10절도 보십시오.

> 만일 병인에게 행한 착한 일에 대하여 이 사람이 어떻게 구원을 얻었느냐고 오늘 우리에게 질문하면 너희와 모든 이스라엘 백성들은 알라 너희가 십자가에 못 박고 하나님이 죽은 자 가운데서 살리신 나사렛 예수 그리스도의 이름으로 이 사람이 건강하게 되어 너희 앞에 섰느니라 (행 4:9, 10)

둘 다 오늘 현재의 부활을 이야기하고 있습니다. 과거에 예수님이 부활한 것을 베드로는 알았습니다. 왜입니까? 만나 봤으니까요! 그렇게 부인하고 도망갔던 제자를 예수님께서 갈릴리 호숫가로 친히 찾아오셨습니다. 새벽에 생선을 구워 주셨습니다.

"요한의 아들 시몬아, 네가 나를 사랑하느냐?"

"예, 주님, 제가 주님을 사랑하는 것을 주님이 아시지 않습니까?"

"내 양을 먹이라." 대화도 직접 나누었습니다.

미래에 부활할 것도 알았습니다. 그러나 베드로는 거기에서 그치지 않고 이렇게 선포합니다.

"이 앉은뱅이가 어떻게 일어난 줄 아느냐? 우연히 일어난 게 아니다. 내가 지압해서 일어난 게 아니다. 약 처방을 써서 일어난 게 아니다. 너희가 십자가에 죽인 나사렛 예수! 죽음에 머물지 아니하시고 부활하신 나사렛 예수의 이름이 오늘 이 사람을 낫게 하였느니라."

오늘 우리는 얼마나 수많은 앉은뱅이를 우리 마음 안에 갖고 삽니까? 얼마나 수많은 죽음을 체험하며 살아갑니까? 환히 웃는데도 우리 마음속에는 남모르게 낙담이 자리 잡고 있습니다. 미래에 대한 두려움이 자리 잡고 있습니다. 조금만 상처 받아도 슬퍼합니다. 남편이 조금만 속을 썩이면 인생을 포기하려 듭니다.

성경은 무엇을 이야기합니까? 바로 이러한 죽은 마음속에 현재의 부활이 필요하다고 말씀합니다. 부활하신 나사렛 예수 그리스도의 이름은 과거에만 역사한 것이 아닙니다. 미래에 우리 몸을 부활시킬 뿐만 아니라, 오늘도 역사하여 우리 삶에 부활을 일으킬 수 있다고 성경은 선포합니다. 지금 예수님께서 당신의 삶을 부활시킬 수 있다는 것입니다. 이것이 신앙생활입니다.

사도 바울은 이 신앙생활을 체험한 사람이었습니다. 그래서 고백하기를 "내가 답답한 일을 당하여도 낙담하지 아니하고", 그는 고난 가운데서도 기뻐했습니다. 로마 감옥에 있으면서도 "항상 기뻐하라 내가 다시 말하노니 기뻐하라"라고 가르쳤습니다. 수많은 몰매를 맞으면서도 감사했고, 소망을 가졌습니다. 성도를 사랑했고, 자기를 치는 자들을 향해 주의 복음을 전했습니다. 그는 과거의 예수님의 부활을 믿었습니다. 미래에 자신이 부활할 것도 믿었습니다. 그리고 현재 그의 삶 속의 부활도 체험했던 것입니다.

신앙생활이란 부활의 능력을 매일매일 체험하는 삶입니다. 저는 이것을 압니다. 목사라고 항상 편안한 것이 아닙니다. 악한 세력이 아마 목사에게 가장 많은 공격을 할 겁니다. 저는 때로 열등감 속에 사로잡힙니다. 이렇게 힘 있게 외치고도 월요일이 되면 풀이 죽습니다. 그래서 "하나님, 차라리 나를 지금 데려가 주십시오" 하고 기도합니다. 저의 솔직한 고백입니다. 낙망될 때에는 원인도 없이 마음이 가라앉아 버립니다. 그러나 저는 그 다음날 또 다른 체험을 합니다. 주님께서 나를 부활시켜 주는 체험을 합니다. 하나님이 나를 일으켜 주신 것입니다.

우리는 왜 교회에 나갑니까? 혹시 매일매일 반복되는 종교 생활을 하는 것은 아닙니까? 종교 생활을 청산하고 신앙생활을 합시다. 부활의 능력을 체험합시다. 하나님이 원하시면 오늘 우리의 병을 고쳐 주실 수 있습니다. 하나님은 누구도 해결할 수 없던 부부 관계를, 누구도 다스릴 수 없던 자녀 문제를 해결하실 수 있는 분이십니다. 누구도 구제할 수 없던 사업을 하나님은 일으키실 수 있습니다. 에스골 골짜기의 마른 뼈로 군대를 만드신 하나님께서 우리 영혼에 생기를 불어넣으실 수 있습니다.

저는 미국에 있는 동안 겪었던 한 충격적인 사건을 기억하고 있습니다. 하루는 저희 학교에 큰 손님이 오셔서 채플 시간에 간증을 하기로 되어 있었습니다. 그의 명함을 보니 굉장합니다. 여러 가지 업적이 나열되어 있습니다. 그중에 가장 기억나는 것은 산타클라라 펠리 메디칼 센터라고 미국에서 꽤나 유명한 병원입니다. 그분이 거기 병원장이었던 것입니다. '얼마나 유식할까?' 기대가 되었습니다. 그날이 되었는데 놀랍게도 그 사람은 휠체어를 타고 나왔습니다. '아, 교통사고를 당했나!' 하고 생각했습니다.

그의 간증이 시작됩니다. 강대상을 다 치우고 마이크를 앞에 놓고 휠체어에 앉은 한 자그마한 체구의 노인! 자신의 몸이 불구인 것을 처음 알았을 때는 그가 5살, 6살 때였다고 합니다. 그는 태어날 때부터 근위축증을 앓고 있었습니다. 그래서 꼼짝할 수가 없었습니다.

5살이 될 때까지는 엄마가 그의 시중을 다 들어 주어서 몰랐습니다. 자기 기억에 남아 있는 것은 친구들과 놀이를 하는 중에 애들은 다 볼을 차면서 노는데 자기는 찰 수가 없더라는 것입니다. 나이 16살이 되었을 때 병의 심각성을 감정적으로, 체험적으로 더 느끼기 시작했습니다. 만 16살이니 얼마나 이성에 대한 호기심이 많을 때입니까? 수많은 모임에 나가도 자기를 호감 있게 쳐다보는 여학생이 단 한 명도 없다는 것을 깨달았습니다. '내가 살아 뭐 하겠는가!' 자살을 시도했습니다.

그런 가운데 그가 한 복음의 말씀을 들었습니다. 전도자의 복음을 듣고 부활하신 예수 그리스도를 깨닫게 된 것입니다. 그는 그 좌절에서 돌이켰습니다. '내가 이럴 것이 아니다. 나처럼 이렇게 병든 사람들을 하나님의 능력으로 일으켜야지. 그들을 치료해 줘야지.' 그 순간부터 그는 열심히 공부하기 시작했습니다. 그리고 의사가 되었습니다. 마침내 그 유명한 산타클라라 펠리 메디칼 센터의 병원장이 되었습니다. 그는 환자들만 치료한 것이 아닙니다. 복음으로 수많은 환자들을 주님 앞으로 돌아오게 했습니다. 참으로 놀라운 일이 아닐 수 없습니다. 그리고 은퇴해서도 그곳의 원목으로 남았습니다. 병원장이 원목으로 지낸다는 것이 쉽겠습니까? 그러나 계속 원목으로 남아 수많은 사람들에게 전도하다가 저희 학교에까지 와서 간증을 하시게 되었던 것입니다.

그는 부활의 능력이 무엇인지를 아는 사람이었습니다. 그는 신앙생활이 무엇인지를 아는 사람이었습니다. 과거의 부활만 믿은 것이 아닙니다. 앞으로의 부활만 믿은 것이 아닙니다. 부활하신 하나님이 오늘의 자신을 사용하셔서 자신의 인생을 깨우시고 부활시킬 수 있음을 그는 알았던 것입니다.

오늘날 교회에 이것이 필요합니다. 우리 그리스도인들에게 이 생활이 필요합니다. 우리 모두 살아나야 합니다. 부활해야 합니다. 미워하는 마음으로부터 주께 부활을 구하십시오. 원망하는 마음으로부터 주님 앞에 부활을 간구해 보십시오. 세상과 쾌락만을 좇던 낙심한 삶으로부터 부활을 구해 보십시오. 종교는 내 힘으로 하는 것입니다. 그러나 신앙생활은 내 힘으로 하는 것이 아닙니다. 내가 부활을 믿으며 주님 앞에 간구하면 하나님께서 도우십니다. 내가 할 수 없는 그 마음 상태에서 부활시켜 주십니다. 내가 도저히 어찌 할 수 없는 그 환경 가운데서 오늘도 부활시켜 주실 줄 믿습니다. 신앙생활은 부활의 능력을 체험하는 삶입니다.

## 신앙생활의 특징
## – 예수님의 삶을 기초로 삼는 삶

*

두 번째 신앙생활의 특징은 예수님의 삶을 기초로 삼는 삶입니다. 11절을 보십시오.

이 예수는 너희 건축자들의 버린 돌로서 집 모퉁이의 머릿돌이 되었느니라 (행 4:11)

건축자의 버린 돌이 집 모퉁이의 머릿돌이 되었나니 이는 여호와의 행하신 것이요 우리 눈에 기이한 바로다 이날은 여호와의 정하신 것이라 이날에 우리가 즐거워하고 기뻐하리로다 (시 118:22~24)

시편 118편에 있는 말씀을 인용했습니다. 시편 118편에는 우리가 다 외우는 말씀이 하나 있습니다.

이날은 이날은 주의 지으신 주의 날일세
기뻐하고 기뻐하고 즐거워하세 즐거워하세
이날은 주의 날일세 기뻐하고 즐거워하세
이날은 이날은 주의 날일세

이날이 어떤 날입니까? 예수님이 부활하신 날입니다. 시편 118편은 메시아가 부활할 것을 바라보며 선포한 내용입니다. 이 땅에 오셔서 우리를 위해 고난 받으시고 십자가 위에 돌아가셨던 주님이 살아나신 날을 기뻐하며 찬양하는 것입니다.

솔로몬 성전을 건축하는 야사가 하나 있습니다. 그때 세 파트가 있었습니다. 건축을 하려면 돌이 많이 필요하지 않겠습니까? 그래서 산 위에서 돌을 잘라 내고 다듬어서 밑으로 내려보내는 석공, 그 돌을 운반하는 사람들, 그리고 그 돌을 가지고 맞추는 사람들이 있습니다. 산에서는 그 설계도에 따라 돌을 다 자릅니다. 그러면 아래에 있는 사람들은 그대로 쌓기만 하면 됩니다. 그런데 이 사람들이 쌓으면서 보니 쓸데없는 돌이 하나 있는 것입니다. '이건 웬 돌이냐? 도저히 어디다 사용하는 건지 모르겠다.' 그래서 그 돌을 그냥 두었다가 기드온 골짜기 아래에 버렸습니다. 아, 그런데 이제 돌이 다 쌓여서 건축을 시작하려고 하는데 돌 하나가 부족합니다. 굉장히 중요한 주춧돌이 없는 것입니다.

그 돌이 어디 갔을까? 암만 찾아도 없습니다. 그래서 산 위에 있는 사람들에게 "이 돌은 굉장히 중요한 돌이니까 빨리 준비해서 보내라! 왜 안 내려보내느냐?" 산 위에서 말하기를 이미 내려보냈다는 것입니다. 그런데 암만 찾아도 보이지 않습니다. 한 사람이 기억을 해 냅니다. '아, 우리가 굴려 내린 돌 있었지? 혹시 그거 아닌가?' 그들이 다시 고생 고생 해서 가져와 보니 바로 그 돌이 머릿돌이었습니다. 그것을 그 자리에 놓으니까 얼마나 정확하게 잘 들어맞는지! 그래서 솔로몬 성전이 아름답게 지어졌다고 이야기합니다.

머릿돌을 아십니까? 이 말씀을 하고 있는 것입니다. 하나님은 이 땅에 예수님을 머릿돌로 주셨다고 이야기합니다. 이 세상을 우리가 겉으로 보면 왕들이 다스리는 것 같습니다. 대통령이 다스리는 것 같고, 한 국가가 다스리는 것 같고, 기업가가 다스리는 것 같습니다. 그러나 하나님은 한 번도 그들에게 이 세상을 다스릴 권한을 주신 적이 없습니다. 하나님은 이 세상을 예수 그리스도를 통해 다스리시겠다고 말씀하셨습니다. 그래서 예수님을 이 땅에 보내셨습니다. 그런데 사람들이 어떻게 했습니까? 그 돌을 버렸습니다. 십자가에 쓸모없다고 못 박았습니다. 하나님은 그런 그를 부활시키셔서 이 세상을 세우신다고 선포하십니다.

우리가 훗날 다 심판받을 것입니다. 주님의 심판대 앞에서 하나님이 무엇으로 심판하실까요?

하나님께서 앞으로 장차 우리 삶에 심판할 기준은 단 하나입니다. 그것은 우리의 삶을 예수 그리스도 위에 쌓았는가, 아니면 다른 것 위에 쌓았는가 하는 것입니다.

예수님은 산상 수훈을 다 마치시고 마지막에 비유를 이렇게 말씀해 주셨습니다. "우리 모두는 다 집을 짓는 자다. 그런데 집 짓는 두 종류의 사람이 있다. 한 종류의 사람은 모래 위에 짓고, 한 사람은 반석 위에 집을 짓는다. 그 집이 아무리 화려해도 한 번은 폭풍이 올 것이다. 폭풍이 올 때 모래 위에 집을 지은 자는 그 집이 무너지되 심하게 무너져 내릴 것이다. 누구든지 내 말을 듣고 행치 아니하는 자는 다 이와 같으리라."

우리가 아무리 선행을 해도 소용없습니다. 아무리 가난한 사람을 많이 도와도 소용없습니다. 왜 그렇습니까? 하나님은 예수님만을 이 세상에 머릿돌로 삼으셨기 때문입니다. 예수 그리스도 외에 쌓은 선행, 예수 그리스도 외에 쌓은 지식, 예수 그리스도 외에 쌓은 그 모든 재물은 아무 소용없습니다. 이 세상에서는 환영을 받을지 몰라도 하늘나라에 가면 하나도 남지 않는다고 주님은 말씀하십니다. 많은 사람들이 종교 생활을 신앙생활인 줄로 착각합니다.

> 다른 이로서는 구원을 얻을 수 없나니 천하 인간에 구원을 얻을 만한
> 다른 이름을 우리에게 주신 일이 없음이니라 하였더라 (행 4:12)

이보다 더 확실한 말씀이 있을까요? 절에 가서 불경을 공부해 보셨습니까? 스님과 대화를 나누어 보셨습니까? 저는 많은 대화를 나누어 보았습니다. 그래서 불교가 뭔지를 좀 압니다. 스님들에게 물어보십시오.

"스님, 제가 성경을 읽어도 될까요?"

"좋지."

"스님, 제가 교회 나가도 될까요?"

"좋죠."

그렇지만 목사님에게 한번 물어보십시오.

"목사님, 제가 절에 나가도 될까요?" 목사님에게 한 방 얻어맞지 않으면 다행입니다. 절대 못 가게 합니다. '아, 왜 그럴까? 기독교는 왜 편협적인가? 왜 예수 아니면 안 된다는 걸까?'

왜 그럴까요? 편협해서 그럴까요? 아닙니다. 우리는 정답을 갖고 있기 때문에 그렇습니다. 정답이 없으면 틀렸다고 이야기할 수 없습니다. 우리가 화살을 쏠 때 과녁이 없으면 다 명중된 것입니다. 그러나 과녁이 있으면 "이것은 빗나갔다"라고 당당하게 이야기할 수 있는 것입니다.

예수님이 누구십니까? 그분은 하나님이십니다. 이 땅을 지으신 분이십니다. 이 세상의 진리를 아시는 분입니다. 그래서 그분이 이 땅에 찾아오셔서 말씀하셨습니다. "내가 하나밖에 없는 진리요, 내가 하나밖에 없는 길이요, 내가 하나밖에 없는 이 세상의 생명이니 나로 말미암지

않고는 아버지께로 올 자가 없느니라."

"다른 이로서는 구원을 얻을 수 없나니 천하 인간에 구원을 얻을 만한 다른 이름을 우리에게 주신 일이 없음이라."

하나님이 찾아오셔서 정답을 선포하신 것입니다. 참으로 안타까운 것은 교회에 10년, 20년, 집사, 안수 집사, 장로, 목사의 직분을 가지고 있으면서도 여전히 신앙생활이 아닌 종교 생활을 하고 있는 분들이 많다는 것입니다. 그들은 열심히 뭔가를 하긴 합니다. 그런데 예수님 위에 쌓아 올리지 않습니다.

전에 어느 목사님이 하루에 8시간 기도한다고 난리였습니다. 온 교인들이 거기 다 몰려갔습니다. 그 목사님은 40일 금식 기도를 세 번째 한다고 자랑했습니다. 그러나 난리 칠 것 하나 없습니다.

정철 스님은 잠은 고사하고 18년을 등 한 번 땅에 안 댄 사람입니다. 18년을 한 번도 누워 본 적이 없습니다. 그래도 하나님은 안 된다 말씀하십니다. 심판 날에 그것은 아무것도 아닙니다. 왜요? 정답을 가지지 못했기 때문입니다. 예수로 말미암아 삶을 살지 않았다 말입니다. 머릿돌이신 예수 그리스도 위에 쌓지 않았기 때문에 무너져 내리는 것입니다. 얼마나 기가 막힌 비유입니까? 우리 모두 깊이 깨달아야 합니다.

이제는 우리 삶을 돌아보아야 합니다. 내가 과연 내 생각으로 믿는가, 내 지식으로 믿는가, 내 상식을 따라 믿는가, 대충 내 유익을 따라서 믿는가, 아니면 이 땅을 찾아오신 예수 그리스도 그 위에 내 인생을 지었는가? 우리는 부활하신 주님을 체험해야 합니다. 이 땅을 찾아오신 유일하신 구원자 예수 그리스도로 말미암아 우리의 삶의 기초를 놓아야 합니다. 그러면 한 가지 놀라운 일을 보장합니다. 그것은 변화가 있다는 것입니다. 종교는 고착되어 있는 것입니다. 그러나 기독교는 다릅니다.

언제나 변화하는 것입니다. 작년과 올해가 다릅니다. 지난달과 이번 달이 다릅니다. 어제와 오늘이 달라진다 말씀합니다. 8절을 보십시오.

> 이에 베드로가 성령이 충만하여 가로되 백성의 관원과 장로들아 (행 4:8)

그다음 18절에서 19절입니다.

> 그들을 불러 경계하여 도무지 예수의 이름으로 말하지도 말고 가르치지도 말라 하니 베드로와 요한이 대답하여 가로되 하나님 앞에서 너희 말 듣는 것이 하나님 말씀 듣는 것보다 옳은가 판단하라
> (행 4:18~19)

옛날에는 두려워서 예수님을 부인했던 베드로가 이렇게 변화되었습니다. 예수 믿는 것은 변화입니다, 변화! 교회 나오신 이후 작년보다 올해 더 좋은 남편이 되셨습니까? 더 좋은 어머니와 아내가 되셨나요? 그렇다면 종교 생활 아닌 신앙생활을 하시는 것입니다.

미국의 유명한 탐 스키너라는 사람이 있습니다. 주먹 세계의 대부입니다. 주먹이라는 주먹은 다 모인 뉴욕을 주먹으로 제패했으니 오죽하겠습니까? 놀랍게도 그는 목사의 아들이었습니다. 흑인이었는데 목사의 아들이 주먹으로 세계를 한번 제패해 보겠다고 뉴욕에 뛰어들어서 결국 성공했습니다. 판사, 검사도 그의 앞에서는 함부로 말을 못할 정도입니다. 그가 그렇게 주먹 세계 위에 올라와 있던 어느 날 차를 타고 가면서 라디오를 듣게 되었습니다. 라디오에서 이런 노래가 흘러나옵니다.

예수는 모퉁이 돌
예수는 모퉁이 돌
너희들의 인생이 아무리 화려해도
예수 위에 쌓이지 않은 인생은 다 떠내려가니
다 쓸모없으니 이 세상의 유일한 구원자
하나님이 우리를 사랑하셔서
인간의 몸을 입고 오신 이 세상의 구원자
장차 이 세상을 통치하실 예수
예수는 모퉁이 돌

자신이 교회 다닐 때 알던 노래였습니다. 그 찬송이 그의 마음을 꽉 찔렀습니다. 주먹 세계에 있던 사람이 주먹 세계를 떠난다는 것은 죽음을 각오해야 하는 일입니다. 그러나 그는 담대히 그의 동료들에게 은퇴를 선언했습니다. 그리고 나서 신학교에 들어가 복음 전도자가 되었습니다. 미국의 수많은 청소년들을 주님 앞으로 돌아오게 한 유명한 복음 전도자 탐 스키너가 된 것입니다.

이것이 예수 믿는 것입니다. 예수 믿는 것은 변화되는 것입니다. 족보를 묻지 않습니다. 과거를 묻지 않습니다. 어제가 중요한 것이 아닙니다. 우리가 신앙생활만 한다면 오늘 부활의 능력을 가지고 변화될 수 있습니다. 수십 년 교회 나오고서도 변화가 되지 않았습니까? 그 이유는 우리가 종교 생활을 하기 때문입니다. 우리들의 남은 생을 종교 생활자가 아니라, 살아 계신 하나님을 체험하는 신앙생활자가 되십시오.

# 11

### 성령 충만한
## :: 삶의 특징 ::

사도행전 1 | 제 11 장

# 성령 충만한
# 삶의 특징

저희가 베드로와 요한이 기탄없이 말함을 보고 그 본래 학문 없는 범인으로 알았다가 이상히 여기며 또 그 전에 예수와 함께 있던 줄도 알고 또 병 나은 사람이 그들과 함께 섰는 것을 보고 힐난할 말이 없는지라 명하여 공회에서 나가라 하고 서로 의논하여 가로되 이 사람들을 어떻게 할꼬 저희로 인하여 유명한 표적 나타난 것이 예루살렘에 사는 모든 사람에게 알려졌으니 우리도 부인할 수 없는지라 이것이 민간에 더 퍼지지 못하게 저희를 위협하여 이 후에는 이 이름으로 아무 사람에게도 말하지 말게 하자 하고 그들을 불러 경계하여 도무지 예수의 이름으로 말하지도 말고 가르치지도 말라 하니 베드로와 요한이 대답하여 가로되 하나님 앞에서 너희 말 듣는 것이 하나님 말씀 듣는 것보다 옳은가 판단하라 우리는 보고 들은 것을 말하지 아니할 수 없다 하니                              행 4:13~20

* **인간의 구성이** 어떻게 되어 있는가? 수많은 이론들이 있습니다. 주로 3분법으로 이야기를 합니다. '인간은 영과 혼과 몸으로 구성되어 있다.' 한국에서는 이렇게 많이 이해하고 있습니다. 그러나 미국의 침례교회는 2분법을 많이 주장합니다. 즉 영혼과 몸입니다. 영과 혼을 따로 분리하지 아니하고 우리가 생각하는 이 인격이 우리의 영혼과 관계되어 있다는 것입니다.

이 땅에서의 삶이 왜 그렇게 중요한가? 우리의 인격이 영혼과 밀접하게 관계되어 있기 때문 아닐까요? 영과 혼은 결코 떼어 놓을 수 없는 것입니다. 어쨌든 이 영혼에 대한, 영적인 세계에 대한 것은 수많은 사람들이 연구하려고 노력했습니다. 그러나 아직 밝혀지지 않은 것이 너무나 많습니다. 많은 과학자들이 심령 과학이라는 것을 통해서 영적인 세계를 알아보려고 노력을 했습니다만, 아직 별 성과는 없습니다.

우리가 읽는 성경 말씀은 영혼에 대해서 모든 것을 다 가르쳐 주지는 않습니다. 그래서 영적인 세계에 대한 궁금증들이 많습니다. 그러나 우리가 꼭 알아야 할 몇 가지 사실은 말씀하고 계십니다. 그중 하나가 우리의 영혼은 늘 다른 영과 관계를 가지며 살아간다는 진리입니다. 우리의 영혼은 독자적인 존재가 아닙니다. 반드시 어떤 다른 영과 관계를 갖고 살아가게 되어 있습니다. 우리가 잘 아는 대로 에베소서 2장 1절에 보면 구원받기 전의 우리 인간의 상태를 몇 가지로 설명해 주고 있습니다.

너희의 허물과 죄로 죽었던 너희를 살리셨도다 (엡 2:1)

'너희가 과거에 죽었다.' 아니 우리가 언제 죽었는가? 하겠지만 영적으로 이야기하는 것입니다. 우리가 구원받기 전 우리 영혼의 상태,

그 영적인 죽음이 어떠했는가를 세 가지로 말씀해 주십니다. 그중에 중요한 말씀 한 가지가 있습니다. 무엇입니까? 우리가 구원받기 전 모든 영혼은 이 세상의 불순종하는 영을 따랐다는 것입니다.

구원받기 전의 모든 영혼들! 그가 얼마나 착하게 살았는지 상관없습니다. 그가 얼마나 완벽한 지식을 가졌는지도 상관없습니다. 그 영혼은 사탄에게 종 노릇하고 있었다고 성경은 가르쳐 줍니다. 그래서 성경은 우리에게 명령합니다. '성령 충만을 받으라.' 그런데 이것은 한 번 받는 것으로 그치지 않습니다. 존재 시제를 사용했기 때문에 계속 성령 충만을 받아 나갈 것을 명령하십니다. 왜 그럴까요? 우리의 영이라는 것은 내가 성령의 충만함을 받고 성령과 밀접한 관계를 갖지 않으면 반드시 다른 영과 관계를 가지게 되어 있기 때문입니다.

그 다른 영이 무엇입니까? 바로 악한 영입니다. 이 세상의 불순종의 영이요, 사탄의 영입니다. 술 취함과 방탕과 음행과 호색과 시기와 불법 등, 이 모든 죄가 나 혼자 스스로 짓는 것 같지만 성경은 말씀합니다. 실은 속이는 영의 유혹과 꾐에 따라 내가 범죄한다는 것입니다. 내 영이 혼자 범죄하는 것 같지만, 그게 아닙니다. 내가 다른 영과 관계를 가지면 그 영이 나로 하여금 죄를 짓게 만든다고 성경은 말씀합니다.

우리의 영은 홀로 독자적으로 존재하지 않습니다. 늘 다른 영과 밀접한 관계를 갖습니다. 그렇다면 한번 확인해 보지 않겠습니까? 지금 우리의 영은 누구와 관계를 맺고 있습니까? 이것은 심각한 질문입니다. 교회에 와 앉아 있으니 내가 성령과 관계를 맺고 있다고 단언하지 마십시오. 성경은 그렇게 이야기하지 않습니다. '성령 충만 받으라.' 현재 시제로 계속 받을 것을 구원받은 우리에게 명령하고 있습니다. 다른 말로 말하면 성령 하나님과 관계를 맺으라는 것입니다.

우리가 성령과 밀접한 관계를 맺게 될 때 몇 가지 특징들이 나타난다고 말씀합니다. 우리가 이 특징들을 살펴보게 되면 자동적으로 내가 성령과 관계를 맺고 있는지, 아니면 이 세상 악한 영과 관계를 맺어 가고 있는지 자명하게 드러납니다. 우리가 성령 충만 할 때에 어떤 삶의 흔적들이 나타나는가? 성령과 내 영이 밀접한 관계를 맺을 때 어떤 특징들이 나타나는가?

## 세상을 이기는 담대함

∗

성령과 밀접한 관계를 가질 때 나타나는 첫 번째 특징은 세상을 이기는 담대함입니다. 하나님을 체험하고 하나님께 붙들린 사람들의 모습에는 한 가지 특징이 발견됩니다. 그것은 바로 그 어떤 것도 두려워하지 않는 담대함입니다. 세상을 이기는 담대함이 우리 삶 속에 나타납니다.

사드락과 메삭과 아벳느고를 아시죠? 느부갓네살 왕이 금으로 신상을 세워 놓고 그들에게 절하라고 강요합니다. 모든 백성들이 다 절하는데도 사드락과 메삭, 아벳느고는 절하지 않았습니다. 임금이 노하고 분하여 협박합니다. "만일 절하지 아니하면 즉시 너희를 극렬히 타는 풀무 가운데 던져 넣을 것이니 능히 너희를 내 손에서 건져낼 신이 어떤 신이겠느냐?"라고 합니다.

그러나 사드락과 아벳느고, 메삭은 뭐라고 이야기합니까? "만일 그럴 것이면 우리가 섬기는 하나님이 우리를 극렬히 타는 풀무와 왕의 손에서 건져내실 것"이라고 답합니다. 그러나 그다음 중요한 말이 무엇입니까? "그리 아니하실지라도" 우리가 왕의 신들을 섬기지도 아니하고 왕이 세운 금 신상에게 절하지도 아니할 줄 알라고 맞섭니다.

느부갓네살이 분이 가득하여 사드락과 메삭과 아벳느고를 향하여 낯빛이 변했습니다. 풀무를 평일보다 칠 배나 뜨겁게 해 놓고 이들을 그 가운데 던집니다. 그 불이 얼마나 뜨거웠던지요? 그 불꽃이 사드락과 메삭과 아벳느고를 붙든 사람을 태워 죽였습니다. 그런데도 결박된 채 극렬히 타는 풀무 가운데 떨어진 이 세 사람은 타지 않았습니다. 그뿐 아니라 이들에게 놀라운 일이 일어났습니다. 결박되지 아니한 모습으로 네 사람이 불 가운데로 다니고 있습니다. 전혀 상하지도 않았습니다. 그들의 몸은 물론이며, 머리털과 고의 빛도 변하지 않았습니다. 불 탄 냄새도 나지 않았습니다(단 3:1~27).

다니엘도 사자 굴에 들어가는 위협을 받았습니다. 결국 사자 굴에 던져지면서도 전혀 타협하지 않았습니다. 담대했습니다(단 6:1~28).

우리가 순교 역사를 읽어 보면 12사도와 초대 교회 교우들은 하나같이 순교했습니다. 목 베임을 당하여 죽고, 불에 태워져 죽었습니다. 그러나 그중 어느 누구도 예수님을 부인하거나 두려워하는 자가 없었습니다.

침례교회 순교사(殉敎史) 가운데 김영관 목사님의 이야기를 우리는 알고 있습니다. 저는 그분의 이야기를, 지금 중국 연변에 살고 있는 그분의 며느리로부터 직접 들을 수 있었습니다. 제가 미국에 있을 때 70세 가까이 된 그분의 며느리가 방문했습니다. 그녀가 갓 시집왔을 때 나이가 20세였다고 합니다.

공산당이 그 시아버지에게 예수를 부인하라고 이야기합니다. 거절합니다. 온 동네 사람들이 지켜보는 가운데 마당에서 피가 나도록 두들겨 팹니다. 그러나 그는 찬송했습니다. 오히려 주님을 위해 능욕받는 것을 기뻐했다고 합니다. 공산당들이 분에 못 이겨서 대나무 칼로 그의 피부를 하나하나 벗겨 가며 죽였다고 합니다. 그러나 그는 꿋꿋하게 죽어 갔습니다. 무엇이 그를 그토록 담대하게 만들었을까요?

히브리서 11장에 보면 믿음의 사람들을 열거하고 있습니다. 그런 다음 히브리 기자는 마지막 결론으로 이런 이야기를 합니다. 믿음으로, 믿음으로, 믿음으로! 그리고 그들에 대해서 평가하기를 이런 사람은 세상이 감당하지 못한다고 말씀합니다(히 11:38).

성령과 깊은 관계를 맺는 사람들은 세상이 감당하지 못하는 담대함이 그 속에 있다고 가르쳐 줍니다. 13절을 보십시오.

> 저희가 베드로와 요한이 기탄없이 말함을 보고 (행 4:13)

'기탄없이(파르레시안)', 이 단어가 헬라어로 29절에도 동일하게 번역되어 있습니다. 같은 단어인데 보십시오.

> 주여 이제도 저희의 위협함을 하감하옵시고 또 종들로 하여금 담대히 하나님의 말씀을 전하게 하여 주옵시며 (행 4:29)

"담대히 하나님의 말씀을 전하게 하여 주옵시며", '담대히 (파르레시아스)' 똑같은 단어입니다.

이 사도들에게 어떤 마음이 있었는가? 이 세상 어떤 것에 대해서도 추호의 두려움이 없는 태도였습니다. 사도들은 도대체 어디에서 이러한 담대함을 얻었을까요?

우리가 '담대함' 하면 오해하기 쉽습니다. 첫 번째로 무지하면 담대하다 그럽니다. 우리나라 속담에 '하룻강아지 범 무서운 줄 모른다'라는 말이 있듯이 사람도 그렇습니다. 무식하면 용감합니다. 모르니까요! 그러나 이 사도들의 담대함은 이런 데서 나온 것이 아닙니다.

두 번째로 이 담대함은 어디에서 나올 수 있는가 하면, 천성적으로 담대한 사람이 있습니다. 그런 사람을 놓고 우리가 간이 크다고 말합니다. 의사 선생님들 말을 빌리자면 사실 담력은 간보다는 쓸개와 관계가 있다고 합니다. 사람이 깜짝 놀랄 때 쓸개에서 무슨 분비물이 나오는데 담력이 큰 사람은 분비물이 많이 나와서 두려움을 덜 탄다고 합니다. 그렇다면 베드로가 선천적으로 이런 담력이 컸던 것일까요? 아닙니다.

세 번째는 훈련으로 말미암은 담대함이 있습니다. 저는 군대에서 담력 코스를 밟아 보았습니다. 밤에 절대 두 명이 못 가게 해 놓고는 한 사람 한 사람 산을 지나가게 합니다. 조교들이 감쪽같이 변장을 하고 있습니다. 주로 달도 없는 깜깜한 날 갑자기 담력 훈련을 실시합니다. 비가 오면 더 좋습니다. 제가 지금도 잊어버릴 수 없는 간 떨어질 뻔했던 기억이 하나 있습니다. 무덤 옆에 관을 하나 갖다 놓습니다. 겨우 한 사람 지나갈 수 있을 만한 구멍을 뚫은 다음 거기를 반드시 포복을 하면서 지나가게 합니다. 그 안에는 또 다른 구멍이 있어서 조교가 숨어 있습니다. 그 코스를 지나가는데 갑자기 "이히히~!" 하면서 제 다리를 꽉 붙잡습니다. 그때 저는 죽는 줄 알았습니다. 거기서 실신하는 사람도 있습니다. 그런 코스를 몇 번 거치고 나면 두려움이 없어집니다. 지금 본문의 내용이 이런 담력을 이야기하는 것일까요? 아닙니다.

> 저희가 베드로와 요한이 기탄없이 말함을 보고 그 본래 학문 없는 범인으로 알았다가 이상히 여기며 (행 4:13)

"그 본래 학문 없는 범인으로 알았다가" 베드로가 글을 몰랐다는 이야기일까요? 아니요! 베드로가 물론 대필했습니다만, '베드로 전, 후서'를 쓴 것으로 보아서 베드로는 분명히 글을 알았습니다. 베드로가 자기와 같이 구약, 신약을 전공하지 않았다는 것입니다. 학문이 없는 사람들이 어떻게 논리적으로 구약 성경을 인용하며 이야기를 잘하는가? 그 사람들이 놀랐다고 이야기합니다. 무슨 이야기입니까?

담대함이 어디로부터 나왔습니까? 올바른 하나님의 진리에 근거한 지식으로부터 나왔다고 성경은 말씀합니다. 왜 담대했습니까? 하나님을 알았기 때문입니다. 우주를 알고, 나를 알고, 하나님을 알고, 하나님의 진리를 알면 우리는 담대해질 수 있습니다. 사실 이 세상이 무엇이고, 죽음이 무엇인지 성경을 통해서 알고 나면 두려울 게 없습니다.

> 몸은 죽여도 영혼은 능히 죽이지 못하는 자들을 두려워하지 말고 오직 몸과 영혼을 능히 지옥에 멸하시는 자를 두려워하라 참새 두 마리가 한 앗사리온에 팔리는 것이 아니냐 그러나 너희 아버지께서 허락지 아니하시면 그 하나라도 땅에 떨어지지 아니하리라 너희에게는 머리털까지 다 세신 바 되었나니 두려워하지 말라 너희는 많은 참새보다 귀하니라 (마 10:28~31)

담대함은 하나님의 말씀에서 올 수 있다고 합니다. 우리가 진리를 깨달을 때 우리 안에 담대함이 찾아올 수 있습니다.

심리학자들에 의하면 현대인의 고통 가운데 가장 큰 고통은 바로 두려움이라고 합니다. 질병에 대한 두려움, 사고에 대한 두려움, '혹시 내 사업이 부도나지 않을까?' 미래의 불확실성에 대한 두려움! 열렬한 사랑을 하는 사람들, 아름다운 가정, 행복한 가정을 이끄는 사람들은 '곧 이 행복이 깨어지지는 않을까!' 수없는 두려움 속에서 고통받고 있습니다.

그러나 하나님은 우리에게 뭐라고 말씀해 주십니까? 참새 한 마리가 떨어지는 것도 하나님께서 허락지 아니하시면 떨어지지 않는다고 말씀하십니다. "머리털까지 다 세신 바 되지 않았느냐? 너희는 많은 참새보다 귀하지 않느냐?" 그러니 두려워하지 말라고 하십니다. 우리가 이 지식을 마음속에 품을 때 우리는 쓸데없는 두려움으로부터 해방될 수 있습니다. 죽음이 무엇인지 모르는 사람들은 '죽음이 마지막 아닐까? 그렇다면 절망이 아닌가?' 늘 죽음이 두렵기 마련입니다.

그러나 사도 바울은 뭐라고 했습니까? "내가 빨리 죽기를 원한다." 왜요? 지금 우리가 사는 이 몸은 장막 집이라는 것입니다. 그런데 장차 영원한 집을 받을 것인데 죽음은 우리가 이 장막 집에서 하늘에 있는 영원한 집으로 이사 가는 것이라고 말했습니다(고후 5:1). 누가 가르쳤습니까? 하나님의 말씀이 가르쳐 주셨습니다. 그래서 사도 바울은 "우리가 담대하여 원하는 바는 차라리 몸을 떠나 주와 함께 거하는 그것이라"고 이야기했습니다 (고후 5:8).

죽기를 고대하십니까? 고대하고 있지 않다면 죽음을 모르는 것입니다. 죽기를 간절히 원하십니까? 천국 가기 원하십니까? 죽어야 갑니다.

우리가 하나님을 올바로 알고 하나님이 보여 주신 진리를 알 때 쓸데없는 이 세상의 두려움을 다 극복할 수 있습니다. 세상을 이기는 담대함! 그것이 바로 성령 충만한 자의 특징입니다.

이런 담대함은 또 어디로부터 올 수 있는가? 13절에 계속해서 보십시오.

"학문 없는 범인으로 알았다가 이상히 여기며 또 그전에 예수와 함께 있던 줄도 알고." 예수님과 동행할 때 우리에게 담대함이 찾아온다고 이야기합니다. 예수님과의 동행이 무엇입니까? 어떤 분은 십자가를 몸에 꼭 품고 다닙니다. 목에 걸고 다니면서 공동묘지를 지나갈 때 십자가를 앞에 내밉니다. 이것이 무슨 예수님과 동행이라도 되는 줄 알지만, 오늘 여기서 말하는 동행은 그런 육체적인 동행이 아닙니다.

베드로는 예수님과 같이 먹고 자며 3년간 동행했습니다. 그런데 그는 두려워서 범죄하고 말았습니다. 로마 군인이 목에 칼을 갖다 대고 "너, 예수 알지?" 하고 물은 것도 아닙니다. 그저 한낱 계집종이 와서 "너, 예수와 함께 있었지?" 하고 물었던 것입니다. 그런데 예수님을 세 번이나 모른다고 했습니다. 그것도 모자라서 예수님을 저주하며 맹서까지 했습니다. 3년이나 예수님을 따라다녔는데도 말입니다.

그런데 베드로가 왜 이렇게 담대해졌습니까? 부활하신 예수님을 깨닫고 그 예수님을 마음속에 영접했기 때문입니다. 우리도 살아 계신 예수님을 마음에 영접해야 합니다. 내 안에 계신 예수님과 날마다 동행해야 합니다. 아침에 일어나면서도 버스를 탈 때도 예수님을 부르며 교제해야 합니다. 항상 쉬지 말고 기도해야 합니다. 잠자리에 들 때도 예수님과 대화해야 합니다. 이럴 때 우리는 이 세상을 이기는 담력을 얻게 됩니다.

주님이 내 곁에 계시니 아무것도 두려울 것이 없습니다. 이러한 주님과의 동행을 체험하면서 살아가십시요. 우리가 올바른 지식을 가질 때 담대하게 됩니다. 예수님과 동행하게 될 때 담대해집니다.

마지막 네 번째, 믿음의 체험이 있을 때 우리는 담대하게 됩니다.

> 또 병 나은 사람이 그들과 함께 섰는 것을 보고 힐난할 말이 없는지라
> (행 4:14)

믿음의 체험! 수많은 사람들이 믿음을 가지고 있다고 말하지만, 그들의 간증하는 것을 들어보면 관념적인 믿음입니다. 체험적인 믿음이 없습니다. 그러니까 담대하지 못합니다. 그러니까 믿음대로 살지 못합니다. 왜 그렇습니까? 남의 이야기는 많이 들었습니다. 성경 이야기도 많이 알았고, 남의 간증 이야기도 많이 알았습니다. 그러나 내 체험이 없습니다.

사도 베드로가 그러했습니다. 주님과 함께 다닐 때 예수님께서 소경의 눈을 뜨게 하시는 것을 보았습니다. 죽은 자를 살리시는 것도 보았습니다. 그런데 그저 관념적으로 믿었을 뿐입니다. 막상 그 앞에 시험이 닥쳐오자, 그는 예수님을 부인하고 말았습니다.

그러나 베드로가 나중에는 담대해질 수 있었습니다. 왜 그렇습니까? 관념적인 믿음이 아니었거든요! 예수님만의 이야기가 아니었던 것입니다. 어느 집사님의 이야기가 아니었던 것입니다. 바로 자신의 이야기였습니다. 베드로 자신이 "주 예수의 이름으로 일어나 걸으라" 하고 앉은뱅이를 일으켰더니 앉은뱅이가 일어났습니다. 얼마나 놀라운 일입니까?

이런 체험을 갖고 계십니까? 신앙생활하면서 가장 불쌍한 사람은 체험이 없는 사람입니다. 그 사람은 신앙생활을 하기는 하는데 남의 다리를 긁는 격입니다. 자기 삶을 사는 것이 아닙니다. 나와는 상관이 없는 남 이야기를 들으며 덩달아 좋아합니다.

지금까지의 신앙생활 속에서 앉은뱅이를 일으켜 본 적이 있으십니까? 우리가 문자적인 앉은뱅이를 일으키지 않는다 하더라도 우리 삶에 이적은 늘 있다고 말씀하십니다. 우리가 믿기만 하면 살아 계신 예수님께서 나를 통해 역사하실 수 있다고 말씀하십니다. 도저히 변화될 것 같지 않던 내 남편이 믿음으로 예수 이름을 부를 때 그가 돌아옵니다. 예수 이름으로 믿고 기도할 때 도저히 끊을 수 없던 나쁜 습관들이 끊기는 역사가 나타납니다.

저는 10년간을 미국에서 유학했습니다. 저도 공부하고, 우리 아내도 공부했습니다. 지금도 우리 친구들은 저의 아버님이 한국의 굉장한 갑부인 줄 압니다. 갑부냐고 물어서 제가 그렇다고 했습니다. 이름만 대면 다 알만한 갑부라고 했습니다. 제 마음속에는 '하나님 아버지'를 두고 한 말입니다. 저는 집에서 1원 한 푼도 도움 받지 않았습니다. 그렇지만 얼마나 수많은 이적을 체험했는지 모릅니다. 당장 생활비가 떨어졌을 때 알지도 못하는 사람으로부터 편지가 날아옵니다. 학교의 메일 박스를 열어 보면 그때 꼭 맞춰서 거기에 돈 백 불이 들어 있고 수표가 들어 있습니다. 누가 보냈는지는 지금도 모릅니다.

제가 돈 몇 만 불, 그저 장학금 받는 이런 것이 기뻤던 게 아닙니다. 그것은 아무것도 아닙니다. 저는 그것을 통해서 놀라운 것을 얻게 되었습니다. '하나님이 내 곁에 계시는구나. 하나님이 나를 돕고 계시는구나.' 그 이후에 저는 돈 때문에 걱정해 본 적이 별로 없습니다. 정말 진실로 그렇습니다.

수많은 사람들이 공부를 마치고서도 직장 준비가 안 되면 한국에 오지 못합니다. 박사 과정을 마치고 나면 들어오라고 합니다. 저도 이사 올 비용이 하나도 없었습니다. 제가 비자 카드를 끊어서 이사 비용을 다 지불하고, 몇 천 불 빚을 지고 이곳에 들어왔던 것입니다. 그렇다고 직장이 있었던 것도 아닙니다. 그저 빚내서 전세를 얻어 살았습니다. 제 빚이 전세금까지 해서 1억 가까이 되었습니다. 장모님은 걱정이 되어서 사색이 되셨지만, 저는 걱정이 없었습니다. 왜? '하나님이 나를 공부시키셨기에 직장도 주실 것이다.' 확신이 있었습니다. 제가 4개월을 '동백회원(동네 백수들의 모임)'으로 보내고 나자, 하나님께서는 생각지도 않은 교회로 인도해 주셨습니다.

할아버님은 늘 저에게 세 가지를 부탁하셨습니다. "세 가지를 준비해라." 그중의 하나가 무엇인지 아십니까? "보따리를 싸고 목회를 해라. 언제든지 떠날 준비를 하고 목회를 해라." 저는 지금도 그런 마음입니다. 왜 그렇습니까? 하나님이 나와 함께 계시기 때문입니다. 저는 믿음의 체험이 있거든요! 하나님이 역사하신 기적을 맛보았거든요!

우리에게 이러한 체험이 필요합니다. 성령 충만한 자는 세상을 이기는 담대함이 있습니다. 우리가 성령과 밀접한 관계를 살면서, 그리스도인이라고 하면서 왜 세상 사람과 똑같이 실패해야 합니까? 병이 찾아오면 낙담하고, 사업이 조금만 어려워지면 불평하고, 서로 원망하며 그렇게 인생을 허비하며 마쳐야겠습니까? 아닙니다. 그것은 성령과 밀접한 관계를 맺으며 사는 것이 아닙니다. 우리가 교회에 나와 앉아 있지만, 그러한 삶은 악한 영이 우리를 잘못 인도하는 것입니다. 성령과 동행하는 삶을 살고 싶지 않습니까? 세상을 이기시기를 바랍니다. 세상을 이길 담대함은 하나님의 말씀에 대한 깊은 지식에서 옵니다. 하나님을 체험함에서 옵니다. 예수님과의 동행함으로 말미암아 비로소 우리에게 주어집니다. 이러한 담대함이 우리의 가정을 뒤덮기를 바랍니다. 우리들의 교회를 홍수같이 몰아가기를 바랍니다.

교회라는 것이 무엇입니까? 크리스천이 무엇입니까? 내 상식으로 살아가는 건가요? 아닙니다. 성령님의 인도함을 받는 것입니다. 내가 이해할 수 없는 이적을 체험하는 것입니다. 내가 앉은뱅이를 일으킬 수 있는 것이 그리스도인의 삶이라고 말씀합니다. 그런데 우리는 왜 이런 능력을 다 잃어버리고 이렇게 무능하게 살아가는 그리스도인이 되었습니까? 성령과 밀접한 관계를 가질 때 하나님이 우리의 가정을 회복시키십니다. 하나님이 우리의 인생을 부흥시키실 것입니다. 하나님이 우리의 교회를 큰 도구로 삼으실 줄 믿습니다.

성령의 인도함을 받는 사람은 세상을 이길 담대함을 가지고 있습니다.

## 하나님 앞에서

\*

두 번째 성령의 인도함을 받는 자는 언제나 하나님 앞에서 살아갑니다.

> 그들을 불러 경계하여 도무지 예수의 이름으로 말하지도 말고 가르치지도 말라 하니 베드로와 요한이 대답하여 가로되 하나님 앞에서 너희 말 듣는 것이 하나님 말씀 듣는 것보다 옳은가 판단하라 (행 4:18, 19)

신앙이 무엇입니까? 언제나 하나님 앞에서 살아가는 것입니다. 간단합니다. 우리가 왜 죄를 짓습니까? 가만히 보면 이유는 간단합니다. 우리가 하나님 앞에 살지 않기 때문입니다. 머리로는 하나님을 압니다. 그런데 하나님의 존재를 내 인격적으로 믿지 않습니다. 하나님 앞에서 살지 않는 것입니다.

요나가 그랬습니다. 요나가 니느웨로 가라는 하나님의 음성을 거역하고 다시스로 도망을 갑니다. 도망가다가 풍랑을 만나 제비를 뽑았더니 요나가 딱 걸렸습니다. 그래서 그 선원들이 묻습니다. "아, 당신 때문에 풍랑이 온 것 같은데 도대체 누구요?" 그랬더니 그가 뭐라고 합니까? "나는 천지와 바다를 지으신 하나님을 믿는 자로서" 이렇게 말합니다. 그렇지만 정말일까요? 그가 정말 믿었을까요?

요나는 육지에서 하나님의 음성을 들었습니다. 그래서 배를 타고 도망갔습니다. 그리고 '휴~! 이제 됐다.' 안심하면서 그 풍랑 속에서도 잠을 잤습니다. 왜 그랬습니까? 바다에는 하나님의 손길이 안 미칠 줄 알았던 것입니다. 그런데 말로는 "나는 천지와 바다를 지으신 하나님을 믿는 자로서"라고 했습니다.

우리도 이렇게 살 때가 많습니다. 하나님을 머리로는 압니다. 하나님은 모르시는 것이 없다고 이야기합니다. 그러면서 우리는 늘 하나님을 소경 하나님으로 취급합니다. 내가 은밀하게 죄를 지을 때는 하나님께서 그걸 모를 것이라고 생각합니다. 왜 타협합니까? 하나님 앞에 살지 않기 때문입니다. 우리가 하나님을 바라보지 않고 환경을 바라보니까 타협하는 것입니다.

야곱과 리브가가 그러했습니다. 임신했을 때 이미 리브가는 하나님께서 야곱에게 축복하신다는 말씀을 들었습니다. 그래서 야곱에게 그 말을 알려 주었습니다. 그리고 그것 때문에 야곱을 더 사랑했습니다. '하나님의 축복을 받을 아들!' 하면서 평생을 기다렸습니다. 어느 날 엿들으니 남편 이삭이 에서를 축복해 주겠다는 것입니다. 왜 이삭을 속였습니까? 환경을 본 것입니다. 평생 하나님 앞에서 살다가도 그 순간에 환경을 본 것입니다. 그래서 너무너무 다급해졌습니다. 이제 거짓말 안 하면 이삭이 에서를 축복할 상황입니다. 그러면 끝장이라고 생각한 것입니다.

야곱이 거짓말을 안 했다면 어떤 결과가 왔을까요? 그래도 하나님은 야곱을 축복하셨을 줄 믿습니다. 에서를 축복하려고 할 때 "이삭아!

어디다 손을 얹느냐?" 하나님께서 그렇게 못하셨을까요? 왜 거짓말을 했습니까? 환경을 바라보았기 때문입니다. 하나님 앞에서 살지 못했습니다. 내 지식으로 판단했습니다. 내 상식으로 판단했습니다. 그래서 거짓말한 것입니다.

거짓말해서 얻은 결과가 무엇입니까? 축복이었나요? 아닙니다. 야곱과 리브가는 그렇게 사랑하는 모자간이었지만, 그 거짓말 때문에 평생 만나지 못하고 죽었습니다. 그리고 그 거짓말한 야곱은 어떻게 되니까? 야곱이 염소 털로 아버지 이삭을 속였더니, 야곱의 아들들이 염소의 피를 가지고 자기를 속입니다. 요셉이 죽었다고 보고했습니다. 참으로 놀랍지 않습니까? 하나님 앞에서 살지 않았기 때문에 수십 년을 고통 가운데서 보냈습니다.

당신은 누구 앞에서 살아가고 있습니까? 혹 친구들의 눈치를 보는 것은 아닙니까? 직장 상사의 눈치를 보는 것은 아닙니까? 사람을 더 의식하고 살아가지는 않습니까? 혹시 돈 앞에서 살아가는 것은 아닌가요? 19절을 보면

"베드로와 요한이 대답하여 가로되 하나님 앞에서 너희 말 듣는 것이 하나님 말씀 듣는 것보다 옳은가 판단하라" 합니다.

여기서 '옳다'는 것은, 헬라어 '디카이오스'로서 '의롭다'라는 뜻입니다. 어느 쪽이 하나님과의 관계에서 옳으냐를 묻는 것입니다. 하나님을 바라보는 것이 옳은 줄 믿습니다. 이왕에 눈치를 보려면 하나님의 눈치를 보시기 바랍니다. 하나님 앞에서 살아가시기 바랍니다.

저도 목회하면서 이것이 저의 관건입니다. 설교 준비를 할 때마다 이것이 문제입니다. 저도 때로는 사람의 귀에 즐거운 설교를 하고 싶습니다. 저라고 능력이 없는 줄 아십니까? 자료가 없는 줄 아십니까? 사람

을 기쁘게 하는 목회를 하고 싶은 마음이 저에게도 있습니다. 그러면 좀 더 부흥이 될 것 같고, 그러면 저에게 좀 더 유익이 생길 것 같습니다. 그러나 언제나 제가 다짐하는 제목은 '하나님 앞에서' 목회하고 싶다는 것입니다. 우리 교회는 '하나님 앞에서' 살아가는 신앙인들이 모인 단체가 되어 늘 하나님 앞에서 살아갑시다.

성령과 밀접한 관계를 갖고 살아가는 사람들은 세상을 이길 담대함이 있습니다. 언제나 하나님 앞에서 살아갑니다.

## 부름 받은 삶

\*

마지막으로 세 번째, 하나님이 주신 사명을 이루기 위해 삽니다.

> 우리는 보고 들은 것을 말하지 아니할 수 없다 하니 (행 4:20)

인생을 사는 방법에는 두 가지 삶이 있습니다. 하나는 쫓기는 삶이 있고, 하나는 부름 받아 사는 삶이 있습니다. 쫓기는 사람들의 삶을 보면 늘 쫓깁니다. 일에 쫓기고, 돈에 쫓기고, 환경에 쫓기고, 시간에 쫓깁니다. 그런 사람들의 특징이 무엇입니까? 늘 바쁩니다. 그리고 늘 만족이 없습니다.

제가 어제 어느 식당에 갔었는데 그곳에 계신 분이 지금 밤샘 작업하고 있는 것이 사흘째 계속되고 있다는 것입니다. 돈이 많은 주인입니다. 그런데도 늘 바쁩니다. 제 마음이 안타까웠습니다. 대부분의 사람들이 이렇게 살아갑니다. 내가 환경을 지배하기보다는 환경이 나를 다스리고 있습니다. 돈이 나를 다스리고, 시간이 나를 다스리고, 직장이 나를 다스립니다. 그래서 늘 쫓기고 쫓겨서 수동적으로 살다 죽습니다.

그러나 부름 받은 삶이 있습니다. 이것은 능동적인 삶입니다. 뚜렷한 목표가 있습니다. 내가 왜 사는가? 하나님이 부르신 부름을 위해 살아갑니다. 하나님께서 나를 이 땅에 보내셨을 때, 나를 구원하셨을 때 내게 주신 소명이 있습니다.

디 엘 무디는 수많은 사람들이 무시하는 구두 수선공 노릇을 하며 남의 구두를 꿰매면서 살았습니다. 그러나 하나님께서 자기 마음에 주신 소명은 한 번도 잊지 않았습니다.

"주여, 내가 사는 것이 이 땅에 하나님 말씀을 전하는 것인 줄 압니다. 왜냐하면 주님이 마지막 떠나시면서 명령하지 않았습니까?"

> 그러므로 너희는 가서 모든 족속으로 제자를 삼아 아버지와 아들과 성령의 이름으로 세례/침례를 주고 내가 너희에게 분부한 모든 것을 가르쳐 지키게 하라 볼지어다 내가 세상 끝 날까지 너희와 항상 함께 있으리라 하시니라 (마 28:19, 20)

이 말씀은 우리 모두에게 주신 사명입니다. 디 엘 무디는 그 사명을 자기의 사명으로 받아들였습니다. 그래서 구두를 꿰매면서도 그 사명을 한 번도 잊은 적이 없습니다. 지금도 디 엘 무디의 설교 원본을 보면 우리가 잘 읽지를 못합니다. 왜 그렇습니까? 스펠링, 철자법이 다 틀리기 때문입니다. 그는 초등학교도 졸업하지 못했습니다. 그러나 미국을 변화시키는 부흥사가 되었습니다. 너무너무 못 배워서 목사 안수도 못 받은 그였지만, 부흥사가 되어서 미국을 변화시켰습니다. 이것이 바로 부름 받은 삶입니다.

사도 바울은 사도행전 20장 23절에서 이렇게 고백했습니다.

오직 성령이 각 성에서 내게 증거하여 결박과 환난이 나를 기다린다 하시나 나의 달려갈 길과 주 예수께 받은 사명 곧 하나님의 은혜의 복음 증거하는 일을 마치려 함에는 나의 생명을 조금도 귀한 것으로 여기지 아니하노라 (행 20:23, 24)

나 자신이 지금 성령과 교제하며 사는지 아닌지를 확인하고 싶습니까? 그렇다면 이런 질문을 해 보십시오. 나는 부름 받은 삶을 사는가, 아니면 쫓기는 삶을 사는가? 하나님이 주신 소명이 있습니까? 하나님께서 우리를 이 세상에 남겨 두신 그 이유를 아십니까? 그리고 그 이유를 이루기 위해서 힘쓰시나요? 그렇다면 우리는 성령과 교제하는 사람입니다. 성령과 교제하는 사람의 특징은 세상을 이기는 담대함이 있습니다. 언제 어디에서나 사람의 눈치를 보는 것이 아니라, 하나님 앞에서 살아갑니다. 그리고 마지막으로 성령과 교제하는 사람은 부름 받은 삶을 살아갑니다. 하나님이 주신 소명을 이루기 위해 이 세상을 유효하게 살아갑니다. 그는 해야 할 일과 하지 말아야 할 일을 분별합니다. 해야만 될 일과 안 해도 될 일을 분별합니다. 먼저 해야 할 일과 나중에 해도 될 일을 분별합니다.

수많은 사람들이 정신없이 쫓기며 삽니다. 제가 젊은이들을 붙잡고 물어봅니다.

"왜 이렇게 정신없이 살아요?"

"집안을 좀 일으켜 세워야지요."

"그래도 성경 공부 좀 하시죠?"

"목사님, 제가 우리 집안만 좀 세워 놓고요."

"집안 세우는 게 뭔데요?"

"그래도 아파트 한 채는 사 놓아야지요." 이것은 집안을 세우는 게 아니라 집안을 무너뜨리고 있는 것입니다. 집은 세우되 가정을 세우지 못합니다. 쫓기는 사람의 특징입니다. 우리의 영혼은 중립을 지킬 수가 없습니다. 성령과 밀접한 관계를 갖지 않는다면 누구나 다 악한 영에게 속고 있는 것입니다.

예수 믿는 것은 변화입니다. 우리는 변해야 합니다. 하나님은 과거를 묻지 않습니다. 지난날을 묻지 않습니다. 그저 오늘 우리가 변화되기를 원하십니다. 과거에 내 영이 어떤 영의 인도를 받았다 해도 오늘 성령의 인도를 받으면 됩니다. 우리 모두 세상을 이깁시다. 주님과 동행합시다. 하나님 앞에서 살아갑시다.

# 12

## 성령의 역사를 일으키는
## :: 기도 ::

사도행전 1 | 제 12 장

# 성령의 역사를
# 일으키는 기도

관원들이 백성을 인하여 저희를 어떻게 벌할 도리를 찾지 못하고 다시 위협하여 놓아 주었으니 이는 모든 사람이 그 된 일을 보고 하나님께 영광을 돌림이러라 이 표적으로 병 나은 사람은 사십여 세나 되었더라 사도들이 놓이매 그 동류에게 가서 제사장들과 장로들의 말을 다 고하니 저희가 듣고 일심으로 하나님께 소리를 높여 가로되 대주재여 천지와 바다와 그 가운데 만유를 지은 이시요 또 주의 종 우리 조상 다윗의 입을 의탁하사 성령으로 말씀하시기를 어찌하여 열방이 분노하며 족속들이 허사를 경영하였는고 세상의 군왕들이 나서며 관원들이 함께 모여 주와 그 그리스도를 대적하도다 하신 이로소이다 과연 헤롯과 본디오 빌라도는 이방인과 이스라엘 백성과 합동하여 하나님의 기름 부으신 거룩한 종 예수를 거스려 하나님의 권능과 뜻대로 이루려고 예정하신 그것을 행하려고 이 성에 모였나이다 주여 이제도 저희의 위협함을 하감하옵시고 또 종들로 하여금 담대히 하나님의 말씀을 전하게 하여 주옵시며 손을 내밀어 병을 낫게 하옵시고 표적과 기사가 거룩한 종 예수의 이름으로 이루어지게 하옵소서 하더라 빌기를 다하매 모인 곳이 진동하더니 무리가 다 성령이 충만하여 담대히 하나님의 말씀을 전하니라

행 4:21~31

*몇 달 전* 저는 어느 집사님으로부터 아주 귀한 화분 하나를 선물로 받았습니다. 얼마나 귀한지 그분의 따님이 시집갈 때 그 화분을 달라고 그렇게 애원을 했답니다. 그런데도 주지를 않고, 저에게 주신 것입니다. 정말 너무너무 예쁜 화분입니다. 보통 화분은 사기그릇으로 되어 있지 않습니까? 그런데 이것은 그 밑바닥이 접시 하나뿐입니다. 그 위에 흙을 잘 쌓아 올려서 모시 천 같은 것으로 흙의 모양을 잡았습니다. 그리고 철사로 둘렀습니다. 그 겉은 이끼로 입혀서 예쁜 꽃나무를 심었습니다. 그리고는 가지를 밑으로 멋지게 늘어뜨렸습니다. 한번 상상을 해 보십시오. 제가 그것을 받고 얼마나 예뻐했는지 아침저녁으로 문안인사를 할 정도입니다. 정성을 쏟으며 가꾸었습니다.

그런데 한 달쯤 지나자 그 꽃이 자꾸 시들하게 죽어 가는 것입니다. 제가 별의별 방법을 다 써 보았습니다. 잘 되지를 않습니다. 아마 원인이 우리 집이 흙냄새를 맡지 못하는 아파트라서 그런 것 같았습니다. 게다가 통풍이 잘 되지 아니하고, 여름철이 되어도 빛이 많이 들어오지 않으니 꽃이 죽어 가는 것입니다. 그래서 할 수 없이 그 귀한 화분을 다시 집사님 댁으로 돌려보내야만 했습니다. 그러면서 제가 한 가지 귀한 진리를 깨달은 것이 있습니다.

제가 목회하다가 가끔 보면 오뉴월 신록처럼 활력 넘치게 신앙생활을 하던 분들이 갑자기 생기를 잃어버리는 모습을 보게 됩니다. 갑자기 기쁨을 잃어버리고 열심이 식습니다. 시험 앞에서 맥없이 주저앉는 모습도 보았습니다. 어떤 성도들은 평생을 그렇게 신앙생활을 해 왔건만 세상에 대한 시험을 떨쳐 버리지 못합니다. 안타깝게 한 번도 세상을 이겨 보지 못하고 그저 미지근한 신앙생활을 하는 분들도 교회에서 보게 됩니다.

왜일까요? 하나님을 마음에 모시고 사는 자들에게 왜 이런 일이 일어날까요? 저는 중환자 신세가 되어 돌아가는 그 화분을 보며 이유를 하나 발견할 수 있었습니다. 그 이유는 우리가 기도를 잘 못하고 있든지, 아니면 기도를 하긴 하되 올바른 기도를 하지 않고 있기 때문입니다.

흔히 기도를 영혼의 호흡이라고 이야기합니다. 우리가 잘 알 듯 건강하기 위해서는 몇 가지 요소가 필요합니다. 좋은 음식, 건강 음식을 먹어야 합니다. 그리고 적당한 운동을 해야 됩니다. 그런가 하면 휴식도 취해야 됩니다. 그러나 무엇보다도 중요한 것은 호흡입니다. 음식은 며칠 먹지 않고도 살 수 있을지 모르지만, 호흡은 5분만 하지 않으면 죽습니다. 호흡한다고 다 건강한 것이 아니고 또한 좋은 공기를 마셔야 합니다.

그래서 요사이 주거지에 대한 개념이 많이 바뀌고 있습니다. 옛날에는 그저 집이 좋으면 되었지만, 이제는 한국도 '어떤 곳에 집이 있는가, 얼마나 공기가 맑은가'를 봅니다. 왜 그렇습니까? 좋은 공기가 우리의 건강을 보장할 수 있기 때문입니다. 좋은 공기를 규칙적으로 마시며 호흡해야 건강을 유지할 수 있습니다.

신앙생활도 마찬가지입니다. 성경이 가르치는 올바른 기도를 우리가 규칙적으로 하는 것이 신앙의 건강에 필수적이라는 사실입니다. 한국 교회는 기도를 열심히 하는 것으로 정평이 나 있습니다. '한국 교회' 하면 떠올리는 대명사가 바로 기도입니다. 세계 어느 곳에서도 하지 못하는 새벽 기도를 우리는 하고 있습니다. 세계 어느 곳에서도 하지 않는 철야 기도를 하고 있습니다. 금식 기도도 합니다. 한국만큼 기도원이 많은 곳이 또 어디 있겠습니까? 산을 가 보십시오. 기도원이 자리 잡고 있습니다. 참으로 감사한 일입니다.

그러나 이제 우리는 과연 우리의 기도가 건강한가, 과연 우리가 드리는 기도가 올바른가, 성경적인가를 물어야 할 때가 왔다고 생각됩니다. 왜냐하면 오염된 공기가 우리의 건강을 해치듯이, 올바르지 않은 기도는 아무리 많이 해도 우리의 신앙을 병들게 할 수밖에 없기 때문입니다. 얼마나 오래 열심히 기도하는가도 중요합니다. 그러나 무엇을 어떻게 기도하는가는 더 중요한 일입니다.

그래서 최근 기도에 관해 명제를 낸 팔보 신학교 학장이신 빙 엔 헌터는 기도에 대해 이렇게 정의했습니다.

'기도는 자신이 바라는 것을 하나님께 얻어 내는 수단이 결코 아니다. 오히려 기도는 하나님께서 원하시는 것을 우리에게 주시기 위해서 사용하시는 수단이다.'

기도는 인간의 수단이 아닌 하나님의 수단이라는 것입니다. 좀 더 구체적으로 말씀드리면, 성경적인 기도의 그 주체가 기도하는 사람에게 있지 아니하고, 기도를 받으시는 하나님께 있다는 것입니다. 이것이 성경이 가르치는 기도입니다.

우리가 어떻게 올바른 기도를 드릴 수 있을까요? 좋은 공기를 마시고 싶지 않습니까? 힘없이 무너지는 나의 영혼을 다시 한 번 살려 내고 싶지 않습니까? 그렇다면 그러한 기도를 우리가 어떻게 드릴 수 있을까요? 어떻게 하면 내가 드리는 기도마다 하나님께서 응답하시며 성령이 역사하시는 살아 있는 기도를 이 남은 평생 동안 드릴 수 있단 말입니까? 그에 대한 몇 가지 방법을 우리에게 알려 주고 있습니다.

## 하나님의 뜻

*

먼저 성령이 역사하시는 기도를 드리기 위해서는 시험 가운데서 하나님의 뜻을 찾는 기도를 드려야 합니다. 20절에 관원들이 사도들을 위협했다고 이야기합니다. 오늘날 이것은 잘 이해되지 않을 것입니다.

그러나 약 10년, 20년 전 우리나라의 국가적인 분위를 한번 생각해 봅시다. 지금도 제 기억에 남는 것이 있습니다. 저는 고등학교 때 기독교 한 단체, KSCF 회장직을 맡고 있었습니다. 하루는 기독교 방송국에 모여 고등학교 별로 강사님을 초청하여 설교를 듣기로 되어 있었습니다. 그 강사님이 오시긴 오셨는데 밖에는 경찰들이 쫙 깔려 있는 가운데, 이분이 걸을 수 없어서 휠체어를 타고 오셨습니다. 그분은 며칠 전에 중앙정보부에 끌려가서 위협을 당하고 오는 길이었습니다. 얼마나 맞았는지 내의가 핏덩이 다리에 눌어붙어서 뗄 수가 없었습니다. 그분이 그렇게까지 된 이유는 설교 시간에 정부를 비판했다는 것입니다. 그런데도 그분은 그날 거기에 나오셨습니다. 그리고 같은 설교를 하셨습니다. 참 대단한 분이라고 생각이 됩니다. 그분은 오히려 설교 초두에 이렇게 이야기했습니다. 만일 이런 설교를 또 하게 되면 쥐도 새도 모르게 보내 주겠다고, 이 땅을 떠나게 만들 수 있다고, 그리고 가족들과 아이들을 다 죽일 수 있다고 그들이 위협했다는 것입니다.

오늘 이 사건을 남의 이야기가 아닌 우리의 사건으로 생각해 봅시다. 지금은 세상이 많이 좋아졌습니다. 그 당시에는 '중앙정보부' 그러면 울던 아이도 울음을 그쳤을 정도입니다. 그런데 이 사도들은 이보다 더한 위협을 받았던 상황입니다. 이런 위협을 받고 나서 사도들이 한 일이 무엇입니까? 그저 나오자마자 일심으로 하나님 앞에 기도했다고 성경은 기록합니다.

이것이 우리가 반드시 이해하고 넘어가야 할 부분입니다. 기도했더니 핍박과 시험이 사라진 것이 아닙니다. 핍박과 기도가 나란히 달리고 있음을 보여 주고 있습니다. 기도했는데도 불구하고 핍박이 여전히 찾아왔습니다. 기도했는데도 불구하고 위협이 찾아왔다고 성경은 증언합니다.

우리는 늘 무엇을 기대하며 기도합니까? 핍박이 사라지기를 기도하지 않습니까? 시험이 없어지기를 위해서 기도하지 않습니까?

"내가 기도했더니 병이 사라졌더라."

"내가 기도했더니 시험이 없어졌더라."

"내가 기도했더니 속 썩이던 남편이 거꾸러졌더라."

"못된 마누라가 항복하더라." 이것이 우리 간증의 주류입니다. 우리가 생각하는 기도는 내가 바라는 것들의 성취입니다. 어떤 기도가 능력 있는 기도인가? 내 소원이 성취되는 것입니다. 어떻게 하면 내 소원을 이룰 것인가? 어떻게 하면 응답받는 기도를 드릴 것인가? 수많은 세미나가 우리를 유혹합니다.

그 결과 내가 기도한 대로 소원이 이루어지지 않으면 우리는 좌절합니다. '아, 역시 하나님은 내 기도를 듣지 않는구나. 하나님은 나를 사랑하시지 않는가 봐.' 혹시 이렇게 기도 생활 해 오지 않으셨습니까? 이렇게 신앙생활을 해 오지 않으셨습니까? 그러나 이것은 '내'가 주체가 된 기도라고 성경은 지적해 줍니다. 기도를 자신이 바라는 것을 하나님께 얻어 내는 수단으로 봅니다. 이것은 인간 중심적인 잘못된 기도의 전형적인 모습입니다. 성경이 무엇을 가르칩니까? 시험과 기도의 관계를 구체적으로 설명하고 있는 야고보서 1장을 보십시오. 그 1장에는 이렇게 기록하고 있습니다.

> 내 형제들아 너희가 여러 가지 시험을 만나거든 온전히 기쁘게 여기라 이는 너희 믿음의 시련이 인내를 만들어 내는 줄 너희가 앎이라 인내를 온전히 이루라 이는 너희로 온전하고 구비하여 조금도 부족함이 없게 하려 함이라 너희 중에 누구든지 지혜가 부족하거든 모든 사람에게 후히 주시고 꾸짖지 아니하시는 하나님께 구하라 그리하면 주시리라 (약 1:2~5)

헬라어에는 네 가지 가정법이 있습니다. '이 몸이 새가 된다면' 새가 될 수 있습니까? 없습니다. 이럴 때 쓰는 가정법이 따로 있습니다. 그리고 "얘야, 내일 아침에 해가 뜨거든 창문을 열어라." 해가 뜰까요, 안 뜰까요? 당연히 뜹니다. 반드시 일어날 사건을 조건법으로 쓸 때는 그 문법을 달리 씁니다.

"내 형제들아 너희가 여러 가지 시험을 만나거든"은 가정법이 아닌 조건법입니다. 시험이란 있을 수도 있고 없을 수도 있는 것이 아닙니다. 우리 모든 믿는 자에게 동일하게 다가온다고 성경은 이야기합니다. 물론 그 모습은 다릅니다.

'여러 가지 시험을 만나거든', 여러 가지 어려움이 우리에게 찾아옵니다. 어떤 어려움은 건강을 통해서, 어떤 어려움은 남편을 통해서, 어떤 어려움은 사업을 통해서 옵니다. 무엇을 통해서든 우리에게는 어려움이 찾아올 수밖에 없다고 이야기합니다. 이것을 우리가 이해해야 합니다. '기도했더니 시험이 없더라'가 아닙니다. 기도했는데도 불구하고, 성령을 받았는데도 불구하고, 하나님의 사역을 하고 있는데도 불구하고, 어려움은 여전히 우리에게 찾아온다는 것입니다.

"내 형제들아 너희가 여러 가지 시험을 만나거든."

여기에 두 가지 명령이 있습니다. 야고보서에 나오는 명령이 무엇입니까? 첫 번째, 온전히 기쁘게 여기라고 합니다. 왜 그렇습니까? 그 시험은 하나님이 우리를 위해 주신 것이기 때문입니다.

그리고 두 번째 5절에 보면 기도하라고 말씀합니다. 우리에게 시험이나 어려움이 찾아올 때 어떻게 해야 하는가를 말하고 있습니다. 우리 생각에 이런 생각이 번쩍 들 것입니다. "그렇지, 어려움이 오면 당연히 기도해야지." 그래서 "주여, 어려움을 물리쳐 주시옵소서." 열심히 기도합니다.

그런데 야고보 1장 5절은 전혀 그렇게 이야기하고 있지 않습니다. 어려움을 없애 달라고 기도하라는 것이 아닙니다. 하나님께로부터 지혜가 공급되도록 기도하라는 것입니다.

무슨 말씀입니까? 시험이 올 때 그 시험을 없애 달라고만 기도할 것이 아니라, 오히려 그 시험을 올바로 이해할 수 있는 지혜를 하나님께 구하라고 합니다. 그 시험을 통해서 하나님이 우리에게 주시고자 하는 교훈을 내가 남김없이 받을 수 있는 지혜입니다. 우리에게 찾아오는 어려움을 세상의 팔자소관으로 바라보지 아니할 지혜입니다. 재수로 바라보지 아니할 지혜입니다. 인간적인 내 중심으로 바라보지 아니할 지혜입니다. 어려움 이면에 하나님께서 나에게 주시고자 하는 교훈을 남김없이 다 받을 수 있는 지혜를 말합니다.

병들었을 때 "주여, 병을 통해서 나에게 무엇을 말씀하시려나이까?"

사업이 흔들릴 때 "주여, 이 어려움을 통해서 내게 무엇을 교훈하려 하시나이까?" 우리의 마음을 열고 하나님의 눈으로 우리에게 다가오는 환경과 어려움을 바라볼 수 있는 지혜를 달라고 기도하라 명령하십니다.

우리는 어려움이 없으면 결코 성숙할 수 없습니다. 튼튼한 나무가 어떻게 자라는지 아십니까? 튼튼한 나무가 자라기 위한 방법은 딱 한 가지밖에 없습니다. 그것은 그 나무가 비바람이 심한 곳에서 자라는 것입니다. 온상에서 자라는 나무가 튼튼한 것 보셨습니까? 그러나 비바람이 치는 언덕 위에서 자란 나무는 뿌리가 깊습니다. 뽑을 수가 없습니다. 튼튼합니다.

옛날 바이킹들이 어떻게 해적 짓을 했습니까? 대포 같은 것이 없으니까 배를 몰고 가서 남의 배 옆구리를 쾅! 박습니다. 그러면 우지끈하고 부서집니다. 왜 부서집니까? 그 바이킹들이 쓰는 배 앞에는 삐쭉한 나무가 하나 있는데, 그 나무는 반드시 어디서 구합니까? 비바람이 가장 많이 치는 해변, 그것도 산꼭대기에서 자란 나무를 씁니다. 왜 그렇습니까? 비바람이 그 나무를 튼튼하게 했기 때문입니다.

우리는 항상 평안을 기대합니다. 그러나 아라비아 속담에 "늘 맑은 날은 사막을 만들 수밖에 없다"라는 말이 있습니다. 하나님은 이것을 아십니다. 그래서 우리가 원치 않지만 우리를 훈련의 도가니로 몰아넣습니다. 왜 그렇습니까? 우리를 망하게 하려는 목적이 아닙니다. 우리를 성숙하게 만들기 위해서입니다. 시험과 어려움을 만나면 "그 시험을 없애 주십시오." 기도하기 이전에 "하나님, 저에게 무엇을 가르치시렵니까? 하나님의 지혜를 주셔서 이 시험 문제를 통해 제가 받을 교훈을 다 받게 하여 주옵소서." 이것이 우리의 기도가 되어야 합니다.

그래서 사도행전에는 기도와 핍박이 나란히 등장합니다. 기도했더니 핍박이 없어진 것이 아닙니다. 기도했는데도 불구하고 핍박은 있었습니다. 그들은 기도했습니다. 그러나 어떻게 기도했습니까? "주여, 시험 가운데서 하나님 뜻을 깨닫게 하여 주옵소서" 이렇게 기도한 것입니다.

오늘날 이러한 올바른 기도가 없어서 흔들리는 한국 교회 풍토에 열심히 기도하시기를 바랍니다. 그러나 시험 가운데서 그 시험의 해결만 바라보지 마시기 바랍니다. 하나님의 뜻을 찾으십시오. 교훈을 받으십시오. 수많은 사람들이 이러한 과거를 이미 살아갔습니다.

헬렌 켈러는 보지 못하고, 듣지 못하고, 말하지 못하기 때문에 아무 것도 할 수 없었습니다. 어느 날 주님을 만났습니다. 그러자 그녀는 이 세상에 놀라운 흔적을 남기는 위대한 사람이 되었습니다. 그녀에게 닥친 어려움을 통해 하나님의 메시지를 받은 것입니다.

문제의 해결을 위해서만 기도하지 마시기 바랍니다. 그 속에서 당신을 만들어 가시는 하나님의 지혜를 받기 위해 기도하시기 바랍니다.

우리가 성령의 역사를 일으키는 기도를 하기 위해서는 시험 가운데 하나님의 뜻을 찾아야 합니다.


## 기도의 대상

*

두 번째로 기도의 대상을 올바로 아는 기도를 드려야 합니다.

성경의 기도와 다른 종교의 기도에 서로 다른 점이 있다면 그것은 그 대상을 분명히 알고 기도한다는 것입니다. 기도는 다른 종교에도 다 있습니다. 불교에도 있고, 미신에도 있습니다. 우리가 잘 아는 옛날 어머님들의 기도! 정한수를 떠 놓고 자식 잘되기를 빕니다. 정성과 열심이 얼마나 대단했던지 어떤 어머니는 백일기도도 모자라서 천일기도를 합니다. "비나이다, 비나이다, 천지신명께 비나이다." 천지신명이 누구인지도 모르면서 그저 빕니다. 손금이 다 없어질 정도로 빕니다.

그러나 성경의 기도는 그렇지 않습니다. 타 종교의 기도가 기도하는 사람의 열심에 근거하고 있다고 하면, 성경의 기도는 기도를 받으시는 대상의 인격에 그 뿌리를 두고 있습니다.

기도의 방법보다 더 중요한 것은 기도의 내용입니다. 누구를 향하여 기도하는가? 내가 얼마나 열심히 기도했는가도 중요합니다. 그러나 그보다 몇 십 배, 몇 백 배 중요한 것이 있습니다. 내가 지금 누구를 향하여 어떤 내용의 기도를 드리고 있는가 하는 것입니다.

화살을 쏠 때 생각해 보십시오. 화살을 세게 당기는 것, 중요합니다. 그러나 더 중요한 것은 역시 조준입니다. 총을 쏠 때도 마찬가지입니다. 어떤 총으로 쏠 것인가도 중요하지만, 문제는 그 총을 얼마나 잘 조준하느냐 하는 것 아니겠습니까? 우리가 총으로 과녁을 맞히지 못한다면 괜히 엉뚱한 사람을 죽일 수도 있습니다.

기도도 마찬가지입니다. 이제 한국 교회는 우리를 돌아볼 때가 되었습니다. 우리는 너무 열심에만 근거를 두고 있습니다. 우리의 미신적인 신앙은 과거의 미신과 관계가 되어 있습니다. 새벽에 할까, 금식을 할까? 네, 좋습니다. 성경에 보면 그러한 것들을 강조하고 있습니다. 주님도 금식하셨고, 새벽 기도를 하셨습니다. 주님도 철야 기도 하셨습니다. 그러나 그보다 더 중요한 것이 있습니다. 내가 누구를 향하여 기도할 것인가? 무엇을 누구의 뜻대로 기도할 것인가? 이것이 내 열심보다 더 중요한 것입니다.

# 기도의 대상 – 창조의 하나님

∗

함축된 것 몇 가지를 살펴보겠습니다. 이들이 드린 기도의 특징을 살펴보면 하나님을 올바로 알고 기도를 드렸다는 것을 알 수 있습니다. 하나님에 관해서 굉장한 이야기들을 하고 있습니다.

> 저희가 듣고 일심으로 하나님께 소리를 높여 가로되 대주재여 천지와 바다와 그 가운데 만유를 지은 이시요 (행 4:24)

여기서 '대주재'란 'Sovereign Lord', 즉 '다스리시는 주님이라는 뜻입니다.' 어떤 하나님이십니까? 창조의 하나님이십니다. 이것만 봐도 우리의 기도가 달라질 수 있습니다. 하나님은 나의 창조주이십니다. 하나님이 우리를 만드셨습니다. 하나님이 나를 만드셨다는 것입니다.

어떤 것을 만들 때 목적 없이 만드는 사람 보셨습니까? 부엌에서 밀가루 반죽을 하나 하더라도 목적이 있습니다. 하물며 피아노를 만드는데 목적 없이 만들었을까요? 아닙니다. 모든 물건에 만든 자가 있다는 것은 만든 자의 목적이 있다는 것입니다. 우리가 이것만 깨달아도 우리의 기도는 달라질 수 있습니다.

하나님이 당신을 만드셨습니다. 우연히 생긴 것이 아닙니다. 하나님께서 당신을 이 땅에 보내셨습니다. 그러면 왜 보내셨을까요? 왜 만드셨을까요? 무언가 그분의 목적이 있지 않겠습니까? 그러면 우리가 어떻게 기도하게 됩니까?

"하나님, 내 뜻, 이것 이루어 주세요. 저것 이루어 주세요." 그렇게 기도하겠습니까? 아닙니다.

"아버지 하나님, 왜 나를 이 땅에 보내셨습니까?
"하나님, 나를 왜 만드셨습니까?"
"나를 왜 이 술꾼 남편과 결혼하게 하셨습니까?"
"나를 왜 이 못된 마누라와 결혼하게 하셨나이까?" 목적을 찾는 것입니다. 하나님께서 그렇게 하신 목적이 있을 것입니다.
"하나님, 왜 저에게 암이 찾아왔습니까?" 목적이 있을 것입니다. 왜? 하나님은 창조의 하나님이시기 때문입니다. 그렇게 하면 우리의 기도가 달라집니다.
"주여, 그 목적을 알려 주옵소서. 제가 그 목적대로 살아가기를 원합니다." 이 세상에서 우리가 만든 물건이 나를 가장 배신할 때가 언제입니까? 만든 자의 목적에 부합하지 않을 때입니다. 여기 있는 피아노가 아무리 멋있게 색칠이 되어 있다 하더라도 소리를 내지 못한다면 어떻겠습니까? 당장 이 피아노를 내다 버릴 것입니다. 그러나 모양에 금이 좀 갔습니다. 오래 되어서 다리도 비틀어졌습니다. 못으로 박았습니다. 그런데 소리는 너무너무 좋게 들립니다. 그렇다면 이 피아노는 박물관에 기증될 것입니다. 사람들은 그것을 찬양할 것이고, 아낄 것입니다. 이처럼 이들은 창조의 하나님을 올바로 알고 기도했습니다.

## 기도의 대상 – 계시의 하나님

\*

두 번째, 이들이 발견한 하나님의 뜻은 무엇입니까? 계시의 하나님입니다.

> 또 주의 종 우리 조상 다윗의 입을 의탁하사 성령으로 말씀하시기를 어찌하여 열방이 분노하며 족속들이 허사를 경영하였고 세상의 군왕들이 나서며 관원들이 함께 모여 주와 그 그리스도를 대적하도다 하신 이로소이다 (행 4:25, 26)

무슨 이야기입니까? 하나님은 당신의 뜻을 계시하셨다는 것입니다. 우리가 믿는 하나님은 어떤 하나님이신가? 우리의 기도를 받으시는 하나님은 어떤 하나님이신가? 자신을 계시하는 하나님이라고 말씀하십니다. 모든 종교의 사람들이 모르는 신에게 기도합니다. 알지 못하는 신을 향해 기도합니다. 그러나 은혜의 하나님은 자신을 계시하셨습니다.

계시가 무엇입니까? 우리가 아무리 노력해도 알 수 없는 그것을 하나님이 우리에게 보이신 것입니다. 성경에는 두 가지 계시가 나옵니다. 하나는 일반적인 계시요, 또 하나는 특별 계시입니다. 일반 계시란 자연을 바라볼 때 창조주 하나님을 발견할 수 있는 것을 말합니다.

오래 전 타임지에서 이 지구에서 이억 광년 떨어진 별을 하나 발견했다는 것입니다. '이억 광년' 그러니까 우리는 실감이 잘 안 갑니다. 눈 깜짝하는 1초에 빛이 지구를 일곱 바퀴 반을 돕니다. 그 빛의 속도로 일 년간 가는 거리가 일 광년입니다. 그런데 우리가 놀랍게도 비행기 하나를 발명했다 칩시다. 그래서 신문에 대서특필이 되었습니다. 어떤 비행기인가? 1초에 지구를 일곱 바퀴 반을 나는 비행기입니다. 우리가 미국을 12시간 가는 것이 아니라, 비행기를 타고 나서 '하!' 숨 한 번 쉬었더니 벌써 미국에 도착했습니다. 그래도 그 속도로 그 별에 가려면 이억 년이 걸린다는 계산이 나옵니다.

그 넓은 우주, 거기에서 수많은 별들이 지구는 태양을 돌고, 태양은 은하계를 돌고, 은하계는 다른 은하계를 수없이 도는데도 서로 부딪히지 않습니다. 이것이 저절로 생겼겠습니까? 아닙니다. "얘들아, 너희가 하늘을 바라보기만 해도 나를 어느 정도는 알 것이다." 하나님께서 말씀하십니다.

그러나 그것으로 우리가 다 알 수 없습니다. 그래서 하나님께서 특별 계시를 허락하셨습니다. 바로 그것이 성경 말씀입니다. 이 성경 말씀에 보니 하나님의 뜻이 다 나타나 있습니다. 하나님은 어떤 분이신가? 사랑의 하나님이요, 거룩하신 하나님이십니다. 우리가 이 땅에 살면서 말은 어떻게 해야 하고, 부부 관계는 어떻게 해야 하고, 자녀 양육은 어떻게 해야 하고, 가정생활은 어떻게 해야 하고, 직장 생활은 어떻게 해야 하는지를 하나님은 구체적으로 여기에 다 자신의 뜻을 계시하셨습니다.

어느 집사님이 지나가다가 지갑을 주웠습니다. 보니까 백만 원짜리 수표와 현금이 오십만 원 들어 있었습니다. 마침 형편이 무척 궁한지라 고민이 되었습니다. 새벽 기도를 와서 기도합니다. "주여, 지갑을 열어 보니 주민등록증이 있는데 이것을 돌려주는 것이 당신의 뜻이오리이까, 아니면 꿀꺽 하는 것이 당신의 뜻이오리이까? 계시하여 주옵소서."

이것이 한국 교회의 수준입니다. 우리가 이런 기도를 얼마나 많이 드리고 있는지 아십니까? 우리가 다른 종교의 기도를 하고 있는 것입니다. 계시의 하나님을 모르는 것입니다. 우리가 드리는 수많은 기도, 우리가 느끼는 수많은 고민 가운데 우리가 하나님을 제대로 안다면 우리는 더 이상 고민할 필요가 없는 것들이 너무 많이 있습니다. 이미 하나님의 뜻은 다 정해진 것입니다.

또 무엇을 기도합니까? "주여, 제가 성경을 읽기 위해 양초를 훔쳐도 되겠나이까?" 성경을 읽기 위해 양초를 훔칠 수 있을까요? 목적이 선

하면 방법은 괜찮다는 것입니까? 그것은 성경 말씀에 위배됩니다. 우리가 계시의 하나님을 바로 알면 그런 기도는 더 이상 드릴 수 없습니다.

이들은 하나님을 알았습니다. 계시의 하나님을 알았습니다. 은밀한 가운데 숨는 하나님이 아닙니다. 우리가 살아가는 데에 충분한 하나님의 뜻을 다 보여 주신 계시의 하나님을 믿고 있는 것입니다.

## 기도의 대상 – 역사의 하나님

*

마지막으로 세 번째, 그들이 믿은 하나님은 어떤 하나님이신가? 역사의 하나님입니다.

> 과연 헤롯과 본디오 빌라도는 이방인과 이스라엘 백성과 합동하여 하나님의 기름 부으신 거룩한 종 예수를 거슬러 하나님의 권능과 뜻대로 이루려고 예정하신 그것을 행하려고 이 성에 모였나이다
> (행 4:27, 28)

'하나님의 권능과 뜻대로 이루려고', 하나님은 그의 적까지 사용하셔서 그의 뜻을 이루신다는 것입니다. 예수님을 십자가에 헤롯과 본디오 빌라도가 못 박았습니다. 그러나 오늘 이 사도들은 그렇게 이야기하지 않습니다. 하나님이 정하셨다는 것입니다. 하나님이 그것도 결정하셨기 때문에 그들이 못 박을 수 있었다고 이야기합니다. 이들이 믿는 하나님은 역사의 주인이신 하나님이십니다.

하나님께서 당신의 인생의 주인이심을 믿습니까? 우리가 이것만

믿는다면 우리의 수많은 기도가 중언부언하지 않을 것입니다. 얼마나 많은 사람들이 여전히 자기 인생의 주인이 하나님인 것을 믿으면서도 걱정하며 살아갑니까? 얼마나 염려하며 살아갑니까? 얼마나 앞길을 궁금해하며 살아갑니까? 그래서 예언자를 찾아 기도원으로 달려갑니다. 점쟁이한테 달려갑니다. 그러나 하나님이 역사의 주인, 내 인생의 주인 임을 믿고 사는 자는 그렇게 할 필요가 없습니다.

만일 내게 병이 찾아왔다고 해 봅시다. 만일 내게 고난이 찾아왔습니다. 그래도 나는 기쁩니다. 하나님이 내 인생을 한 손에 들고 계시기 때문입니다. 내 인생의 주인은 나도 아니요, 우리 부모도 아닙니다. 대통령도 아니요, 그 누구도 아닙니다. 오직 하나님이 내 인생의 주인이십니다.

우리가 기도하는 대상을 올바로 알고 기도해야 합니다. 그러므로 성경이 말하는 기도, 기독교가 말하는 기도는 신앙의 올바른 성숙 없이는 절대 불가능합니다. 기도를 깊이 하는 자, 기도를 올바로 하는 자는 신앙이 성숙한 자입니다. 저는 지금 열심을 이야기하고 있는 것이 아닙니다.

지금까지 기도하시면서 얼마나 하나님의 뜻을 알고 간구하셨습니까?

> 너희가 내 안에 거하고 내 말이 너희 안에 거하면 무엇이든지 원하는
> 대로 구하라 그리하면 이루리라 (요 15:15)

하나님의 뜻 안에서 이루어진다고 하는 가정(假定)이 있는 것입니다. 우리가 예수님 안에 거해야 하고, 예수님의 말씀이 우리 안에 거해야 합니다. 이 조건이 따라야 합니다.

성령께서 역사하시는 기도를 드리고 싶습니까? 그러면 시험 가운

데서 하나님의 뜻을 찾으십시오. 그리고 올바른 대상을 발견하십시오.

## 올바른 내용

✶

기도에 대한 세 번째로 가르쳐 주는 것은 올바른 내용을 가진 기도를 드려야 한다는 것입니다. 이들이 드린 기도의 내용이 29절, 30절에 세 가지로 나타나 있습니다.

> 주여 이제도 저희의 위협함을 하감하옵시고 또 종들로 하여금 담대히 하나님의 말씀을 전하게 하여 주옵시며 손을 내밀어 병을 낫게 하옵시고 표적과 기사가 거룩한 종 예수의 이름으로 이루어지게 하옵소서 하더라 (행 4:29, 30)

먼저 이들이 기도한 것은 "주여 이제도 저희의 위협함을 하감하옵시고" 이것이 첫 번째 기도 내용이었습니다.

이들은 "주여, 기도하옵나니 하늘에서 벼락을 내려서 저들을 죽여 주옵소서." 이렇게 기도하지 않았습니다.

그런데 우리는 얼마나 많이 그렇게 기도합니까?

"주여, 이 병이 떠나가게 하옵소서."

"저 속 썩이는 남편이 거꾸러지게 하옵소서." 우리는 얼마나 이런 기도를 많이 드렸습니까? 이들은 그렇게 기도하지 않았습니다. 저희의 위협함을 멀리 떠나보내 달라는 대신 그저 살펴 달라는 것입니다. 무슨 이야기입니까?

"그 위협함이 하나님의 뜻을 방해치 않도록 하나님 감시하여 주옵소서. 하나님, 기억하여 주옵소서. 그 위협함이 그대로 있어도 좋습니다. 그 위협함으로 말미암아 하나님의 뜻이 이루어질 수 있다면, 우리에게 유익이 된다면 하나님, 그 위협함을 그대로 두셔도 좋습니다. 그러나 그 위협함을 당신이 하감하여 주옵소서."

그다음 두 번째 기도가 무엇입니까? 담대히 하나님의 말씀을 전파하게 해 달라고 기도합니다. "담대히 하나님의 말씀을 전하게 해 주옵소서."

세 번째 기도는 무엇입니까? 30절에 있습니다.

"손을 내밀어 병을 낫게 하옵시고 표적과 기사가 거룩한 종 예수의 이름으로 이루어지게 하옵소서." 계속 복음의 능력이 나타나도록 기도했습니다. 사도들의 기도를 보십시오. 어디 자신들을 위해 기도했습니까? 오직 그들의 관심사는 하나님의 뜻이 자기들을 통해서 나타나는 것이었습니다. 주의 복음이 만방에 전파되는 것이었습니다.

우리는 기도해야 합니다. 그러나 무엇을 위해 기도합니까? 너무나 우리의 기도는 이기적이 되어 버렸습니다. 하나님의 뜻은 상관없이 내 소원을 이루는 일을 기도하기에 급급해 왔습니다. 손금이 없어질 정도로 기도에 정성을 들여왔습니다.

그러나 이제 한국 교회는 바뀔 때가 왔습니다. 이제 우리 모두 복음의 전파를 위해 기도합시다. 하나님의 나라가 이 땅에 이루어지기 위해 기도합시다. 그들은 시험 가운데 하나님의 뜻을 찾으며 기도했습니다. 그리고 기도의 대상, 올바로 그분을 알기를 원하여 기도했고, 그리고 올바른 내용을 가지고 기도했습니다. 그 결과 세 가지 놀라운 일이 일어났습니다.

빌기를 다 하매 모인 곳이 진동하더니 무리가 다 성령이 충만하여 담

대히 하나님의 말씀을 전하니라 (행 4:31)

응답이 세 가지로 나타났습니다. 첫 번째는 모인 곳이 진동했습니다. 오래 전 4세기경에 요한 크리소스톰(John Chrysostom)이라는 놀라운 설교자가 있었습니다. 그의 설교가 얼마나 뛰어났던지 '황금의 입'이라는 별칭을 얻게 되었습니다. 그는 이 본문을 가지고 '모인 곳이 진동했더니 거기에 있던 사람이 더 이상 진동하지 않았다' 이렇게 설교했습니다. 참 멋있는 설교 아닙니까?

하나님이 왜 진동했겠습니까? 우리가 기도하는데 어떤 일이 일어났습니까? "투르ㄹㄹㄹㄹ룩!" 건물이 흔들립니다. 지진인가 했더니 아닙니다. 왜 그러셨을까요? "얘야, 염려하지 마라. 내가 이 세상의 주인이다. 내가 너희 인생의 주인이다. 내가 너희들을 붙들어 주마. 내가 너희들의 반석이다." 하나님의 음성이 진동했다는 것입니다.

두 번째 성령이 충만해졌습니다. 우리가 올바른 기도를 드리기만 하면 성령이 충만해집니다. 이 세상을 능히 이기고도 남습니다. 내 힘으로는 도저히 끊을 수 없는 유혹들을 이겨 냅니다. 세상에 넘어지던 자들이 어느 날 성령의 충만함으로 이기게 됩니다. 그다음 어떤 결과가 나왔습니까? 그들은 담대히 하나님의 말씀을 전파하게 되었습니다.

여러분은 기도하십니까? 최근에 기도해 보셨습니까? 만일 이 질문에 구체적으로 대답하지 못한다면 여러분의 그 무능한 영적 생활은 어쩌면 당연한 것인지도 모릅니다.

만일 기도하고 있다면 당신은 올바른 기도를 드리고 계십니까? 당신의 영적 상태는 어떻습니까? 혹시 호흡 곤란을 일으키고 있지는 않습니까? 공기가 나빠서 시들어 가고 있지는 않습니까? 그동안 신앙생활을 하면서 무능하셨습니까? 무기력한 삶을 살고 계십니까? 전혀 승리하지 못하며 패배하며 살아오셨습니까? 그렇다면 그 이유는 단 하나입니다. 기도하지 않기 때문입니다. 올바로 기도하지 않기 때문입니다. 본문 말씀이 우리의 영혼을 살려 내는 귀한 격려의 말씀이 되게 하십시오.

# 13

## 은혜 받은 자의
## :: 특징 ::

사도행전 1 | 제 13 장

# 은혜 받은 자의 특징

믿는 무리가 한마음과 한뜻이 되어 모든 물건을 서로 통용하고 제 재물을 조금이라도 제 것이라 하는 이가 하나도 없더라 사도들이 큰 권능으로 주 예수의 부활을 증거하니 무리가 큰 은혜를 얻어 그 중에 핍절한 사람이 없으니 이는 밭과 집 있는 자는 팔아 그 판 것의 값을 가져다가 사도들의 발 앞에 두매 저희가 각 사람의 필요를 따라 나눠 줌이러라

행 4:32~35

*우리가 교회에서 흔히 쓰는 단어일수록 정의 내리기란 그리 쉽지 않은 것 같습니다. 믿음이 무엇입니까? 대답하기가 어렵습니다. 그런데도 우리가 믿음이라는 말을 얼마나 많이 씁니까? 성경은 여러 가지 믿음을 이야기합니다. 우리가 꼭 알아야 하는데도 불구하고 그냥 지나치는 때가 많습니다.

사랑이 무엇입니까? 성경에서 말하는 사랑은 무엇이라고 정의할 수 있습니까?

은혜는 또 어떻습니까? 은혜라는 말을 얼마나 많이 씁니까? 하루에도 몇 번씩은 쓸 것이고 주일날 나오면 가장 많이 듣는 단어가 아마 은혜일 것입니다.

"목사님, 오늘 은혜 참 많이 받았습니다."

"아, 저 집사님은 보기만 해도 은혜스러워."

"우리 교회는 은혜가 넘쳐."

대단한 일을 했을 때 누가 칭찬하면 "제가 했나요? 다 하나님의 은혜죠."

우리가 은혜라는 단어를 이렇게 수없이 이야기하는데 막상 은혜가 뭐냐고 물으면 거기에 정확한 답을 내릴 사람은 그렇게 많지 않습니다. 원래 은혜라고 하는 이 '헨'이라는 히브리어 단어는 '구부린다'는 뜻을 가지고 있습니다. '구부린다', 위에서 아래로 베푸는 호의를 말합니다. 아랫사람에게 베푸는 호의를 원래 은혜라고 합니다. 신학적인 의미로 좀 더 부연한다면 받을 자격이 전혀 없는 자에게 베푸는 자발적인 호의를 말합니다. 그것이 은혜입니다.

이 은혜라는 말을 우리의 삶과 연관해서 아주 명쾌하게 설명한 신학자가 있습니다. 바로 도날드 반하우스(Donald Barnhouse)라고 하는 분입니다. 그는 이렇게 표현했습니다. '위를 향한 사랑, 이것은 예배다. 바깥을 향한 사랑, 그것은 자비다. 아래를 향한 사랑, 그것이 바로 은혜다.'

은혜는 받을 자격이 전혀 없지만, 윗사람이 아랫사람에게 베풀어 주는 호의입니다. 하나님께서는 받을 자격이 전혀 없는 우리에게 당신의 사랑을 쏟아 부어 주셨습니다. 이 땅에 인간의 모습으로 오셔서, 33년 동안 우리와 생사고락을 같이했습니다. 그뿐 아니라, 우리를 영원한 생명으로 인도하셨습니다.

그리고 우리의 죄를 대속하기 위해서 갈보리 십자가에서 못 박혀 죽으셨습니다. 이 웬 은혜입니까? 그래서 '나 같은 죄인 살리신' 하며 뉴톤 죤(J. Newton)은 찬양했습니다.

> 사도들이 큰 권능으로 주 예수의 부활을 증거하니 무리가 큰 은혜를 얻어 (행 4:33)

사도들이 큰 권능으로 주 예수의 부활을 증거하니 무리가 큰 은혜를 얻었습니다. 주 예수의 부활이 없이는 은혜가 있을 수 없습니다. 주님이 우리의 죄를 대속해서 십자가에 죽으셨다가 사흘 만에 일어나셨기 때문에 우리에게 은혜가 임했습니다.

하나님께로부터 온 은혜를 받으셨습니까? 하나님의 은혜를 지금도 받고 계십니까? 우리가 구원받은 것만 은혜가 아니요, 오늘 우리가 살아 숨 쉬는 것조차 다 은혜라고 하나님은 말씀하십니다. 우리는 은혜를 받았습니다. 지금도 큰 은혜를 받고 살아갑니다. 그렇다면 과연 은혜 받은 자의 모습은 어떤 것일까요? 은혜 받은 자와 은혜 받지 못한 자, 은혜를 지금 받고 있는 자와 은혜를 공급받지 못하고 사는 자의 삶 사이에는 과연 차이가 있을까요? 성경은 있다고 이야기합니다. 은혜 받은 자와 은혜 받지 못한 자! 그 삶의 모습은 완연하게 다를 수밖에 없습니다. 우리가 정말 은혜 받았다면 지금 삶의 모습을 보십시오. 믿지 않는 친구와 어떤 차이점이 있을까요?

우리가 받는 은혜가 참은혜인지 아니면 내가 그저 생각으로 받은 은혜인지를 알 수 있도록 성경은 은혜 받은 자의 그 삶의 모습을 조명해 주고 있습니다. 우리가 이 삶의 모습을 우리의 삶에 비춰 보면 내가 받은 은혜가 과연 참으로 진짜 은혜인가, 정말 하나님의 은혜로 지금도 살아가고 있는가, 아니면 내 육신의 방법으로 종교 생활을 하고 있는가가 확연하게 드러납니다.

## 하나 되기

*

은혜 받은 자는 하나 되기에 힘씁니다.

> 믿는 무리가 한마음과 한뜻이 되어 모든 물건을 서로 통용하고 제 재물을 조금이라도 제 것이라 하는 이가 하나도 없더라 (행 4:32)

'한마음과 한뜻이 되어' 이것은 참으로 쉬운 일이 아닙니다. 왜냐하면 서너 명이 한마음과 한뜻 되는 것은 쉽습니다. 그런데 이 구절에서는 누가 한마음과 한뜻이 되었다고 했습니까? '믿는 무리가' 한마음과 한뜻이 되었다는 것입니다. 그렇다면 믿는 무리는 누구일까요? 몇 명인가요? 정확하게 알 수는 없지만, 우리가 충분히 유추할 근거는 있습니다.

사도행전 2장 41절에 보면 베드로가 설교했더니 그날 하루에 구원받고 교회에 등록한 자가 3,000명이나 되었다고 이야기합니다. 47절에 말씀하시기를 그 믿는 무리들이 날마다 더해 갔다고 했습니다. 교제하고 기도하고 날마다 하나님을 찬양했더니 말입니다. 그러니까 벌써 수일이 지났습니다. 성경 학자들은 예루살렘 성도의 숫자를 대개 10만 명가량으로 잡습니다. 20만 명으로 잡는 사람도 있습니다. 아무튼 엄청난 숫자입니다. 그러니까 사도행전 4장이 기록되었을 때만 해도 족히 수만 명은 되었을 것입니다. 이 수만 명이 한마음과 한뜻이 되었다고 성경은 말씀해 주십니다.

우리는 늘 '하나 됨' 그러면 무엇을 생각하는가 하면 획일적인 '하나 됨'을 생각합니다. 모두가 함께 행동해야 된다는 거죠. 그래서 '새벽 종이 울렸네. 새 아침이 밝았네.' 그러면 벌떡 일어나야 합니다. 만약 그때까지도 퍼질러 자고 있다! 그러면 그는 불순분자입니다. 개인 사정이야 어쨌든 일어나야 합니다.

통금 사이렌이 "엥~!" 울리고 나면 빨리 가서 자야지, 그때도 돌아다니고 있는 사람은 반동입니다. 그래서 유치장에 집어넣습니다. 우리가 한때 이런 세대에서 자랐습니다.

우리가 생각하는 '하나 됨'은 획일적인 하나 됨입니다. 요즘은 햄버거도 먹고, 피자도 먹고 그러지만, 옛날의 우리 밥상을 한번 보십시오. 밥 그 옆에는 국, 가운데에는 김치, 그리고 반찬 한두 가지, 숟가락, 젓가락이 놓입니다. 어느 집에 가도 다 똑같습니다. 그런 것 말고 다른 것 먹는 사람은 외국인입니다. 한국 사람이 아닙니다. 밥을 먹어야 한다고 생각합니다. 획일적인 하나 됨입니다.

그래서 다른 사람이 나와 다르게 행동하는 것을 참지 못합니다. 보지를 못합니다. 옷도 똑같이 입어야 하고, 머리 스타일도 똑같아야 합니다. 밥 먹는 것도 비슷해야 하고, 걸음걸이도 심지어 똑같아야 합니다. 자는 모습도 똑같아야 합니다.

제가 지금도 잊을 수 없는 것이 있습니다. 군대 가면 자는 규칙을 가르쳐 줍니다. 손을 깍지 끼고 가슴에 얹습니다. 그 모습 그대로 자야 합니다. 자다가 옆으로 누웠다 하면 큰일 납니다. 고참 눈에 발견되는 날에는 실내화 고무신이 뺨따귀로 당장 날아옵니다. 자는 버릇이 나쁘다는 거죠. 꼬부리고 자든 엎드려 자든 그게 뭐 그리 대수겠습니까? 그런데 군대뿐 아니라, 우리 어릴 때는 어른들이 얼마나 자는 버릇에 대해서 이야기했는지 모릅니다.

이 획일성을 종교화한 것이 어떤 종교인지 아십니까? 그것이 바로 유교입니다. 유교를 자세히 들여다보면 그 유교의 뼈대는 획일성입니다. 그러면 왜 이렇게 많은 규제로 모든 사람을 똑같이 만드는 획일성을 가지려고 했는가? 그 동기는 단 하나입니다. 그 획일성을 통해서 다른 사람을 다스리려고 했던 것입니다.

유교에 얼마나 많은 규칙이 있는지 아십니까? 아버지에게 대하는 법, 자녀에게 대하는 법. 그 법칙들이 얼마나 많은지요! 장례 치를 일이 하나 생기면 그 시신 하나 치우는 데에도 얼마나 복잡한지 모릅니다. 우리 기독교가 기독교식 장례를 한다고 하지만 전혀 그렇지 않습니다. 그 내용을 들여다보면 다 유교식입니다. 아직도 너무나 많이 잔재해 있습니다.

유교식 장례를 연구해 보셨습니까? 거기서는 곡을 합니다. 슬프지도 않은데 손님이 오면 곡을 합니다. 그 곡이 한 가지가 아닙니다. 그냥 울면 그는 상놈입니다. 제 기억이 아마 맞는지 모르겠습니다. "아이고!" 그러면 부모님이 돌아가신 것이고, 남편이 돌아갔으면 "에이고!" 하며 울어야 합니다. 형제가 돌아가면 "으이고!" 하고 울어야지, 아버지가 돌아갔는데 "에이고! 에이고!" 이러면 상놈입니다.

이것 말고도 규제가 얼마나 많은지 모릅니다. 그 동기가 무엇인가? 규제를 통해서 그 획일성에 어긋나는 사람들을 차단함으로써 통치하기를 원했던 것입니다.

이것을 최초로 증명한 책이 '공자가 죽어야 나라가 산다' 입니다. 우리가 좀 다 읽었으면 좋겠습니다. 읽어 보시고 다음 사람에게 전해 주시기 바랍니다.

우리는 우리의 현 상황을 점검할 수 있어야 합니다. 무엇이 잘못되었는가, 무엇이 좋은가? 살필 수 있어야 합니다. 어느 것이 성경적이고, 어느 것이 비성경적인가를 살필 수 있어야 합니다. 획일성을 지나치게 강조하는 그 이면에는 항상 다른 사람을 통제하려는 욕망이 숨어 있기 마련입니다. 그런데 유교만 그런 것이 아닙니다.

기독교에도 이러한 획일성이 교묘하게 들어와 있습니다. 신앙을 가르친다는 교육의 모습으로 이 획일성은 이미 교회에 침투해 있습니다. 그 모양은 완전히 다릅니다. 겉으로는 둘이 친하지 않습니다. 그러나 그 이면에는 공통점이 있습니다. 지금 가장 대립되는 기독교의 두 가지 흐름은 하나는 신비주의요, 또 하나는 제자 교육입니다. 복음주의라고도 합니다. 그러나 이 두 가지 이면에도 획일성이 숨어 있습니다.

어느 기도원에 갔더니 아주 신령한 기도원 원장님이 계십니다. 기도했더니 내 병을 낫게 해 주고, 기도했더니 내 앞길을 다 알아맞힙니다. 그러면 어떻게 됩니까? 거기 한 번 갔다 온 신자는 아무것도 혼자서는 못 합니다. 집 한 채를 사도 그 사람과 의논해야 합니다. 자녀를 시집 보내도 "봄이 좋을까요, 가을이 좋을까요? 오늘 보낼까요, 내일 보낼까요?" 일일이 다 상의합니다.

소위 신령한 목사님이 계신 교회에 가 보십시오. 교인들은 그 영적인 권위에 꽁꽁 매여서 획일화되고 맙니다. 강대상에서 하는 목사의 말 한 마디가 하나님의 말입니다. 이것은 잘못된 것입니다. 그런 분위기에서 어떻게 목회자의 말을 거역할 수 있겠습니까? 목사도 실수가 있을 수 있습니다. 목사와 다른 의견을 가진 사람이 이 교회에는 무수히 존재해야 합니다. "목사님, 아닙니다"라고 이야기할 수 있어야 합니다. "안수 집사님, 아닙니다"라고 이야기할 수 있어야 합니다. 그래야 하나님의 뜻을 우리가 발견할 수 있습니다.

제자 교육은 어떻습니까? 신비주의와 제자 교육, 복음주의는 다릅니다만, 제자 교육에서도 마찬가지 현상이 일어나고 있습니다. 학생은 리더의 영향을 그대로 받습니다. 리더가 시키는 대로 해야 됩니다. "No"를 못 합니다. 리더와 모든 것들을 다 상의해야 합니다.

저도 제자 교육을 받아 보았습니다. 단점은 바로 그것이었습니다. 이 모든 공통점은 무엇입니까? 바로 율법주의입니다. 이것은 성경이 말하는 은혜 주의가 아닙니다. 겉으로는 하나님을 정말 잘 섬기는 것 같고, 겉으로는 굉장히 복음적인 것 같지만, 그 이면의 흐름을 이미 사단이 장난 치고 있는 것입니다. 그것은 하나님의 은혜와 전혀 상관이 없는 율법주의입니다. 율법주의는 우리 모두가 똑같이 행해야 된다고 이야기합니다. 같은 확신을 가져야 하고, 외모까지 같아야 한다고 주장합니다.

그러나 성경은 이러한 하나 됨을 절대 가르치지 않습니다. 성경의 하나 됨은 획일적인 하나 됨이 아닙니다. 다양성 속에서의 하나 됨입니다. 교회란 대량의 복제 인간을 생산하는 종교 산업이 아닙니다. 하나님의 창조한 자연계를 한번 보십시오. 하나님은 얼마나 창의성이 뛰어난

분이신지요! 하나님께서 창조하신 세계를 보십시오. 독수리를 만드셨고 나비를 만드셨습니다. 참새를 만드시고 풍뎅이를 만드셨습니다. 상어와 돌고래를 만드시고 피라미를 만드셨습니다. 고양이를 만드시고 개를 만드셨습니다. 개도 한 종류만 만드신 게 아닙니다. 진돗개와 셰퍼드와 치와와 등이 있습니다.

하나님이 쓰신 인물들을 한번 보십시오. 왕비의 신분으로 쓰임 받았던 에스더가 있는 반면, 창녀의 신분으로 쓰임 받았던 기생 라합이 성경에 기록되어 있습니다. 왕이 있는가 하면 농부 출신 아모스가 있습니다. 순종하는 선지자가 있었는가 하면 불순종한 요나가 있습니다.

그러나 성경이 무엇을 이야기합니까? 이 모든 사람들이 다 하나였다는 것입니다. 하나님께서 쓰신 하나의 도구였습니다. 모두가 똑같은 모습, 획일적인 하나가 아니라 다양성 속에서의 하나 됨을 성경은 강조합니다. 우리가 하나님의 은혜를 깊이 체험하게 되면 이 다양성 속에서 하나를 이룰 수 있다고 말씀합니다. 은혜라는 것이 무엇입니까? 은혜는 아무리 살펴봐도 내가 하나님 앞에 용납될 수가 없는 것입니다. 우리 마음을 보십시오. 얼마나 많은 죄를 짓습니까?

은혜를 깨달은 자는 다른 사람을 용납할 수 있습니다. 나와 다른 사람, 나와 다르게 말하는 사람, 내 의견에 대치되어 말하는 사람을 용납할 수 있습니다.

그래서 로마서 14장에서 바울은 이렇게 이야기합니다.

> 먹는 자는 먹지 않는 자를 업신여기지 말고 먹지 못하는 자는 먹는 자를 판단하지 말라 이는 하나님이 저를 받으셨음이니라 (롬 14:3)

왜 음식이 문제가 되었는가? 우상의 제물이기 때문입니다. 제사 드린 음식 정도의 문제가 아니라, 그 당시에는 이런 사정이 있었습니다. 그때 이방인들이 다 아테네 신전에서 제사를 지냈습니다. 그리고 아테네 이방 신전 제사장들이 있었습니다. 성도들이 주로 고기를 바쳤습니다. 자기 신 앞에 바칠 때 나쁜 고기 바치겠습니까? 제일 좋은 것으로 바치지 않겠습니까? 그걸 바쳤으면 그것으로 제사를 드려야 하는데 이 이방인 제사장들이 고기를 다 뒤로 빼돌렸습니다. 그리고 그것을 정육점에 푼 겁니다. 정육점에 갔더니 이방신에게 제사 지냈던 그 고기는 너무 너무 좋습니다. 그 대신 뒤로 빼돌린 고기니까 값이 싸죠. '한우 등심 한 근에 5,000원.' 그런데 다른 정육점 가면 '수입 고기 한 근에 8,000원' 이나 하는 것입니다.

이것이 문제가 되었던 것입니다. 사회 문제가 되니까 '이방인도 고기를 먹어도 되느냐, 마느냐?' 교회에서 논란이 많아졌습니다. 그때 사도 바울이 결정하여 말합니다.

"먹을 수 있다. 이 세상에 살아 계시는 하나님은 한 분이시다. 이 세상에 있는 모든 것은 다 하나님이 만든 것이다. 그러므로 믿음으로 먹어도 된다."

그러니 어떤 현상이 있게 되었는가? 먹는 자는

"야, 나는 믿음이 9단인데, 우상 고기도 못 먹어. 저 사람, 믿음이 초단도 안 되네, 초단도 안 돼"하면서 속으로 업신여깁니다. 그리고 신앙 1단짜리는 9단짜리를 보고 "야, 저 사람은 우상에게 드린 고기를 다 먹네. 이단이여, 이단."

사도 바울이 말하기를 먹는 자는 먹지 못하는 자를 업신여기지 말고, 먹지 못하는 자는 먹는 자를 판단하지 말라고 했습니다.

이 문제를 술, 담배와도 연관시킬 수 있다고 생각합니다. 서로 판단

하지 마십시오. 호주머니에 담뱃갑을 꽂은 사람들도 예배에 나오기를 바랍니다. 교회가 그런 아량이 있어야 합니다. 우리가 그들을 품어야 합니다. 담배 피우는 사람이 안 피우는 사람보다 꼭 도덕적으로 못하다고 생각하십니까? 그것은 잘못된 생각입니다.

사도 바울의 결론은 무엇입니까? 결국은 먹지 말라는 것입니다. 죄가 되니까 먹지 말라는 것이 아닙니다. '내가 고기를 참 좋아하지만 고기를 먹음으로써, 내가 고기 먹는 그것 때문에 다른 형제가 실족한다면 내가 고기를 영원히 먹지 아니하리라.' 결심한 것입니다.

술을 마시므로 실족할 사람이 있다면 술을 안 마셔야 합니다. 은혜를 받은 자는 서로 판단하지 말라는 것입니다. 무슨 이야기입니까? 나와 다른 사람과도 하나 됨을 유지해야 한다는 것입니다. 이것이 중요한 키(key)입니다. 오늘날 교회가 나와 다르면 다 잘라 버리고, 욕해 버리고 이렇게 교회가 갈라져 있습니다. 그것은 은혜 받은 자의 태도가 아닙니다. 참으로 하나님 앞에 은혜를 받은 자는 나와 생각이 다른 자와도 하나 됩니다. 나와 습관이 다른 자, 나와 취미가 다르고 직업이 다른 자, 나와 경제 능력이 다른 자, 나와 비본질적인 교리가 다르고 비본질적인 성경 해석 방법이 다른 자! 그와 내가 하나 될 수 있어야 합니다.

저는 해석학을 전공했는데 문자적 해석 방법을 믿는 사람입니다. 그러나 하나님께서 쓰신 유명한 사람들 중에는 어거스틴을 포함하여 우화적인 해석을 했던 사람들도 있습니다. 저는 그분들을 결코 정죄하지 않습니다. 이것이 중요합니다.

우리는 너무나도 쓸데없는 것 때문에 서로 정죄하다 보니 사단의 도구가 되어 싸웁니다. 참본질 때문에 싸움을 하는 교회를 몇 번이나 보셨습니까? 묵도를 해야 되느냐, 말아야 되느냐? 설교를 몇 분 해야 되느나? 예배를 어떻게 드려야 되느냐? 다 비본질적인 것 때문에 교파가 나뉘고 갈라지는 것입니다.

우리는 어떻습니까? 하나 되기 위해서 힘쓰십니까? 가족과 주위 사람들을 얼마나 용납하고 계십니까? 아무리 은혜 많이 받으셨다고 큰 소리쳐도 다른 사람과 하나 되지 못한다면 그 은혜는 가짜입니다. 다양성 속에서 하나 됨을 추구하고 있지 못하다면 그 은혜는 가짜입니다. 은혜 받은 자는 하나 되기를 힘씁니다.

## 믿음에 행함이

*

두 번째 은혜 받은 자의 특징은 믿음에 행함이 따른다는 것입니다. 기독교의 가장 큰 적은 안에 있습니다. 그중에서도 가장 위험한 적이 있다면 신앙의 관념화가 그것이라고 생각합니다. 신앙을 관념적으로 가졌기 때문에 실생활에 아무런 변화가 없습니다. 머리로는 다 압니다. 그러나 생활과는 상관이 없습니다. 입으로는 믿습니다. "아멘" 이렇게 이야기하지만 말뿐이요, 삶에 변화를 가져오지 못합니다. 그래서 교회에서는 감사하다가도 집에 가서는 불평합니다. 교회에서는 찬양하고 똑같은 그 입으로 세상에 가서는 되먹지 못한 소리들을 내뱉습니다. 신앙을 형식적인 성경 공부로 생각합니다. 신앙을 예배와 기도로 생각합니다.

교회에 와 앉아 있는 자체가 신앙이라고 생각하십니까? 그렇다면 50%밖에 맞히지 못한 것입니다. 물론 예배도 중요합니다. 성경 공부도 중요합니다. 기도도 중요합니다. 그러나 우리가 왜 예배드리고, 왜 성경 공부하고, 왜 기도드립니까? 가정에서 올바로 살기 위해서입니다. 직장에서 올바로 살기 위해서입니다. 교회에서는 십일조를 꼬박꼬박 바치는 사람이 직장에 가서는 세금을 밥 먹듯이 떼먹습니다. 그것은 은혜 받은 자가 아닙니다. 믿음에 행함이 없는 것입니다.

지난날의 뉴스들을 보십시오. 사고만 났다 하면 교회 장로입니다. 사고만 났다 그러면 안수 집사입니다. 제가 정말 부끄러워서 사표 내고 싶을 때가 있습니다. 목사직을 갖고 있을 수가 없을 정도입니다. 무엇이 잘못되었습니까? 삶과 신앙, 삶과 예배가 완전히 분리되었기 때문입니다. 교회생활 따로, 가정생활 따로, 직장생활 따로이기 때문입니다. 오죽 했으면 야고보 사도가 행함이 없는 믿음은 죽은 믿음이라고 이야기했을까요?

여기 믿는 무리가 있습니다. 이 믿는 무리의 삶이 어떠했습니까? 신앙인으로서 바랄 수 있는 가장 이상적인 모습이 가슴 뭉클하게 그려져 있습니다.

> 사도들이 큰 권능으로 주 예수의 부활을 증거하니 무리가 큰 은혜를 얻어 그 중에 핍절한 사람이 없으니 이는 밭과 집 있는 자는 팔아 그 판 것의 값을 가져다가 사도들의 발 앞에 두매 저희가 각 사람의 필요를 따라 나눠 줌이러라 (행 4:33~35)

이들에게는 믿음의 아름다운 행위가 따르고 있습니다. 믿음이 있고, 행위가 있습니다. 심지어 경제 행위까지도 신앙에 지배를 받았다고 본문은 증거합니다. 이것이 은혜가 넘쳐 흘러나온 사람의 모습입니다. 독일 말로 은혜를 '까베' 라고 합니다. 재미있는 것은 독일 말로 사명이라는 단어도 '아우프 까베' 입니다. 이 똑같은 까베라는 말인데, 그 뜻이 은혜요, 그다음은 사명입니다. '까베'를 직접 번역하면 '선물'이 됩니다. 그러니까 독일어의 은혜와 사명은 다르지 않다는 것입니다. 사명은 '아우프 까베' 즉 선물 뒤에 자동으로 따라오는 것입니다. 선물을 받았으면 당연히 그 뒤에 사명이 따라와야 합니다. 은혜를 받았으면 당연히 우리의 행위가 따라와야 합니다. 당연히 거기에 따르는 생활, 즉 '아우프 까베'가 있어야 한다는 것입니다. 이것이 성경이 강조하는 그리스도인의 삶입니다.

부흥회 가서 눈물 흘리고 은혜 받았다고 이야기합니다. 예배 시간에 은혜 받았다고, 은혜스러웠다고 이야기합니다. 그러나 돌아가서 가정에 가서는 삶에 변화가 전혀 없습니다. 아이들에게 소리 지르는 것도 여전하고, 남편에게 바가지 긁는 것도 여전하고, 마누라 구박하는 것도 여전합니다. 그것은 참은혜가 아닙니다. 절대 아닌 것입니다.

은혜 받았는가를 알기 원하십니까? 지난 몇 해 동안 자신의 가정생활을 점검해 보십시오. 배우자에게 성적표를 매겨 달라고 한번 해 보십시오. 믿기 전, 10년 전이나 아무런 변화가 없습니까? 그러면 전혀 은혜 받은 것이 아닙니다. 자녀들에게도 성적표를 내 달라고 해 보십시오.

은혜 받은 자는 하나 되기를 힘쓸 뿐 아니라 믿음에 행함이 반드시 따라옵니다.

## 이기심이 사라진다

\*

마지막으로 은혜 받은 자의 특징은 이기심이 사라진다는 것입니다.

> 믿는 무리가 한마음과 한뜻이 되어 모든 물건을 서로 통용하고 제 재물을 조금이라도 제 것이라 하는 이가 하나도 없더라 (행 4:32)

무슨 말씀입니까? 이기심이 다 사라진 것입니다. 욕심과 탐심이 다 없어진 것입니다. 사실 은혜를 깊이 깨달으면 이것은 어쩌면 당연한 일인지도 모릅니다. 왜냐하면 은혜라는 것이 무엇입니까? 내가 한 것이 아니지 않습니까? 내 것이 아니지 않습니까? 사실은 내 것이 어디 있겠습니까? 다 하나님께서 주신 것입니다. 우리는 태어날 때 빈손으로 태어났습니다. 지금 있는 것은 하나님께서 내게 맡기신 것입니다. 물질은 나만을 위해서 있는 것이 아닙니다. 함께 쓰라고 주신 것입니다. 그래서 "제 재물을 조금이라도 제 것이라 하는 이가 하나도 없더라"라고 기록하고 있습니다. 이 얼마나 아름다운 모습입니까?

우리나라는 '내 것'이라는 개념이 너무나 강합니다. 그저 '내 것', '내 자식', '내 집', 나밖에 모릅니다. 테두리가 딱 정해져 있습니다. 가족에게 물어보면 불평이 무엇입니까? 우리 아버지는 자기만 안다고 합니다. 그 가정 바깥의 사람에게 물어보면 문제가 무엇인지 금방 알 수 있습니다. 저 사람은 자기 집만 안다고 합니다. 내 것뿐입니다. 은혜 받은 자의 태도가 아닙니다. 은혜 충만한 사람의 세계는 전혀 그렇게 될 수 없습니다. 내 것을 내 것이라 하지 않습니다. 하나님이 잠시 내게 맡긴 것에 불과합니다. 하나님이 쓰라고 하신 곳에 다 내놓게 됩니다. 이것이 은혜 받은 자의 삶의 태도입니다.

혹시 이기적 생각에 노예가 되어 있습니까? 물질을 꽉 움켜쥐고 놓지 못하는 것처럼 불쌍한 노릇은 없습니다. 어떤 사람은 그 많은 것 가지고 먹지도 입지도 못하고 그대로 세상을 떠납니다. 참 딱한 노릇 아닙니까? 어떤 사람은 그 많은 재물 가지고도 내 몸, 내 자식만 위하다가 이 땅을 떠나갑니다. 참 불쌍한 노릇입니다. 왜 그렇습니까? 언젠가 하나님께서 우리에게 맡기신 것을 다 심판할 날이 있다고 말씀하시기 때문입니다.

달란트 비유를 보십시오. 내 것만 알고 땅에 묻어 둔 사람을 향해서 하나님은 뭐라고 꾸짖으셨습니까? "그 무익한 종을 바깥 어두운 데로 내어 쫓으라 거기서 슬피 울며 이를 갊이 있으리라"(마 25:30). 꼭 기억하시기 바랍니다.

내 것입니까? 은혜를 받고 나면 내 것이 아닙니다. 자식도 내 것이 아니요, 물질도 내 것이 아니요, 시간도 내 것이 아닙니다. 다 내 것이 아닙니다. 그럼에도 불구하고 얼마나 많은 사람들이 이기심의 노예가 되어 이 세상을 살아가는지 모릅니다.

제가 미국에 가서 하나 발견한 것이 있습니다. 참 이상했습니다. 건물마다 사람 이름이 붙어 있는 것입니다. '이게 무얼까? 왜 사람 이름을 저렇게 써 놓았을까?' 무슨 단체 이름을 봐도 사람 이름이 그렇게 많습니다. 심지어 배 이름까지도 사람 이름이 붙어 있습니다.

우리 한국을 드나드는 배 이름 가운데 유명한 '프린스턴 호'라는 배가 있습니다. 그가 누군지 아십니까? 프린스턴이라는 사람이 선박을 많이 갖고 있었습니다. 그리스도인이었는데 그가 이 땅을 떠나면서 그 배를 자선 단체에 다 기증했습니다. 그리고 그 배에서 나오는 수익금은 모두 불쌍한 사람을 돕도록 그렇게 했습니다. 그래서 그 배 이름이 '프린스턴 호'입니다.

얼마나 많은 사람들이 자선 단체에 기부하고 있는지 모릅니다. 고아원을 세우고, 교회에 헌금합니다. 그래서 교회는 구제 사업을 통해 늘

도와줄 돈이 풍족합니다. 우리 한국이 굶을 때 미국이 우리를 도와주었습니다. 옷으로 도와주고, 양식으로 도와주었습니다. 그들이 누구입니까? 95%가 믿는 그리스도인들로 그렇게 했던 것입니다. 왜? 내 것이 아니니까요! 내가 관리하다가 마지막 이 땅을 떠날 때 하나님 앞에 다 돌려 드려야 하기 때문입니다.

뉴욕에 가면 누구나 다 알 만한 소문이 하나 있습니다. 유산에 관한 것인데 유대인과 한국인의 차이를 이렇게 비유했습니다. 유대인은 자녀들에게 돈 버는 법을 유산으로 남겨 줍니다. 어떻게 하면 돈을 벌 것인가? 그런데 한국 사람은 돈을 유산으로 남겨 줍니다. 각각 특징이 다릅니다. 유대인은 아버지의 사업이 2대, 3대 내려갈수록 점점 더 번성하고 강해집니다. 그러나 한국 사람은 2대, 3대까지 잘 가는 재벌이 없습니다.

돈 버는 법을 가르치지 않고 돈을 맡기기 때문입니다. 그 돈을 어떻게 할 줄 몰라서 사업하다가 부도 맞는 사람, 쾌락에 탐닉해서 인생을 다 망쳐 버린 사람. 그래서 미국 정치가들이 "한국 사람은 걱정할 게 없다. 마음대로 돈 벌게 둬라. 왜? 저들은 2대를 못 간다" 이야기 합니다. 미국에 한 10년 살다 보면 그 분위기를 금세 알 수 있습니다. 얼마나 멸시당하는지 모릅니다.

마르틴 루터는 진정한 그리스도인, 참으로 은혜를 받은 자에게 세 가지 특징이 나타난다고 이야기했습니다. 첫 번째는 가슴에서 변화가 일어나야 한다. 두 번째에는 정신의 변화가 일어나야 한다. 그런데 마지막 유명한 세 번째 변화는 바로 지갑에 변화가 일어나야 한다고 말했습니다. 참으로 일리 있는 말입니다.

성경에서는 700번 이상이나 재물에 대해 말씀하셨습니다. 예수님도 숱하게 재물을 강조하셨습니다. 왜 그렇습니까? 돈 가치가 중요해서 일까요? 아닙니다. 돈에 대한 우리의 태도를 보면 하나님의 은혜를 우리가 얼마나 만끽하고 있는가를 알 수 있기 때문입니다.

은혜를 많이 받았다고 이야기합니다. 하나님이 나를 부자로 만드셨다고 이야기합니다. 그러면서도 십일조도 제대로 못 바치는 사람이 있습니다. 부들부들 떱니다.

정말 나 자신이 하나님의 은혜를 받고 있는가, 아닌가를 알기 원하십니까? 그러면 간단한 방법이 하나 있습니다. 지난 한 해 동안 자신의 수입의 몇 %를 남을 위해 쓰셨습니까? "목사님, 제가 이렇게 교회에서 충성했는데요?" 아니요! 수입의 몇 %를 다른 사람을 위해 내놓았는가?

오늘 우리 한국 교회는 이런 면에서 너무나 수치스럽습니다. 내 것만 압니다. 왜 신앙생활을 열심히 하는가? 왜 교회에 열심히 출석하는가? 많은 재물을 받기 위해서입니다. 하나님이 내게 맡기셨으니까 내 것이 아닙니다. 불쌍한 사람들을 위해 내놓고 베풀어야 합니다. 이것이 한국 교회는 부족합니다.

이번 수양회를 가면서 저는 회비를 받지 않기로 했습니다. 1인당 60,000원의 경비가 듭니다. 올해 국민일보와 부산일보를 보니까 4인 한 가족의 여름 휴가비가 43만원이라고 나왔습니다. 우리 교회는 그것 절반밖에 되지 않습니다. 24만원입니다. 그러나 저는 받지 않기로 했습니다. 몇몇 집사님들이 걱정을 합니다. "목사님, 자원하는 헌금으로 했다가 안 나오면 어떡하게요?" 안 나오면 안 나오는 대로 좋습니다. 저는 앞으로도 계속 이렇게 하고 싶습니다. 왜 줄 아십니까? 돈보다 더 귀한 교훈이 여기에 있기 때문입니다. 많이 가진 자는 많이 내십시오. 없는 자는 내 책임이 아니라 하지 마시고 그 가운데서 최선을 다하십시오. 하나님께서 내게 맡기신 것이 좀 많다고 생각되면 다섯 명, 열 명, 스무 명을 책임질 수 있지 않겠습니까?

사도행전 4장 32절에 자기의 재물을 다 팔아서 사도들 앞에 내놓은 다음 한 명도 제 재물이라고 주장하는 사람이 없었다고 이야기합니다. 오늘 한국 교회는 이 부흥이 일어나야 합니다.

우리 교회는 꾸준히 사랑의 헌금이 들어오고 있습니다. 지금까지 사랑의 헌금이 모자라 본 적이 없습니다. 참 감사한 일입니다. 올해 들어서 돕는 숫자가 점점 늘어나고 있습니다. 우리가 지금 1개월에 수백만 원씩 가난한 사람들을 정기적으로 돕고 있습니다. 동회에서 추천한 사람들에게 생활비를 대 드리고, 정보에 따라 수만 원, 수십만 원에 이르기까지 돕고 있습니다. 한 번도 모자라 본 적 없습니다.

하나님의 은혜를 받으셨습니까? 정말 하나님의 은혜를 받았다면 오늘 이 세 가지 특징이 우리 삶에 있기를 기도합시다. 하나 되기를 힘써야 합니다. 믿음에 행함이 따라야 합니다. 그리고 우리 마음속에 이기심이 사라져야 합니다.

말씀에 순종하여 엄청난 은혜를 받은 우리 안에 은혜 받은 모습이 넘쳐나야 합니다. 내 가정에 속한 가족들이, 주위 사람들이 내가 은혜 받았음을 보고 알 수 있어야 합니다. 나의 재물이 하나님의 도구로 쓰임 받으시기를 소원하십시오.

# 14

## 격려의 사람을
## :: 찾습니다 ::

사도행전 1 | 제 14 장

# 격려의 사람을
# 찾습니다

구브로에서 난 레위족인이 있으니 이름은 요셉이라 사도들이 일컬어 바나바(번역하면 권위자)라 하니 그가 밭이 있으매 팔아 값을 가지고 사도들의 발 앞에 두니라　**행 4:36, 37**

*저는 얼마 전에* 가야 2동을 지나가다가 한 어린아이를 만나게 되었습니다. 초등학교 4학년, 5학년 정도 된 아이가 담벼락에서 울고 있었습니다. 그런데 그 울음소리가 얼마나 처량하게 들리던지 제가 그냥 지나칠 수가 없었습니다. 다가가서 왜 그러는지 물어도 이야기를 잘 안 합니다. 그래서 잘 구슬렸습니다. "무슨 일이 있니? 왜 우니?" 물으니 그 아이가 이야기를 하기 시작합니다.

아침에 학용품을 사기 위해서 부모님에게 돈 5,000원을 타 가지고 나왔는데 그만 그것을 잃어버렸다는 것입니다. 그래서 학용품을 사지 못하고 집에 들어갔는데, 아버지가 그 이야기를 듣더니 "이 멍청한 놈같으니라고!" 화를 버럭 내면서 주먹으로 애 뒤통수를 때렸습니다. 이 애가 돈 잃은 것보다도 아버지에게 꾸중 듣고 맞았다는 사실이 너무나 낙심이 되어서 그렇게 울고 있었던 것입니다. 아이 머리를 만져 보니 혹이 큼직하게 나 있었습니다.

제가 참 마음이 아팠습니다. '도대체 어떤 부모이기에 돈 5,000원 잃은 것 때문에 아이 머리에 이렇게 혹까지 내면서 야단쳐야 했는가!'

제가 그 아이를 위로하고 걸어 올라가는데 저의 어릴 적 시절이 생각났습니다. 저도 어릴 때 비슷한 경험을 했습니다. 시골에서는 삽이 귀합니다. 하루는 학교에서 삽을 가져오라는 것입니다. 우리 집에는 삽이 3개 있었습니다. 부모님은 그중에서 헌 것을 가져가라고 하셨습니다. 제가 부득부득 우기면서 말을 안 듣고 제일 새것으로 가져갔습니다. 그 새것이 너무 좋았던지 누가 가져가고는 돌려주지를 않는 것입니다. 얼마나 걱정이 되는지요? 그 당시에 삽은 굉장히 귀한 것이였습니다. 비싸기도 했고요. '이걸 어떻게 하나?' 아버지께는 이야기할 용기가 없어서 어머니께 말씀을 드렸습니다. 하여튼 그때 저의 모든 통로는 어머니였습니다. 제가 가슴을 졸이면서 너무 당황한 기색으로 어머니에게 삽을 잃어버렸다고 이야기하니까 저의 어머니 왈, "괜찮아. 삽은 다시 사면 되지, 뭐." 답변이 너무 쉬웠습니다. 그 말이 지금도 잊히질 않습니다. 그렇지 않습니까? 사면 되지 않습니까? 제가 어른이 되어 보니 정말 그렇겠더라고요. 사면 됩니다. 어머니가 아버님에게 뭐라고 말씀을 드렸는지 아버님이 퇴근하고 오셨는데도 저에게 아무 말씀이 없으셨습니다. 며칠 후 장날에 가서 새것을 또 하나 사 놓으신 것을 볼 수 있었습니다. 그때까지도 아버님은 저에게 아무 말씀 안 하셨습니다.

부모님께서 베풀어 주신 그 사랑이 제 마음에 얼마나 격려가 되고 위로가 되었던지 지금도 마음에 남아 있습니다. 제가 그날 걸어 가면서도 그 생각이 났습니다. 그 아이가 불쌍하고 참 안돼 보였습니다.

최근에 누군가로부터 따뜻한 위로와 격려를 받아 본 적이 있습니까? 배우자든, 자녀든, 부모든, 직장 누구에게서든 진심으로 용기를 심어 주는 따뜻한 격려를 최근에 받아 보신 적 있으신가요? 만일 그렇다면 정말 행복한 사람입니다.

우리는 지금 비판과 정죄가 난무한 세대에 살고 있습니다. 신문을 펴면 거기에는 온통 비판의 글들이 가득합니다. 학생들은 교사를 비판하고, 고용인들과 고용주들은 서로의 잘못을 지적합니다. 인터넷에 기사 하나가 뜨면 그 밑에는 여러 비판과 비난이 가득한 악성 댓글들이 무수히 달립니다. 그래서 그것이 자살의 원인이 되기도 합니다. 국민들은 지도자들을 비난하고, 지도자들은 서로에게 책임을 떠넘기기에 급급합니다. 그 어디에도 따뜻한 위로는 찾아보기 힘든 것 같습니다. 사람과 이 사회를 세우는 격려의 사람은 참으로 찾아보기가 어려운 시대입니다.

누가 이 척박한 세상에서 위로할 수 있겠습니까? 누가 정죄의 화살을 맞고 남몰래 신음하는 자들을 찾아가 치료할 수 있단 말입니까? 하나님은 우리에게 귀한 명령을 내리십니다. 우리가 바로 그 격려의 사람이 되어야 한다고 말씀하십니다. 사도행전 4장 36절에 굉장히 멋진 별명을 가진 한 사나이가 등장합니다. 그의 별명이 얼마나 멋졌던지 그는 그의 이름으로 알려지기보다는 별명으로 더 많이 알려져 있습니다.

> 구브로에서 난 레위족인이 있으니 이름은 요셉이라 사도들이 일컬어 바나바(번역하면 권위자)라 하니 (행 4:36)

그의 원래 이름은 요셉이었습니다. 그러나 사도들이 그들에게 붙여준 별명이 있습니다. 그것이 너무나도 유명해져서 우리는 그를 요셉이라고 알지 아니하고 오히려 바나바라고 알고 있습니다. 바나바의 뜻을 아십니까? 권위자! 권할 권(勸)자, 위로할 위(慰)자, 아들 '자'(子)자입니다. 즉 격려의 아들이라는 뜻입니다.

그가 도대체 어떤 삶을 살았기에 격려의 아들이라는 별명을 얻었을까요? 요셉은 구브로에서 태어난 사람이라고 나와 있습니다. 팔레스타인에서 자라 온 유대인이 아닌 외국에 거주하는 유대인이었습니다. 레위 족이었지만 제사장도 아니요, 선지자도 아니요, 사도는 더욱 아니었습니다. 그는 보통 레위인으로서 우리와 같은 평신도에 지나지 않았습니다.

그러나 사도행전을 읽다 보면 바나바는 초대 교회에서 사도 바울 버금가는 중요한 지도자의 위치에 있음을 발견하게 됩니다. 무엇이 평범한 사람을 그토록 위대한 바나바로 만들었을까요? 아무도 알아주지도 않던 바나바를 무엇이 그토록 위대한 지도자로 세워 놓았습니까? 사도행전은 다름 아닌 바나바가 살았던 격려의 삶이 너무나도 놀라웠기 때문이라고 이야기합니다. 그래서 사도들은 그를 원이름보다는 격려자라는 별명으로 불렀습니다.

오늘 우리에게 이 바나바의 별명을 가진 자들이 필요합니다. 우리의 가정에 그러한 사람들이 필요합니다. 부모 자녀 간에 그러한 자가 필요합니다. 이 교회에, 이 사회에 그러한 자들이 필요합니다.

그렇다면 과연 우리가 어떻게 살아갈 때 이러한 격려자가 될 수 있을까요? 격려자의 별명을 가지고 한 교회를 세울 뿐만 아니라, 이 시대를 격려하며 세우는 위대한 지도자가 될 수 있겠는가?

## 이웃의 필요를 먼저 채우라

*

격려의 사람은 자신의 필요보다 다른 사람의 필요를 먼저 생각합니다.

> 그중에 핍절한 사람이 없으니 이는 밭과 집 있는 자는 팔아 그 판 것의 값을 가져다가 사도들의 발 앞에 두매 저희가 각 사람의 필요를 따라 나눠 줌이러라 (행 4:34, 35)

예루살렘 교회에 있던 수많은 성도들이 자기들의 재산을 팔아서 구제에 쓰라고 하나님 앞에 헌금했습니다. 그런데 왜 유독 바나바의 이름만 기록되었을까요? 물론 다른 모든 성도들도 구제 헌금에 동참했을 것입니다. 그러나 바나바가 가장 모본이 될 만큼 성실하게 봉사했기 때문이라고 봅니다.

예루살렘 교회에는 성령의 역사로 굉장한 부흥을 맛보았습니다. 짧은 시간에 많은 교인이 몰려들었습니다. 교회가 성장한다고 그 교회에 문제가 없는 것은 아닙니다. 예루살렘 교회도 마찬가지였습니다. 수많은 교인들이 한꺼번에 들어오다가 보니 거기에는 많은 필요와 문제가 있었습니다.

특별히 그 당시 역사서를 읽어 보면 사도행전에 나타난 예루살렘 교회는 참으로 가난한 교회였음을 알 수 있습니다. 아니, 가난한 사람들이 많았습니다. 로마의 속박해서 수없는 세월을 눌려 지내 왔기 때문입니다. 그들이 복음을 듣고 교회 안으로 몰려들기 시작했습니다.

당장 교회 안에 문제가 생깁니다. 가난한 사람들을 위해 교회가 무엇을 어떻게 해 주어야 하는가? 그래서 사도행전 6장에 보면 구제에 대한 문제가 교회 안에 일어나는 것을 볼 수 있습니다. 바나바는 바로 이 교회의 필요를 보았습니다. 그래서 자기의 소유 밭을 팔기 시작했습니다. 그리고 그 밭을 판 전부를 교회 앞에 100% 내놓았다고 말씀합니다. 바나바가 자기 밭을 내놓은 이유는 어떤 공명심에 사로잡힘이 아니었습니다. 자기가 필요치 않아서 넉넉한 가운데 바친 것도 아닙니다. 그가 자기 소유를 판 단 하나의 이유는 가난한 자들에게 조금이라도 격려가 되기 위함이었습니다.

아주 어려울 때 정말 사랑의 돈 얼마를 받아 보셨습니까? 또는 주어 보셨나요? 저는 지금도 기억합니다. 참으로 어렵게 유학 생활을 하고 있던 어느 날 저의 메일 박스를 열어 보게 되었습니다. 우리 학교는 약 2,000명이 있는데, 그 수대로 2,000개의 개인 메일 박스가 있었습니다. 지금도 저는 그 번호를 외웁니다. 1156번! 그 비밀번호는 저만 압니다. 크리스마스 전날, 제가 메일 박스를 열었더니 거기에 돈 50불이 들어 있었습니다. 우리 집사람과 좋은 식사를 하라는 짧은 글귀만 있을 뿐, 누가 보냈는지 이름은 남기지 않았습니다. 돈 50불이 뭐, 그리 크겠습니까? 우리나라 돈으로 약 50,000원 아닙니까? 그러나 돈 50,000원이 문제가 아닌 것입니다. 제가 얼마나 큰 격려를 받았는지 모릅니다.

그 이후로 저도 그러한 삶의 모본을 따라했습니다. 제가 조금이라도 용돈에 여유가 생기면 제 눈에 어려워 보이는 학생들에게 제 이름을 적지 않은 카드와 함께 메일 박스에 넣어 주곤 했습니다. 그리고는 그 학생을 관찰해 봅니다. 얼굴이 확 피어납니다. 돈 몇 십 불이 그의 삶을 풀어 주었기 때문일까요? 아니요! 그의 생활은 여전히 어렵습니다. 그러나 그의 마음속에 격려가 된 것입니다.

바나바는 바로 이것을 알았던 것입니다. 바나바가 밭을 팔아 내놓는다고 무슨 큰 경제적인 보탬이 되겠습니까마는, 그 수만 명의 교인들, 그들을 격려하기 위해서 자기의 소유를 과감하게 팔았던 것입니다. 왜 바나바라고 필요가 없었겠습니까? 왜 돈이 쓸 데가 없었겠습니까? 그에게도 가족이 있었습니다. 누리고 싶은 마음도 있었고, 취미생활도 하고 싶고, 저축도 해야 하고, 쓸 곳이 많았을 것입니다. 그러나 그는 그러한 자기의 필요를 채우기 전에 먼저 다른 사람의 필요를 채우기를 원했습니다. 그래서 그는 바나바라고 별명을 얻게 되었습니다. 한 번, 두 번이 아니었을 겁니다. 늘 다른 사람의 필요를, 늘 다른 사람의 부족함을 발견하기 위해 노력했습니다.

격려의 사람은 이렇게 언제나 자기의 필요보다 다른 사람의 필요를 바라봅니다. 이 세상에는 언제나 두 부류의 사람이 있습니다. 늘 자기만 생각하는 사람, 음식을 먹어도 늘 자기가 좋은 것을 먹어야 합니다. 잠자리가 좋은 데 있으면 늘 자기가 먼저 차지해야 합니다. 무엇이든지 자기가 먼저 좋은 것을 취하고, 그다음에 남은 것을 다른 사람에게 줍니다.

그런 사람이 있는가 하면 언제나 나의 필요보다는 다른 사람의 필요를 생각하는 사람이 있습니다. 자기에게 부족함이 없기 때문에 다른 사람을 돌아보는 것이 아닙니다. 자기에게 필요한 것이 없어서 자기 소유를 내놓은 것이 아닙니다. 자기의 필요를 다 채우고 난 다음 남은 것으로 도운 것이 아니란 말씀입니다. 그러한 사람은 격려의 사람이 아닙니다. 나도 쓸 곳이 많고, 나도 필요한 것이 많습니다. 그러나 과감하게 내 것을 희생하고 다른 사람을 위해 내놓을 때 그것이 비록 적은 것이라 할지라도 다른 사람에게 큰 격려가 됩니다. 진정한 의미에서의 격려의 삶은 소유의 문제가 아닙니다. 태도의 문제입니다. 얼마나 가졌는가보다는 어떤 태도를 가졌느냐가 중요합니다.

우리 교회는 지금 사랑의 헌금을 계속하고 있습니다. 우리 교회에는 노란 봉투가 있습니다. 거기에 넣은 헌금은 교회에서 100% 다른 가난한 사람들을 위해 그대로 쓰입니다. 정기적인 사람과 비정기적인 사람 합쳐서 지금 약 20여 명의 사람들이 우리 교회에서 구호를 받고 있습니다. 그 전액 모두가 이 사랑의 헌금에서 나옵니다. 그런데 누가 그 사랑의 헌금을 하는가? 제 눈길을 끄는 것은 '이 사람은 정말 자기 형편만 해도 어려울 텐데, 너무 쓸 곳이 많을 텐데.' 그런 사람들이 과감하게 내놓는 것을 봅니다. 결혼반지를 팔고, 적금을 깹니다. 어려운 가운데서 남을 위해 내놓는 것입니다. 그 돈이 얼마든지간에 그것이 우리 성도들에게 얼마나 큰 격려가 되는지요? 내가 무엇을 얼마나 가졌느냐가 문제가 아닙니다. 문제는 '내가 어떤 태도로 삶을 살아가느냐?' 입니다.

당신은 어떻습니까? 지난 한 해 동안, 아니 지난 수개월 동안 누구를 돌아보신 적이 있습니까? 누구를 진심으로 격려해 보신 적이 있는지요? 우리가 다른 사람들의 필요를 돌아볼 때 놀라운 기적이 우리 가운데 생길 수 있다고 성경은 말씀합니다.

그래서 주님은 "주라 그리하면 너희에게 줄 것이니 곧 후히 되어 누르고 흔들어 넘치도록 하여 너희에게 안겨 주리라"라고 말씀하셨습니다 (눅 6:38). 하나님은 주는 자를 결코 그냥 두지 않으십니다. 하나님께서 그의 생활을 풍요롭게 간섭하실 줄 믿습니다.

이 세계에서 남을 가장 많이 돕는 나라가 미국입니다. 하나님께서 그 나라를 축복하셨습니다. 그러나 이기적인 나라, 이기적인 개인은 자기만 망할 뿐만 아니라, 모든 사람을 망하게 합니다. 오늘날 우리 사회는 격려의 사람이 필요합니다. 나의 필요보다는 남의 필요를 돌아보는 사람이 필요합니다. 나의 이웃에게 부족한 것이 무엇인가를 돌아보는 그러한 바나바가 필요합니다.

## 이웃을 믿으라

*

두 번째로 격려의 사람은 이웃을 믿습니다. "아니, 목사님! 사람을 믿으라니 차라리 우리 집 개를 믿지요." 요새 민심이 그렇습니다. 사람들이 왜 개를 좋아하는지 아십니까? 개는 배신을 안 하기 때문입니다. 개가 배신하는 것 보셨습니까? 복날이 되면 오히려 사람이 개를 배신합니다. 그렇게 예뻐하다가도 하루아침에 단칼에 배신합니다.

그러나 바나바의 삶을 통해서 하나님이 말씀하시는 것은 우리가 격려의 삶을 살기 위해서는 사람을 믿어 주어야 한다고 이야기하십니다. 사도행전 9장에 보면 젊은 청년이 등장합니다. 그가 예수 믿는 사람들을 감옥에 가두기 위해서 다메섹으로 갑니다. 그는 예수 믿는 사람이라 그러면 당장 잡아다가 옥에 집어넣어야 직성이 풀리는 사람입니다. 그날도 다메섹으로 가고 있는데 예수님께서 나타나셨습니다.

"주여, 뉘시오니이까?"

"나는 네가 핍박하는 예수다." 그 이후로 사울은 변했습니다. 복음을 전하기를 원했습니다. 그런데 성도들과 교제하고 그들과 복음을 나누고 전하고 싶은데 누구 하나 자기를 믿어 주지 않습니다. 사울이 워낙 악하게 굴었기 때문입니다. '아마 저 사람이 들어와서 우리 예수 믿는 사람들이 누구인지 알아보고 감옥에 끌고 가려는가 보다. 스파이가 아닐까?' 아무도 믿어 주지 않습니다.

사도 바울이 얼마나 외로웠겠습니까? 그때 놀라운 사람이 한 사람 등장하는데 그가 어떤 말을 하는지을 보십시오.

> 사울이 예루살렘에 가서 제자들을 사귀고자 하나 다 두려워하여 그의 제자 됨을 믿지 아니하니 바나바가 데리고 사도들에게 가서 그가 길에서 어떻게 주를 본 것과 주께서 그에게 말씀하신 일과 다메섹에서 그가 어떻게 예수의 이름으로 담대히 말하던 것을 말하니라 (행 9:26)

신기하지 않습니까? 사울이 길에서 주님 만난 사건을 바나바가 어떻게 알까요? 그 자리에 있었나요? 아닙니다. 그런데 길에서 예수님 만난 일을 압니다. 사울이 예수님을 마음에 영접한 것을 압니다. 그래서 바나바가 지금 예루살렘 성도들 앞에서 사울 대신 이야기를 해 주고 있습니다. 왜 이렇게 할 수 있습니까? 바나바가 사울을 믿어 주었기 때문입니다.

그가 와서 자기에게 간증을 하는데 들어보니까 믿어 주고 싶었습니다. 도와주고 싶었습니다. 그래서 그를 믿어 주고, 그의 말을 믿어 줍니다. 사울이 아무리 이야기해도 교인들이 믿지 않으니까 바나바가 사울 대신 이야기를 해 준 것입니다. 성도들이 바나바의 인격을 아니까 그제야 사울을 받아들이기 시작합니다.

이 세상에 살면서 누가 가장 고맙습니까? 뭐니 뭐니 해도 나를 믿어 주는 사람 아니겠습니까? 아내가 저에게 무엇을 해 줄 때 가장 고마운가? 저는 먹기를 좋아합니다. 맛있는 요리를 해 줄 때 고마워합니다. 우리 집사람이 피아노를 쳐서 손이 맵습니다. 제가 피곤하면 그 귀한 손으로 저에게 안마를 해 줍니다. 고맙습니다. 그러나 요리를 잘하거나 안마를 해 주는 것보다 몇 백 배 더 고마운 것은 저를 믿어 주는 것입니다. 제가 얼마나 믿지 못할 사람입니까? 미더울 게 뭐 있겠습니까? 그런데 아내는 저를 너무너무 잘 믿어 줍니다. "당신은 목회 잘할 수 있어. 당신은 훌륭한 목사가 될 수 있어." 그래서 저도 대꾸해 줍니다. "그래, 여보! 당신은 훌륭한 주방장이 될 수 있어. 제가 이렇게 믿어 줍니다. 믿어 주었더니 요리를 더 잘합니다.

믿어 주는 부모 밑에서 훌륭한 자식이 자라납니다. 가만히 관찰해 보십시오. 지식이 많은 부모, 훌륭한 부모 밑에서는 훌륭한 자녀가 계속해서 나오지 못합니다. 왠지 아십니까? 아는 것이 많으면 의심을 많이 하기 때문입니다.

옛날 부모님들은 어떻습니까? 농촌에서 아들이 어떻게 공부하는지 아무것도 모릅니다. 그래서 유학 간 아들이 가끔 거짓말을 해도 모릅니다.

"어머니, 등록금이 필요합니다. 책을 사 봐야 합니다." 그 어머니는 쌀 팔아 부쳐 주면 아들이 그걸 가져다가 술을 마십니다. 그런데 시골의 부모는 전혀 모르니까 '공부하는데 돈이 이렇게 많이 드나 보다.' 쌀을 팔고 밭을 팔고 다 팔아서 도와줍니다. 그런데 그런 거짓말도 한두 번이지, 그 돈들을 떼먹고 잘못 쓰고 하다 보면 어머니의 지성으로 보내오는 쌀만으로 견딜 수 있습니까? 그래서 자기 스스로 회개합니다. 나중에는 훌륭한 사람이 나옵니다.

그러나 항상 감시하는 눈초리 속에서 자란 자녀들은 어떻습니까? 어떤 부모는 학교에 스파이를 보내서 도청까지 한다고 합니다. 그러지 마십시오. 우리는 다른 사람을 믿어 주어야 합니다. 얼마큼 어디까지 믿어 주어야 합니까?

베드로가 예수님께 나와 질문합니다. "형제가 죄를 범하면 몇 번이나 용서해 주어야 합니까?" 일곱 번뿐 아니라 일흔 번씩 일곱 번이라도 잘못하고 찾아와서 잘못했다고 말하면 그 사람을 믿고 용서해 주라고 말씀하셨습니다 (마 18:22).

오늘 우리 사회는 너무나도 사람을 믿어 주지 않습니다. 내가 변했다 그래도 믿어 주지 않습니다. 내가 회개했다 그래도 믿어 주지 않습니다. 이것이 문제입니다. 그래서 한 번 잘못한 딱지를 떼려면 10년 이상 걸립니다. 그러니 10년 동안 못 참다가 어떻게 합니까? '이왕에 나를 의심하는데, 그래, 네 소원대로 살아 주마' 하면서 남편이 뛰쳐나가고, 자녀가 뛰쳐나가는 것입니다.

저는 때로 알고도 속아 줍니다. 저는 그걸 배웠습니다. 제가 모를 것 같지만, 참 예민한 사람입니다. 성도들과 관계하면서 알고도 속아 줍니다. 알고 속아 줄 때 얼마나 기분이 좋은지 아십니까? 모르고 속임을 당하면 기분 나쁩니다. 내가 바보가 되었으니까요! 그런데 알고 속아 주면 기쁩니다. 다른 사람을 믿어 주시기를 바랍니다. 그래야 그 사람을 격려할 수 있습니다. 어제까지 망나니 생활을 했다가도 오늘 내가 올바로 생활하겠다고 하면 그대로 믿어 주십시오. 격려하는 사람은 이웃을 믿어 주는 사람입니다.

## 이웃을 목적으로 바라보라

*

세 번째로 격려하는 사람은 사람을 수단으로 보지 않고 목적으로 바라봅니다. 사도행전 11장에 보면 바나바가 안디옥에 가서 목회를 하게 됩니다. 그 교회가 너무너무 커졌습니다. 큰 부흥이 일어났습니다. 그때 바나바가 사도 바울을 초청합니다.

그 당시 사도 바울은 무엇을 하고 있었는가? 3년이 지났는데도 아무도 그에게 사역을 맡기지 않습니다. 다소에서 혼자 외로이 기도하고 있었습니다. 기도를 그렇게 하고, 성경을 그렇게 보고 준비했는데도 하나님이 자기에게 일거리를 주시지 않는 것입니다. 그런데 바나바가 그를 불러올립니다. '교회가 크게 부흥했으니까 부목사가 필요했겠구나.' 아닙니다. 그 당시 안디옥 교회를 보면 평신도 지도자와 훌륭한 지도자들이 너무나 많았습니다. 사도 바울 없이도 충분히 교회가 커 갈 수 있었습니다. 그런데도 불구하고 바나바는 왜 사도 바울을 불렀습니까? 사도 바울에게 기회를 주기 위함이었습니다. 다른 사람은 그가 안중에도 없었지만, 바나바는 바울의 소명을 생각했습니다. 바울의 은사를 생각했습니다. 그를 향하신 하나님의 목적을 생각했습니다. 하나님의 계획이 그를 통해서 이루어질 수 있도록, 어떻게 하면 바울을 도울 수 있을까를 생각했던 것입니다.

격려의 사람은 사람을 볼 때 '저 사람이 내게 어떤 유익이 있을까?'를 생각지 않습니다. 오히려 사람들을 바라볼 때마다 '내가 저 사람에게 어떤 도움이 될 수 있을까?'를 먼저 생각합니다.

세상은 참으로 찹니다. 언제나 다른 사람을 이용하려고 덤벼듭니다. 너무도 매정합니다. 쓰고 나서 쓸모없으면 가차 없이 버리지 않습니까? 제가 한국에 와서 발견한 것이 하나 있습니다. 그중의 하나가 우리 사회는 사람을 쓰고 나서 버리는 사회라는 것입니다. 사람을 키워 주는 사회가 아닙니다.

IMF 때 대기업들 보십시오. 명문대를 그렇게 고생하며 나온 아이들을 뽑다가 새벽부터 밤까지 부려먹습니다. 그저 다른 것을 생각지 못하게 합니다. 새벽 6시면 출근 버스를 갖다 댑니다. 그리고 밤 9시에 떨어뜨려 줍니다. "너는 가족도 생각하지 말고, 취미도 생각하지 말라. 오직 회사만 생각하라." 그래서 그렇게 살아갑니다. 가족도 뒤로하고, 신앙도 뒤로합니다. 오직 회사만 바라보고 산 인재들을 30대 후반, 40대 초반에 잘라 버립니다. 명퇴를 시켜 버립니다. 그래서 사람을 바라볼 때 목적으로 보지 아니하고 사람을 항상 수단으로 바라봅니다. '내가 저 사람을 통해서 무얼 얻을까? 저 사람은 내게 어떤 유익을 가져다줄까?' 이것이 우리 사회의 풍토입니다. 위험한 세상입니다. 그러나 투자해서 사람을 좀 키워야 하지 않겠습니까?

오늘 우리 사회에 격려의 사람이 필요합니다. 사람을 수단으로 보지 아니하고 목적으로 보는 사람을 이 세상은 찾고 있습니다. 저와 여러

분이 그러한 사람이 되어 봅시다. 하나님은 격려의 사람을 찾으십니다. 격려의 사람은 나의 필요보다 이웃의 필요를 먼저 생각합니다. 격려의 사람은 이웃을 믿어 줍니다. 격려의 사람은 이웃을 수단으로 보지 아니하고 언제나 목적으로 바라봅니다.

## 넘어진 자를 일으켜 세우라

*

마지막 네 번째, 사도행전에 나타난 바나바의 삶을 통해 알 수 있는 것은 격려의 사람은 넘어진 자를 일으켜 세운다는 것입니다. 사도행전 15장에 보면 신문 1면을 장식할 만한 큰 사건이 터졌습니다. 성경에 나타나 있기를 그렇게 훌륭한 인격자인 사도 바울과 바나바가 싸웠다는 것입니다. 어느 정도 싸웠는가 하면 "그래. 너는 동(東)으로 가라. 나는 서(西)로 간다." 그러고서 둘이 전도 여행을 가다가 따로따로 헤어집니다.

그 원인이 무엇입니까? 우리가 잘 알 듯이 마가라는 한 청년이 그 발단이었습니다. 서로 다른 의견은 사도 바울은 마가를 전도여행에 데려갈 수 없다고 말하고 바나바는 데려가야겠다는 것입니다. 왜 사도 바울은 마가를 데려갈 수 없다고 했을까요? 1차 전도여행 때 마가를 한번 데려갔었지만, 마가가 선교여행이 어렵다고 중간에 보따리를 쌌기 때문입니다. 사도 바울은 아주 냉철한 사람입니다. "1차 전도 여행 때 그렇게 불성실했던 마가를 우리가 어떻게 데려갈 수 있단 말인가? 안 된다."

바나바는 "그래도 사람이 실수할 수도 있는 일인데 한 번 더 기회를 주자. 데려가자"하며 서로 싸우고는 갈라졌습니다. 이 사건을 두고 신학자들은 "사도 바울이 옳았다. 아니다. 바나바가 옳았다." 의견이 분분합니다. 그러나 둘 다 일리가 있습니다. 누가 옳았다 하는 것을 따지기 전에 우리는 바나바에게 감사해야 합니다. 만일 그때 바나바가 넘어진 마가를 일으켜 세우고 격려하지 않았더라면, 오늘 이 성경 책 중에는 그토록 중요한 마가복음이 존재하지 않을 것입니다. 마가는 실패한 사람이었습니다. 그러나 바나바가 그를 격려했습니다. 다시 세움을 입었기 때문에 결국에는 마가가 마가복음을 기록하는 놀라운 사도가 될 수 있었던 것입니다.

나중에 사도 바울도 이것을 깨닫게 됩니다. 로마 감옥 속에서 디모데 후서를 쓰며 디모데에게 이런 부탁을 합니다. "네가 올 때에 마가를 데리고 오라 저가 나의 일에 유익하니라"(딤후 4:11). 마가와 화해하려고 한 것입니다.

교회에는 한 번 넘어진 자를 일으켜 세워 주는 사람이 필요합니다. 격려의 사람이 필요합니다. 우리 가운데 넘어져 본 경험이 없는 사람이 누가 있겠습니까? 하나님의 마음에 합했던 다윗도 넘어진 자였습니다. 모세도 쓰임 받기 전에 넘어졌던 사람입니다. 예수님의 수제자 베드로도 넘어진 경험을 가졌던 사람입니다. 성경은 우리 모두가 다 허물이 많은 자라고 말씀합니다. 그러기에 우리 모두 격려가 필요한 자들입니다. 우리는 다른 사람을 세워 주어야 합니다.

하나님은 우리를 격려하시기 위해서 성령 하나님을 보내시고 별명을 붙여 주셨습니다. 성령님의 별명이 무엇입니까? 그의 별명은 보혜사입니다. '파라클레토스' 직역하면 '옆에서 돕는 자' 입니다. 즉 보혜사란 우리를 격려하는 분이십니다. 하나님이 성령 하나님을 왜 보내셨는가? 우리는 격려가 필요한 사람입니다. 우리 모두는 허물이 많은 사람입니다. 실수할 수밖에 없는 사람들입니다. 그것을 알고 우리가 낙심하는 것을 방지하고 우리를 일으켜 세우기 위해서 하나님께서 성령님을 보내 주신 줄 믿습니다.

저는 TV에서 '동물의 왕국' 보기를 굉장히 좋아합니다. 사자가 사냥할 때는 반드시 팀을 이루어서 사냥을 하지 않습니까? 아프리카에 가면 덩치가 약간 작은 소가 있습니다. 모양새가 소도 아니고 당나귀도 아닌 그 중간쯤 되는 것 같습니다. 그 소 떼들을 사자가 사냥하기 시작합니다. 소 떼들이 막 도망을 가는 도중에 개울을 만나 우르르 건너가다가 그만 한 마리가 넘어집니다. 그 소가 넘어지니까 어떻게 하는지 아십니까? 그 옆에서 같이 뛰던 소들이 저만큼 달려가더니 되돌아옵니다. 그 넘어진 소 옆에 멈춰 서더니 "푸르르르! 푸르르르!" 소리를 냅니다. 소가 손이 있습니까, 뭐가 있습니까? 일으켜 세울 수가 없지 않습니까? 두세 마리가 계속 그 넘어진 소를 맴돌면서 "푸르르르!" 하며 이상한 소리를 냅니다. 그런데 놀라운 것은 그 넘어진 소가 얼마 있다가 다시 일어납니다. 비틀비틀 하더니 일어나서 결국 도망을 같이 가는 장면을 보았습니다.

나중에 그 동물을 관찰하는 과학자들이 그 소에게 '동물의 격려'라고 이름을 붙여 주었습니다. 관찰해 보니까 넘어진 소는 다른 소가 와서 격려해 주면 반드시 일어나서 같이 도망갈 수 있더라는 것입니다. 그러나 아무리 건강한 소라도 실수로 넘어지거나 지쳐서 넘어졌을 때 옆에서 격려해 주는 소가 없으면 그 소는 사자의 밥이 되고 맙니다.

우리 모두 격려가 필요한 자들입니다. 남편은 아내의 격려가 필요합니다. 아내는 남편의 격려가 필요하고, 자녀는 부모의 격려가 필요합니다. 성도는 성도의 격려가 필요합니다. 성경에서 말하는 격려는 우는 아이에게 젖을 주어 달래는 정도를 의미하지 않습니다. 잠자는 자를 깨우는 것입니다. 연약한 무릎을 일으켜 세우는 것입니다. 격려의 삶은 우리가 이 땅에서 살 수 있는 가장 위대한 삶입니다.

성 프란시스는 이 사실을 깨닫고 자기 평생 이러한 기도문을 드렸습니다. 우리가 너무나 잘 아는 기도문입니다.

주여
나를 평화의 도구로 써 주소서
미움이 있는 곳에 사랑을
다툼이 있는 곳에 용서를
분열이 있는 곳에 일치를
의혹이 있는 곳에 믿음을
그릇됨이 있는 곳에 진리를
절망이 있는 곳에 희망을
어둠이 있는 곳에 광명을
슬픔이 있는 곳에 기쁨을 심게 하소서

위로받기보다는 위로하고
이해하기보다는 이해하며
사랑받기보다는 사랑하게 해 주소서
우리는 줌으로써 받고
용서함으로 용서받으며
자기를 버리고 죽음으로써
영생을 얻기 때문입니다

세상은 바나바를 찾고 있습니다. 우리의 자녀들은 소리쳐 바나바를 요구하고 있습니다. 누가 이 바나바가 되어 낙심하여 멸망해 가는 사람들의 요구를 들어줄 수 있습니까? 격려가 필요해서 아우성치는 사람들의 소원을 채워 줄 수 있습니까? 당신이 한번 이 사람이 되어 보지 않으시렵니까? 바나바와 같이 이웃의 필요를 먼저 생각하는 자! 이웃을 믿어 주는 자! 이웃을 수단으로 여기지 아니하고 목적으로 생각하는 자! 넘어진 자를 과감하게 일으켜 세울 수 있는 자! 우리가 이러한 삶을 살아갈 때 우리의 가정과 교회는 반드시 일어날 것입니다. 불신과 낙담으로 말미암아 넘어져 가는, 주저앉은 이 한국 사회가 다시 일어날 줄 믿습니다.

최근에 따뜻한 격려를 받아 보셨습니까? 그러나 우리는 격려받기 전에 먼저 격려해야겠습니다. 당신이 격려해야 할 자들이 누구입니까? 오늘 당신의 따뜻한 전화를 기다리는 사람이 혹시 주위에서 홀로 외로이 울고 있지는 않습니까? 혹시 나의 자녀들이 절망에 젖어 눈물 흘리고 있는 것은 아닙니까? 연로하신 부모님들이 자녀의 전화를 기다리며 애타하거나 낙망해 가고 있지는 않습니까? 당신의 소박한 편지! 당신의 말 한마디! 당신의 적은 물질! 이것들로 인해서 격려받게 될 사람들이 당신 주위에 있지는 않습니까? 당신은 그들을 지나쳐 오지 않았습니까?

바나바로 말미암아 수없는 일꾼들이 세워짐을 보았습니다. 바울이, 마가가 세워졌습니다. 예루살렘 교회가 세워졌습니다. 비판이 난무하는 이 시대에, 격려의 사람을 요구하는 이 세대에 우리도 바나바의 별명을 얻기를 소망합시다. 가정을 세우십시오. 부부간에 격려하며, 부모 자식 간에 격려하십시오. 성도 간에 격려하십시오. 넘어진 자들을 일으켜 세움으로 하나님의 역사가 이 땅에 충만하게 드러나게 합시다.

# 15

## :: 죽음의 가면 ::

사도행전 1 | 제 15 장

# 죽음의 가면

아나니아라 하는 사람이 그 아내 삽비라로 더불어 소유를 팔아 그 값에서 얼마를 감추매 그 아내도 알더라 얼마를 가져다가 사도들의 발 앞에 두니 베드로가 가로되 아나니아야 어찌하여 사단이 네 마음에 가득하여 네가 성령을 속이고 땅 값 얼마를 감추었느냐 땅이 그대로 있을 때에는 네 땅이 아니며 판 후에도 네 임의로 할 수가 없더냐 어찌하여 이 일을 네 마음에 두었느냐 사람에게 거짓말한 것이 아니요 하나님께로다 아나니아가 이 말을 듣고 엎드러져 혼이 떠나니 이 일을 듣는 사람이 다 크게 두려워하더라 젊은 사람들이 일어나 시신을 싸서 메고 나가 장사하니라 세 시간쯤 지나 그 아내가 그 생긴 일을 알지 못하고 들어오니 베드로가 가로되 그 땅 판 값이 이것뿐이냐 내게 말하라 하니 가로되 예 이뿐이로라 베드로가 가로되 너희가 어찌 함께 꾀하여 주의 영을 시험하려 하느냐 보라 네 남편을 장사하고 오는 사람들의 발이 문 앞에 이르렀으니 또 너를 메어 내가리라 한대 곧 베드로의 발 앞에 엎드러져 혼이 떠나는지라 젊은 사람들이 들어와 죽은 것을 보고 메어다가 그 남편 곁에 장사하니 온 교회와 이 일을 듣는 사람들이 다 크게 두려워하니라    **행 5:1~11**

***우리는 종종*** 아이들이 소꿉장난하는 것을 봅니다.

"너는 아빠 해. 내가 엄마 할게."

아이들이 엄마 아빠 흉내를 얼마나 잘 내는지 모릅니다.

"여보, 나 왔어."

"아, '잘 다녀왔어?' 하고 인사해야지!"

상대가 잘 모르면 가르쳐 가면서 소꿉놀이를 합니다.

사내아이들은 경찰놀이도 합니다.

"내가 경찰 될게. 너는 도둑놈 해라."

요사이는 선호하는 역할이 좀 바뀌었다고 합니다. 전에는 서로 경찰 역을 하려고 싸우더니 요즘은 서로 도둑놈하려고 합니다. 왜 그렇습니까? 한때 경찰이 신창원에게 두드려 맞자 아이들의 놀이 모습도 바뀌게 된 것입니다. 참 재미있는 사회입니다.

소꿉장난 속에서 아이들은 모든 인생을 흉내 냅니다. 때로 아빠가 되고, 엄마가 되고, 선생님이 됩니다. 때로는 좋은 사람이 되기도 하고, 나쁜 사람이 되기도 합니다. 그러나 사실 아이들만 이렇게 소꿉장난을 하는 것은 아닙니다.

알게 모르게 어른들도 똑같이 이 놀이를 즐기고 있습니다. 다만 한 가지 차이가 있다면 아이들은 단순하게 놀이로 하는 반면, 어른들은 진지하게 합니다. 아이들은 드러내 놓고 하지만, 어른들은 은밀하게 합니다.

우리는 왜 속과 다른 모습을 띠고 살아가는지요? 슬픔을 감추기 위해 때로 웃음의 탈을 씁니다. 재미를 굉장히 좋아하는 사람처럼 자신을 위장합니다. 내 지성을 과시하기 위해서 누구나 다 아는 질문을 날카롭게 포장해서 던집니다. 나의 의로움을 보이기 위해 다른 사람의 죄를 필요 이상으로 강하게 지적합니다. 내 선함을 알리기 위해 남을 돕고 헌금합니다. 내 마음에 내키지 않는데도 내 이름을 세상에 내기 위해서 종종 많은 일들을 행합니다. 이 모든 것이 일종의 소꿉장난인 셈입니다.

성경은 어른들의 이러한 놀이를 한 단어로 표현해서 말씀해 주고 있습니다. 바로 다름 아닌 위선입니다. 이 위선이라는 단어를 원어인 헬라어로 찾아보면 아주 재미있는 뜻이 있습니다. 그것은 우리나라 말로 번역하면 '가면 배우' 라는 뜻입니다. 가면을 쓰고 연극을 하는 배우입니다. 옛날에는 배우가 그렇게 많지 않았습니다. 그래서 한 연극에서 한 사람이 여러 역할을 맡습니다. 그럴 때는 목소리도 바꾸고 얼굴도 바꾸어야 합니다. 이때 가면을 쓰고 등장합니다. 한 사람이 주인의 행세도 하고, 종의 행세도 합니다. 좋은 사람의 행세도 하고, 나쁜 사람의 행세도 합니다. 이러한 가면 배우들을 히포크, 위선자라고 불렀습니다.

우리 그리스도인들 역시 가면을 쓰고 살아간다는 슬픈 사실을 우리는 직시해야 합니다. 진실되게 삶을 살아야 마땅한데 때로 하나님 앞에서조차 가면을 쓰고 있습니다. 삶이 아닌 연기를 합니다.

그러면 하나님은 과연 우리의 이 연기를 어떻게 생각하실까요? 우리가 아이들 소꿉장난하는 것처럼 가볍게 보아 넘기실까요? 귀엽다고 하실까요? 늘 생활에 젖은 이 가면놀이와 같은 삶을 어떻게 진단하실까요?

오늘 우리의 놀이에 대한 하나님의 진단을 진지하게 연구해 보기를 원합니다. 우리가 잘 알 듯이 사도행전 5장 1절에서 11절의 사건이 일어난 때는 다름 아닌 부흥의 때였습니다. 부흥의 물결이 온 예루살렘 교회를 뒤덮고 있을 때 이 사건이 일어났습니다.

이미 우리가 계속 살펴왔듯이 120문도가 다락방에서 기도합니다. 그때 하나님께서 약속하신 성령님이 이 땅에 임하십니다. 모든 사람들이 성령의 충만을 받고 나가 담대하게 목숨을 내걸고 전도했더니 하루에 3,000명이 회개하고 돌아왔습니다. 교회가 비좁게 되었습니다. 순식간에 교회는 10,000명 이상의 성도가 되었습니다. 그런데 놀랍게도 그 10,000명 이상이 되는 성도들이 한 공동체가 되었다고 성경은 기록합니다. 내 것을 내 것이라 하지 아니하고 한마음 한뜻이 되었습니다. 자기의 물건을 가난한 사람들을 위해서 나누어 줍니다.

사도행전 4장 32절은 그래서 이런 기록을 남깁니다.

> 믿는 무리가 한마음과 한뜻이 되어 모든 물건을 서로 통용하고 제 재물을 조금이라도 제 것이라 하는 이가 하나도 없더라 (행 4:32)

모두가 남을 위해 자기 재산을 내놓았습니다. 그 대표적인 예가 우리가 배운 대로 바나바입니다. 이 부흥의 물결에 아나니아와 삽비라도 동참하기를 원했던 것 같습니다. 그래서 자신의 땅을 팔아 절반은 떼어놓고 나머지 절반만 바칩니다. 그런데 그 결과는 안타깝게도 죽음이었습니다. 혼자만 죽은 것이 아니라 부부가 한날 죽었습니다. 세 시간 차이로 부부가 사도 베드로 앞에서 거꾸러져 죽은 것입니다.

왜 그렇습니까? 왜 죽어야만 했습니까? 왜 하나님이 그들을 죽여야만 했습니까? 아예 안 바치는 사람도 있는데 절반이나 바쳤으면 됐지, 왜 이들이 죽어야만 합니까? 설령 이들이 죄를 지었다 해도 이렇게 부부를 다 죽이는 것은 너무하지 않습니까? 그들이 지은 죄가 뭐 그리 심하다고 부부를 세 시간 차이로, 그것도 교회 안에서 그들을 죽여야 했단 말입니까? 의문해 보셨습니까?

하나님은 성경 말씀을 우리가 진지하게 읽기를 원하십니다. 도대체 이들의 문제가 무엇입니까? 바로 이것이 깊이 생각해 보아야 할 문제입니다. 하나님은 왜 이들의 잘못을 이렇게 엄하게 다루셨습니까? 다른 방법은 없었을까요? 이렇게밖에 할 수 없었을까요? 도대체 하나님은 이 사건을 통해 교회에게 무엇을 가르치기를 원하셨단 말입니까? 저는 이 문제들에 대한 답을 얻기를 원합니다.

먼저 1절에서 11절은 계시적인 사건입니다. 아나니아와 삽비라를 죽음으로 징벌하신 이 사건은 어떤 면에서 계시적인 사건입니다. 무슨 말씀인고 하니 하나님은 이 사건을 통하여 우리 모두에게 특별한 말씀을 전달하기 원하셨다는 것입니다.

그들은 분명 자신의 소유를 바쳤습니다. 10분의 일만 바치면 되는데 절반이나 바쳤습니다. 그러면 많이 바친 것 아닙니까? 그런데 왜 이들은 저주받아 죽어야만 했는가? 하나님의 메시지를 우리는 이 본문 가운데서 찾아야만 합니다. 타당한 이유가 있어서 하나님이 그렇게 하셨을 것입니다. 분명히 우리에게 어떤 메시지를 주시기 위해서 그렇게 하셨을 것입니다.

두 번째 우리가 명심해야 할 것은 이 사건이 하나의 대표적인 사건이라는 것입니다. 사실 이런 잘못을 저지르는 사람이 한두 사람입니까? 저를 포함해서 오늘 교회 안에도 무수히 많지 않습니까? 그러나 하나님은 아나니아와 삽비라를 일벌백계(一罰百戒)의 대표로 삼으셨습니다. 그 자신들만을 볼 때는 참 불행한 일입니다만, 하나님은 우리 모두에게 어떤 교훈을 말씀하시기 원함입니다. 그러므로 대표적인 사건입니다. 과거와 현재에도 그렇듯이 후세에도 이런 일은 얼마든지 범할 수 있는 일입니다. 이 위험한 죄가 하나님의 거룩한 교회를 파괴하지 않게 하기 위해서입니다. 다시 말해서 하나님은 교회를 지키시기 위해 그렇게 하셨습니다.

그렇다면 우리가 마지막으로 던져야 할 종합적인 한 가지 질문은 무엇입니까? 과연 하나님께서 이렇게 심각하게 이 두 사람의 죄를 엄하게 다루신 그 교훈의 메시지가 무엇입니까? 초대 교회의 부흥의 물결 한가운데서 두 사람을 죽일 만큼 하나님이 우리에게 경고하신 경고의 내용이 과연 무엇입니까? 먼저 하나님은 이 사건을 통해서 우리에게 심각한 죄 몇 가지를 지적하고 계십니다.

## 하나님보다 사람을 더 의식하는 죄

*

첫 번째 죄는 다름 아닌 하나님보다 사람을 더 의식한 잘못입니다.

"아, 목사님, 그게 어떻게 죄가 됩니까?" 아니요! 하나님은 그것을 심각한 죄라고 말씀하십니다. 적어도 아나니아와 삽비라 부부를 한날 강대상에서 죽이실 정도로 말입니다.

말씀은 이들 부부가 왜 땅을 팔아서 헌금을 하려고 했는지 구체적인 동기를 기록하고 있지 않습니다. 그러나 문맥을 통하여 볼 때 우리는 충분히 이들의 동기를 짐작할 수 있습니다.

본문은 '아나니아' 라는 이름으로 시작합니다. 그러나 헬라어 원문에는 '그러나' 라는 단어가 들어가 있습니다. 우리말로 번역하면서 이 단어가 빠진 것입니다. 그러나 "이 '그러나' 가 있고 없고가 무슨 상관이 있습니까, 목사님?" 그러실지 모르겠으나 그렇지 않습니다. '그러나' 가 있으면 사도행전 5장의 사건은 4장과 연관되어 있다는 뜻입니다. 이미 말씀드렸듯이 장과 절은 편리하기는 합니다만, 믿으시면 안 됩니다. 어떤 것은 아주 엉뚱하게 나뉘어져 있습니다.

사실 이 5장도 잘못된 구분입니다. 4장과 연관되어야 합니다. 4장에서 어떤 일이 있었는가? 온 성도들이 하나님의 은혜를 받았습니다. 그래서 자기의 재산을 팔아 10분의 1을, 어떤 사람은 10분의 2를 헌금해서 가난한 사람에게 나누어 주기 시작합니다. 그런데 그중에도 아주 대표적인 한 사람이 있습니다. 요셉이라고 하는 바나바는 자신의 재산을 다 팔아서 몽땅 드렸습니다. 그런데 이 사람은 예루살렘 교회 본 출신이 아닙니다. 지방도 저 촌구석에서 온 구브로 출신입니다. 오늘날로 말하면 새 가족이 와서 자기의 재산을 다 팔아 하나님 앞에 드린 것입니다. 그리고 가난한 사람에게 다 나누어 주었습니다. 그러니까 10,000명이 넘는 온 교인들의 초점이 일시에 바나바에게로 향했을 것입니다.

그렇다면 아나니아와 삽비라는 누구인가? 학자들은 예루살렘 교회의 창립 멤버 중 주동이었을 거라고 이야기합니다. 그 교회의 주동 집사였을 것입니다. 오늘날로 말하면 아마 안수 집사였을지도 모르겠습니다. 아무튼 지도자였습니다. 그런데 이들에게 문제가 생겼습니다. 새 가족이 하나 와서는 자기의 재산을 다 팔아 그것을 몽땅 바쳤다 합니다. 그래서 온 교인의 시선이 "아, 저 사람이 누구냐? 바나바 아니냐?" 하니까 이들 마음속에 질투가 생겼습니다. '그래도 우리가 이 교회의 주동인데……'

이들이 헌금한 동기는 정말 하나님을 사랑해서 드린 것이 아닙니다. 정말 가난한 사람을 돌아보기 위해서 드린 것이 아닙니다. 바로 질투와 자기 체면을 살리기 위한 것이 동기였다고 문맥은 말씀해 주고 있습니다. 이것이 이들이 헌금한 동기입니다. 체면 때문에 한 것입니다. 자신의 이름 때문에 한 것입니다. '그래도 내가 새 가족보다는 나아야지' 하는 마음으로 드렸던 것입니다. 그러다 보니 결국 아까운 마음이 많이 들었습니다. 사람을 의식해서 할 수 없이 했기 때문에 '어떻게 하면 내가 적게 드리고도 극대치의 명예를 얻을 수 있을 것인가?' 부부가 궁리했습니다.

그래서 생각한 것이 '반만 바치고, 말과 행동으로는 다 드린 것처럼 하자.' 이들이 성도들에게 말을 했는지는 모르겠습니다. 아무튼 전 교인들은 그들이 전 재산을 다 드린 것으로 알고 있었습니다. 실제는 반을 감추어 놓았는데도 말입니다. 바로 이것이 하나님이 심각하게 보신 죄였습니다.

우리가 하나님을 믿는 신자라고 한다면 당연히 사람보다 하나님을 더 의식해야 합니다. 하나님 앞에서 살아가야 합니다. 하나님의 눈을 무서워해야 합니다. 그런데 이들은 사람의 눈만을 의식했다고 본문은 증거합니다. 하나님은 보시든 말든 아랑곳하지 않았습니다.

우리가 정말 하나님을 섬긴다면 어떻겠습니까? 그분이 살아 계셔서 나를 보고 계신다고 정말로 믿는다면 어떻겠습니까? 그분을 진실로 사랑한다면 어떻게 그분보다 사람의 눈을 더 의식할 수 있겠습니까? 이들의 관심은 오직 자신들의 명예에 있었습니다. 이들의 관심사는 오직 자신들의 이름이었습니다. '사람들이 나를 어떻게 볼까?' 그들은 체면을 유지하기에 급급했던 것입니다.

우리가 사람의 눈을 더 의식하는 오직 한 가지 이유는 실상 하나님을 믿지 않기 때문입니다. 입으로는 믿습니다. 입으로는 "하나님, 당신이 나의 왕입니다"라고 찬양합니다. 그러나 삶 속에서는 우리가 사람의 눈을 더 의식합니다. 하나님은 잊어버립니다. 무시해 버립니다. 그렇다면 그것은 하나님을 믿지 않는 것입니다. 하나님을 사랑하지 않는 것입니다.

그래서 예수님은 친히 제자들에게 말씀하셨습니다.

"내 양은 내 음성을 알고 나를 따른다."

정말 주님을 좇는 사람은 어떤 사람인가? 하나님의 음성을 압니다. 하나님의 뜻을 알고 따릅니다. 그리고 하나님을 좇아가는 자입니다.

그러나 아나니아와 삽비라는 주님을 좇기보다는 사람들의 인기를 따랐습니다. 하나님 앞에 살기보다는 자신의 체면을 중요시했습니다. 이것이 얼마나 심각한 죄악인가를 성령 하나님의 도움으로 우리가 깨닫기를 원합니다.

때로 성경은 우리가 중요하다고 생각하는 것을 전혀 중요치 않다고 말씀하십니다. 그 반대로 전혀 우리가 중요하지 않다고 가볍게 여기는 것들을 하나님은 문제 삼으십니다.

우리 한국은 체면의 문화입니다. 우리가 체면의 문화에서 자라왔기 때문에 사람의 눈을 의식하기가 쉽습니다. 그래서 오늘 교회 안에도 보면 사람의 눈 때문에 헌금하고, 사람의 눈 때문에 교회 출석하고, 사람의 눈 때문에 교회에 헌신하는 사람들이 얼마나 많은지 모릅니다. 왜 그렇습니까? 우리가 다 체면의 문화 속에서 길들여져 왔기 때문입니다.

체면 그것은 결국 내 영광입니다. 내 프라이드입니다. 나를 높이려고 하는 것입니다. 내 체면 구겨지는 것을 정말 못 견디는 것입니다. 내 자존심이 상한다 말입니다. '어떻게 내 명예에 흠집을 낼 수 있겠는가? 그러나 보니 하나님보다 사람을 더 의식하게 됩니다. 결국 하나님보다 나를 높입니다. 하나님을 섬기는 듯하면서 내 이름을 내는 것입니다.

하나님은 이것을 엄중하게 경고하셨습니다. 이 죄가 교회 안에 들어오면 하나님을 섬기는 것 같지만, 나도 모르게 우상을 섬기게 됩니다. 이것은 신앙이 아니라 종교 생활이 될 수밖에 없습니다. 하나님은 초대 교회에서 이 죄악을 근절하시기 원하였습니다. 그래서 이 부부를 엄중하게 죽이셨던 것입니다. 우리는 정말 하나님 앞에서 살아가야 합니다. 주님 앞에서 떳떳하게 살아야 합니다. 이것을 자부심으로 알고 외로워도 그 길을 걸어가야 합니다. 하나님만을 바라보고 헌신해야 합니다.

예수님의 말씀을 기억하십니까? 마태복음 6장 1절에서 예수님은 우리에게 이렇게 말씀하셨습니다.

> 사람에게 보이려고 그들 앞에서 너희 의를 행치 않도록 주의하라
> 그렇지 아니하면 하늘에 계신 너희 아버지께 상을 얻지 못하느니라
> (마 6:1)

우리는 종종 이 말씀을 잊어버립니다. 왜 주의하라고 하셨을까요? 이 말씀을 역으로 말하면 무엇입니까? 우리가 사람들 앞에서 보이려고 의를 행하기가 쉽다는 것입니다. 우리에게는 다 그럴 가능성이 있다는 것입니다. 우리가 한눈팔면, 자칫 잘못하면 사람의 눈 때문에 신앙생활하기가 쉽습니다. 그 한 말씀만으로도 충분할 텐데 예수님은 이것이 너무나도 중요한 주제였기 때문에 세 가지 예를 들어 주셨습니다.

먼저 구제의 예를 드셨습니다. "너는 구제할 때에 오른손의 하는 것을 왼손이 모르게 하여 네 구제함이 은밀하게 하라"하셨습니다. 자랑으로 하면 우리가 바친 것이 아무것도 아니라고 이야기하십니다. 그리고 다른 사람이 "야, 저 교회가 1억을 하는데, 우리 교회는 적어도 2억을 해야 되지 않겠는가?" 이런 동기로도 하지 말라고 하십니다. 그러면 그것

은 하나님 앞에서 아무런 구제가 되지 못한다는 것입니다.
또 금식을 말씀하십니다.

> 금식할 때에 너희는 외식하는 자들과 같이 슬픈 기색을 내지 말라 저희는 금식하는 것을 사람에게 보이려고 얼굴을 흉하게 하느니라 내가 진실로 너희에게 이르노니 저희는 자기 상을 이미 받았느니라 너는 금식할 때에 머리에 기름을 바르고 얼굴을 씻으라 이는 금식하는 자로 사람에게 보이지 않고 오직 은밀한 중에 계신 네 아버지께 보이게 하려 함이라 은밀한 중에 보시는 네 아버지께서 갚으시리라
> (마 6:16~18)

금식할 때 40일 금식 기도를 평생에 몇 번 했느니, 3일 금식 기도를 했느니 이렇게 하지 말라고 하십니다. 너희가 금식할 때 세수를 하고 양복을 입고 화장을 하고 깨끗이 하라고 하십니다. 명랑한 웃음을 띠라고 말씀하십니다.

또 기도할 때 외식하는 자와 같이 되지 말라고 하셨습니다. 사람들의 이목을 끌기 위해서 유창한 말로 공중 기도에 힘쓸 것이 아닙니다. 기도할 때 혼자 골방에서 하나님 앞에 기도하라고 말씀하십니다. 사람들 앞에서는 짧게 해도 좋습니다. 실수해도 괜찮습니다. 그러나 골방에 들어가 문을 닫고 은밀한 중에 계신 하나님 앞에 심각한 마음으로 기도하라 말씀하십니다. 예수님께서는 이러한 외식이 특히 구제와 기도와 금식 문제에서 생기기 쉽기 때문에 이렇게 일러 주신 것입니다.

아나니아와 삽비라의 죄악도 바로 외식이었습니다. 그들은 왜 헌금했는가? 반을 헌금하면 많이 바친 것입니다. 오늘날로 말하면 아파트 한 채를 팔아서, 6억이라면 3억을 바쳤다는 것입니다. 이것이 보통 헌신입니까? 그럼에도 불구하고 그들은 하나님의 징계를 받았습니다. 왜 그

렇습니까? 그들은 사람의 눈을 의식해서 헌금했기 때문입니다. 사람의 눈을 의식해서 하나님께 불경죄를 범했던 것입니다.

그렇다면 우리는 어떻습니까? 누구 때문에 주일날 나오십니까? 목사님이 체크하니까 나오십니까? 누구 때문에 헌금하십니까? 무엇 때문에 십일조 하십니까?

사단은 우리를 사람의 눈을 의식해서 신앙생활하도록 만듭니다.

자신을 한번 돌아보시지 않겠습니까? 누구 때문에 신앙생활을 하십니까? 누구 때문에 구제 사업을 하며, 누구 때문에 기도하며, 누구 때문에 봉사하십니까? 혹시라도 우리 마음속에 하나님보다 사람이 더 우선순위에 있습니까? 내 체면이 있습니까? 말씀의 대표적인 사건, 계시적인 사건의 교훈을 나의 것으로 삼으시기 바랍니다.

# 거짓의 죄

\*

하나님이 이 사건을 통해서 경고하신 두 번째 교훈은 다름 아닌 거짓의 죄입니다. 이것이 하나님께서 아나니아와 삽비라를 징계하신 두 번째 이유입니다.

미국은 기독교를 바탕으로 한 문화입니다. 우리보다는 거짓과 위증을 더 심각하게 생각합니다. 한국에서는 거짓말이 습관이 되었습니다. 거짓말을 밥 먹듯이 합니다. 제가 미국에서 이것 때문에 얼마나 힘들었는지 모릅니다.

미국은 보면 그렇습니다. 전에 클린턴 대통령이 성 추행 사건 때문에 많이 문제가 되었다고 하지만, 사실은 성 추행 자체가 문제가 아니었습니다. 나중에는 그가 위증을 했느냐, 안 했느냐? 거짓말을 했느냐, 안 했느냐가 더 큰 이슈로 다가왔습니다. 결국은 그가 거짓말했다는 사실이 드러났습니다. 그래서 탄핵당할 뻔했습니다. 보수주의 학자들은 미국이 썩었다고 한탄합니다. 클린턴 대통령이 위증한 것을 알고도 탄핵시키지 않았기 때문입니다. 옛날 같았으면 어림도 없는 일이라고 분개합니다. 이제 미국은 더 이상 기독교 국가가 아니라고 이야기할 정도입니다.

그런데 한국은 어떻습니까? 목적이 수단을 정당화하는 문화입니다. 군사 문화라는 것은 수단과 방법이 중요하지 않습니다. 무조건 이겨야 합니다. 군사 정권 때 정치판을 보십시오. 이기면 군자가 되는 것이고, 지면 감옥에 갔습니다. 선거에서 져 보십시오. 다 감옥에 들어가야 합니다. 거짓말을 해서라도 하여튼 정권만 잡으면 의인이 됩니다. 왜 그렇습니까? 군사 문화의 특징 때문입니다. 이 군사 문화가 우리의 마음속에 깊이 파고들었습니다. 그래서 나도 모르게 모든 사람들은 '모로 가도 서울만 가면 된다. 편법을 써서라도 성공하기만 하면 된다.' 그런 의식이 교회 안까지 들어왔습니다.

그러나 성경은 거짓을 심각하게 다룹니다. 어떻게 심각하게 다룹니까? 예수님은 사단의 대명사를 하나로 이야기하셨습니다. "그는 거짓의 아비다." 하나님은 우리에게 사단은 거짓말하는 자라고 가르쳐 주셨습니다.

실제로 사단이 어떻게 아담과 하와를 타락시켰습니까? 창세기 3장에 보면 그는 거짓말을 통해서 인간을 타락시켰습니다. 하나님께서 "선악을 알게 하는 나무의 실과는 먹지 말라 네가 먹는 날에는 정녕 죽으리라"(창 2:17).

그런데 사단은 하와에게 이야기합니다. "너희가 결코 죽지 아니하리라."

하나님께서는 분명 "정녕 죽으리라" 하셨는데도 사단은 결코 죽지 않는다고 거짓말을 합니다. 그리고 또 이야기합니다. "하나님이 왜 못 먹게 한 줄 아니? 너희가 그것을 먹는 날에는 너희 눈이 밝아 하나님과 같이 되어 선악을 알 줄을 하나님이 아시기 때문이다" 하면서 유혹합니다 (창 3:1~5).

창세기 3장에서 인간을 타락시킨 사단은 지금도 동일한 원리와 동일한 방법으로 우리를 멸망시키려 합니다. 오늘날 인간관계를 파괴하는 것이 있다면 무엇입니까? 거짓말입니다. 속아 보셨습니까? 얼마나 기분 나쁩니까? 하나님과 우리 관계를 파괴하는 것이 무엇입니까? 바로 거짓말입니다.

거짓말! 성경은 그것을 심각하게 다룹니다. 우리는 거짓말을 늘 습관적으로, 또는 미덕으로 하는 문화 속에서 자라났습니다. 이렇게 잘못된 우리의 문화를 하나님의 말씀으로 교정하기 원합니다. 거짓말을 하지 맙시다.

어떤 목사님이 하루는 심방을 갔습니다. "엄마, 누가 왔어" 하며 현관을 들어 섭니다. 누구냐고 물으니 거지가 돈을 얻으러 왔다는 겁니다. 목사님이 계신 것도 잊고 그 엄마는 그만 습관상 "가서 엄마 없다 그래" 합니다. 이 아이가 쫓아 나가더니 "우리 엄마가요, 엄마 없다 그러래요." 목사 앞에서 이 무슨 망신입니까? 실화입니다.

오늘 우리 사회는 거짓말이 판을 치고 있습니다. 이 사회를 이대로 두면 다 멸망하고 말 것입니다. 사람을 서로 신뢰할 수 없고, 사람의 말을 신뢰할 수 없습니다. 정치가를 신뢰하지 못하고, 상관을 신뢰하지 못

합니다. 학생이 선생을 신뢰하지 못합니다. 부부가 서로 신뢰하지 못하고, 부모가 자식을 믿지 못합니다. 이런 세대라면 결국 멸망밖에 무엇이 오겠습니까? 이 사회를 누가 건지겠습니까? 서로 거짓말을 그만둡시다. '거짓말을 말자!' 마음속에 심으십시오. 저도 이 한국이라는 사회에서 거짓말하지 않고 산다는 것이 얼마나 어려운 일인지 압니다. 그러나 하나님이 함께하셔서 우리 사회를 변화시켜 주실 줄 믿습니다.

## 하나님을 만홀히 여기는 죄악

\*

마지막 세 번째, 이 사건을 통해서 지적하신 교훈은 하나님을 만홀히 여긴 죄악입니다.

사실 이들의 죄악은 한편 생각하면 참 어처구니가 없습니다. 재물의 일부를 감추었습니다. 그런데 그들이 누구 것을 감추었습니까? 남의 것 감추었습니까? 아닙니다. 자기 것을 감추었습니다. 자기 것 감추었는데 죽었습니다. 이것이 이해됩니까? 도둑질 치고는 참 이상한 도둑질이지 않습니까? 자기 것을 감추었다 말입니다. 그런데 이것이 왜 문제가 되는가? 오늘 하나님의 지적을 우리 한번 잘 살펴봅시다. 자기 것을 감춘 것 자체는 문제가 아닙니다. 여기에는 큰 문제가 걸려 있다고 하나님은 베드로를 통해 말씀해 주십니다.

> 베드로가 가로되 아나니아야 어찌하여 사단이 네 마음에 가득하여 네가 성령을 속이고 땅 값 얼마를 감추었느냐 (행 5:3)

마음에 무엇이 가득하여 거짓말한 것입니까? 사단입니다. 그리고 누구를 속였습니까? '성령을 속이고', 베드로에게 거짓말을 했는데 왜 베드로는 성령을 속였다고 이야기합니까? 4절을 보십시오.

> 땅이 그대로 있을 때에는 네 땅이 아니며 판 후에도 네 임의로 할 수가 없더냐 어찌하여 이 일을 네 마음에 두었느냐 사람에게 거짓말한 것이 아니요 하나님께로다 (행 5:4)

베드로의 말씀이 얼마나 합당합니까? "아나니아야, 네 땅이 네게 그대로 있을 때에는 그게 네 땅이 아니더냐?" 그다음 또 하는 말이 무엇입니까? "그 땅을 판 후에도 다 네 마음대로 할 수 없더냐? 그런데 왜 네 물건 가지고 그 큰 죄를 지었느냐?" 내 물질 가지고 죄지을 수 있다는 말씀입니다. 이것을 알아야 합니다.

우리는 내가 10분의 1을 바쳤느냐, 안 바쳤느냐? 그것을 중요하게 보지만 하나님은 그렇지 않습니다. 우리의 태도를 보십니다. 우리는 언제나 헌금의 액수를 봅니다. 그러나 하나님은 중심을 보십니다. 문제는 우리가 헌금을 잘못 해석했을 때 그것이 우리의 목숨을 앗아갈 정도로 중요한 죄악이 될 수 있다는 것입니다. 어떤 태도로 하나님 앞에 헌금했을 때입니까? 하나님을 속이려고 할 때입니다. 하나님을 만홀히 여길 때입니다.

'목사님만 속이면 되지, 집사님만 속이면 되지' 그렇게 생각하는 순간 그 마음을 먹는 순간 하나님은 우리에게 만홀히 여김을 받으시게 됩니다.

십계명 가운데 제3계명을 기억하십니까? '여호와의 이름을 망령되이 일컫지 말라.' 이것이 바로 하나님의 이름을 만홀히 여기는 것입니다. 이것이 바로 아나니아의 심각한 죄악이었습니다. 그들은 하나님을 알면서도 하나님을 하나님 되게 섬기지 않았습니다. 자신의 명예를 유지하는 데 급급해서 하나님의 이름을 망령되이 여겼습니다.

오늘 그리스도인들에게 하나님은 귀머거리입니다. 오늘 신자들에게 하나님은 소경입니다. 저기 먼 하늘에 계셔서 아무것도 모르시는 분이십니다. 아무 능력도 없는 분이십니다. 우리가 어떻게 살든, 죄를 짓든 말든, 하나님의 이름을 무시하든 존중하든 아무 반응도 하지 않는 하나님이십니다. 그래서 한 신학자는 말하기를 그 하나님을 '죽은 하나님'이라고 했습니다. 사신(死神)인 것입니다.

하나님은 살아 계신 분입니까? 우리의 모든 생각과 행동을 정말 감찰하시는 분입니까? 하나님은 정말 우리에게 거룩하신 하나님이십니까? 하나님은 구약에서 자신의 거룩을 얼마나 엄중하게 보여 주셨습니까?

웃사의 사건을 아시죠? 하나님의 궤를 새 수레에 싣고 아비나답의 집에서 나옵니다. 그런데 기돈의 타작 마당에 이르자 소들이 펄쩍펄쩍 뜁니다. 하나님의 궤가 떨어지려고 하니까 웃사가 손을 펴서 그 궤를 붙들었습니다. 하나님께서는 웃사가 손을 펴서 궤를 붙듦을 인하여 진노하셔서 웃사를 치셨습니다. 그가 거기 하나님 앞에서 죽었습니다 (대상 13:9, 10).

이게 어찌 된 일입니까? 혼돈되지 않습니까? 하나님의 궤가 떨어지려고 해서 웃사가 도와주려 했던 것뿐입니다. 그런데 왜 하나님은 웃사를 죽이셨습니까? 거기에는 하나님의 거룩의 문제가 걸려 있기 때문입니다. 우리는 중요하지 않다고 생각하는 문제지만, 하나님께서 아주 중요하게 생각하는 이슈가 거기 연결되는 것입니다.

하나님은 선포하셨습니다. "이 법궤는 나를 대표하니 아무나 만질 수 없다. 제사장들만 만질 수 있다." 이 거룩! 성전을 만드시고, "성전 가운데 지성소에는 아무나 들어올 수 없다. 대제사장만 1년에 한 번 속죄일에만 들어올 수 있다." 대제사장도 자기의 죄를 다 속죄하고 들어와야 합니다. 그렇지 않으면 하나님은 가차 없이 그 대제사장을 죽이셨습니다. 그래서 대제사장이 지성소 안에 들어갈 때 끌리는 옷을 입고 그 끝에는 방울을 달았습니다. 그리고 제사장의 발목에 줄을 매달아 놓습니다. 방울소리가 오랫동안 안 납니다. 그러면 '아, 하나님이 제사장을 죽이셨구나.' 생각하여 백성들이 줄을 당겨 죽은 제사장을 끌어냅니다.

왜 그렇게 하셨습니까? 하나님이 거룩하신 분이라는 것입니다. 하나님을 하나님 되게 섬기라는 것입니다. 그분은 너무너무 거룩하신 분이시라는 것입니다. 하나님은 만홀히 여기심을 받을 분이 아니라는 것입니다. 주님은 그래서 우리에게 가르쳐 주신 기도 첫 번째 내용에서 "하늘에 계신 우리 아버지여, 이름이 거룩히 여김을 받으시오며" 이렇게 가르쳐 주셨습니다.

예수님은 또 심판 날에 대해 한 가지 진리를 말씀해 주셨습니다 (마 25:31~46). 심판 날에 하나님이 우리를 양과 염소로 다 나눌 것입니다. 그날 예수님이 이렇게 말씀하십니다.

"양들아, 너희들은 내 아버지께 복 받을지어다. 나아와 창세로부터 너희를 위하여 예비된 나라를 상속하라. 너희들은 내가 주릴 때에 너희가 먹을 것을 주었고, 목마를 때에 마시게 하였고, 나그네 되었을 때에 영접하였고, 벗었을 때에 옷을 입혔고, 병들었을 때에 돌아보았고, 옥에 갇혔을 때에 와서 보았느니라."

"아, 예수님, 우리는 예수님 만난 적도 없는데요?"

예수님이 하시는 말씀이 "너희가 여기 내 형제 중에 지극히 작은 자 하나에게 한 것이 곧 내게 한 것이니라."

또 염소들을 향해 진노하시면서 이들을 밖에 내어 쫓으라 말씀하십니다.

"저주를 받은 자들아, 나를 떠나 마귀와 그 사자들을 위하여 예비된 영영한 불에 들어가라. 너희는 내가 주릴 때에 너희가 먹을 것을 주지 아니하였고, 목마를 때에 마시게 하지 아니하였고, 나그네 되었을 때에 영접하지 아니하였고, 벗었을 때에 옷 입히지 아니하였고, 병들었을 때와 옥에 갇혔을 때에 돌아보지 아니하였느니라."

"예수님, 우리가 예수님을 만난 적도 없는데요?"

"이 지극히 작은 자 하나에게 하지 아니한 것이 곧 내게 하지 아니한 것이니라."

무슨 말씀입니까? 우리가 형제에게 거짓말할 때, 자녀에게 거짓말하고, 부모에게 거짓말하고, 이 땅에서 편법을 행하며 남을 속이며 살 때에 그것은 그 사람만을 속이는 문제로 끝나지 않는다는 말씀입니다. 적어도 우리 그리스도인들에게 있어서는 그렇습니다. 나는 그 사람에게 거짓말을 하였지만, 하나님은 '나에게 거짓말했다.' 평가하십니다.

아나니아와 삽비라가 베드로를 속였지만, 베드로는 선포합니다. "사람에게 거짓말 한 것이 아니요 하나님께로다." 즉 성령을 속이고, 하나님께 대하여 거짓말했다는 것입니다. 그래서 곧 그의 영혼이 떠나갔습니다.

우리는 어떻습니까? 혹시 가면을 쓰고 살아가고 있지는 않습니까? 그토록 사람의 칭송을 받고 있지만, 은밀한 죄악을 마음에 품고 있지는 않은가요? 교회에서 겉으로는 헌신하지만, 속으로는 썩어 문드러져 가고 있는 것은 아닙니까? 겉으로 많은 헌금을 하고 있지만, 얼마를 감추고 있는 것은 아닙니까? 정말 온전한 10분의 1, 십일조를 하나님 앞에 드리고 있습니까? 그토록 착실하지만, 속으로는 하나님을 속이며 날마다 그럭저럭 살아가고 있지는 않습니까? 이 모든 것에 대한 대답은 아무도 해 줄 수가 없습니다. 그 대답은 나 자신이 갖고 있습니다. 나 자신은 알 테니까요. 그리고 무엇보다도 하나님께서 아십니다.

아나니아와 삽비라 부부의 비극이 부부가 똑같았다는 데 있었다고 생각합니다. 이들 부부 가운데 한 사람만이라도 나았더라면 그를 말렸을 것입니다. 그런데 둘이 똑같았습니다. 이 모든 위선의 탈을 벗어 던져 버리는 일에 서로를 도웁시다. 내 명예를 내려놓읍시다. 거짓을 버립시다. 하나님을 만홀히 여기는 것을 버립시다.

이후에 예루살렘 교회에 큰 부흥이 일어난 것을 볼 수 있습니다. 하나님이 왜 징계를 하셨습니까? 하나님이 우리 안의 죄악을 왜 제거하시기를 원하십니까? 우리를 징계하심이 목적이 아니요, 우리를 부흥케 하심이 목적입니다. 예루살렘 교회가 이들의 죽음으로 말미암아 큰 부흥을 체험했듯이 우리 영혼에도 부흥이 다가올 것입니다. 나아가 우리 사회와 우리 교회가 하나님의 은혜를 받는 위대한 교회가 될 것입니다. 이것은 우리 안에 있는 위선의 탈을 하나님의 도움으로 끊을 때 가능합니다.

하나님은 우리에게 어떤 분이십니까? 처음에 우리가 예수를 만났습니다. 하나님을 따르겠다고 결심했습니다. 그러나 어느 사이 나도 모르게 사람의 눈을 의식하지는 않았습니까? 하나님을 만홀히 여기며, 하나님을 저 하늘에 계신 분으로 막연히 여기지는 않았습니까? 그래서 나 혼자 속임수를 쓰며, 내 인생을 내 마음대로 계획하며 살지는 않았습니까? 하나님은 아나니아를 엄하게 다루셨습니다. 오늘 우리를 남겨 두신 이유는 그 죄가 아나니아보다 경(輕)해서가 아닙니다. 오직 은혜로 우리를 남겨 두신 것입니다. 하나님께서 우리 마음속에 있는 탈을 발견하신다면 우리도 동일하게 아나니아와 같이 징계하실 것입니다. 하나님의 징계를 받기 전에 돌이켜야 하지 않겠습니까? 위선의 탈을 벗으십시오. 잘못된 탈을 벗으십시오. 하나님을 하나님 되게 높이십시오.

# 16

## :: 그리스도인의 위상 ::

사도행전 1 | 제 16 장

# 그리스도인의 위상

사도들의 손으로 민간에 표적과 기사가 많이 되매 믿는 사람이 다 마음을 같이하여 솔로몬 행각에 모이고 그 나머지는 감히 그들과 상종하는 사람이 없으나 백성이 칭송하더라 믿고 주께로 나오는 자가 더 많으니 남녀의 큰 무리더라 심지어 병든 사람을 메고 거리에 나가 침대와 요 위에 뉘우고 베드로가 지날 때에 혹 그 그림자라도 뉘게 덮일까 바라고 예루살렘 근읍 허다한 사람들도 모여 병든 사람과 더러운 귀신에게 괴로움 받는 사람을 데리고 와서 다 나음을 얻으니라 대제사장과 그와 함께 있는 사람 즉 사두개인의 당파가 다 마음에 시기가 가득하여 일어나서 사도들을 잡아다가 옥에 가두었더니 주의 사자가 밤에 옥문을 열고 끌어내어 가로되 가서 성전에 서서 이 생명의 말씀을 다 백성에게 말하라 하매 저희가 듣고 새벽에 성전에 들어가서 가르치더니 대제사장과 그와 함께 있는 사람들이 와서 공회와 이스라엘 족속의 원로들을 다 모으고 사람을 옥에 보내어 사도들을 잡아오라 하니 관속들이 가서 옥에서 사도들을 보지 못하고 돌아와 말하여 가로되 우리가 보니 옥은 든든하게 잠기고 지킨 사람들이 문에 섰으되 문을 열고 본즉 그 안에는 한 사람도 없더이다 하니 성전 맡은 자와 제사장들이 이 말을 듣고 의혹하여 이 일이 어찌 될까 하더니 사람이 와서 고하되 보소서 옥에 가두었던 사람들이 성전에 서서 백성을 가르치더이다 하니 성전 맡은 자가 관속들과 같이 가서 저희를 잡아 왔으나 강제로 못함은 백성들이 돌로 칠까 두려워함이러라 저희를 끌어다가 공회 앞에 세우니 대제사장이 물어 가로되 우리가 이 이름으로 사람을 가르치지 말라고 엄금하였으되 너희가 너희 교를 예루살렘에 가득하게 하니 이 사람의 피를 우리에게로 돌리고자 함이로다 베드로와 사도들이 대답하여 가로되 사람보다 하나님을 순종하는 것이 마땅하니라 너희가 나무에 달아 죽인 예수를 우리 조상의 하나님이 살리시고 이스라엘로 회개케 하사 죄 사함을 얻게 하시려고 그를 오른손으로 높이사 임금과 구주를 삼으셨느니라 우리는 이 일에 증인이요 하나님이 자기를 순종하는 사람들에게 주신 성령도 그러하니라 하더라                                      행 5:12~32

\*주일이 되면 항상 신기한 것이 있습니다. 기도의 능력이 얼마나 놀라운지 말입니다. 기도하기 전에는 뒷자리가 언제나 비어 있는데, 기도를 마치고 제가 강단에 올라와 보면 어느새 꽉 차 있습니다. 기도로 말미암아 뻥튀기가 되나 봅니다. 참으로 놀라운 일이 아닐 수 없습니다.

우리가 예배에 지각하는 것을 이렇게 재미있게 웃으며 이야기하는 것 좋습니다. 그러나 주일에는 한 사람도 뻥튀기된 사람들이 없기를 바랍니다. 우리 예배만큼은 뻥튀기 인생이 아니기를 진심으로 바랍니다.

우리가 하나님 앞에 예배드리러 가는데 혹 늦는 것은 있을 수 있습니다. 제가 마음 아픈 것은 늘 늦는 분들이 계속 늦는다는 데 있습니다. 10분을 더 일찍 일어나서 마음을 준비하고 와서 예배드려 보십시오. 똑같은 찬송, 똑같은 기도, 똑같은 설교지만 다르게 들릴 것입니다. 준비되지 않은 예배, 허겁지겁 드리는 예배는 하나님께서 받으시지 않습니다. 그것은 우리의 종교 생활일 뿐입니다.

예수 믿는다는 것은 무엇일까요? 우리가 예수 믿는다는 것을 정의하기가 참 쉽지 않습니다. 그러나 우리가 예수 믿는 것을 한마디로 이야기할 수 있다면 그것은 아마도 변화일 것입니다. 그래서 예수님께서 이 땅 위에 오셔서 가장 첫 번째 행하신 표적은 물을 포도주로 만드신 표적입니다. 그 당시 이스라엘 백성들은 물이 나빠서 늘 포도주를 물 대신 즐겨 먹었습니다. 아무 맛도 없는 물이 굉장히 맛있는 포도주가 되었습니다. 이것이 얼마나 큰 변화입니까? 정말 엄청난 변화입니다.

에베소서 2장에 보면 우리가 예수 믿는 것을 한마디로 이야기해 주고 있습니다. 어느 정도의 변화가 우리에게 일어났는가? "죽었던 너희를 살리셨도다." 얼마나 놀라운 변화입니까? 암환자가 나아도 그것은 굉장한 일입니다. 그런데 죽었던 사람이, 죽었던 우리의 자녀가 살아났다고 생각해 보십시오. 놀랍지 않습니까? 감격하지 않을 수 있습니까? 예수 믿는다는 것은 바로 우리에게 이러한 변화가 일어난 것이라고 성경은 가르쳐 줍니다.

그러나 오늘의 문제는 무엇입니까? 과연 오늘을 사는 우리 그리스도인들에게 이러한 변화의 징후가 있는가 하는 것입니다. 다른 말로 표현해서 믿지 않는 사람들이 과연 우리 믿는 사람들에게서 어떤 변화를 감지하고 있습니까? 좀 더 구체적으로 말씀드려 보겠습니다. 혹시 여러분의 남편이 믿지 않는다면, "아, 우리 집사람이 교회 나가더니 달라졌어"라는 말을 남편으로부터 듣고 있습니까? 예수님을 마음에 영접하고 난 이후부터 남편 되시는 분이 우리에게서 어떤 변화를 느끼고 있는가 하는 것입니다.

예수 믿고 난 이후부터 직장 상사와 직장 동료들이 우리에게서 변화를 감지하고 있습니까? 그렇다면 우리는 그리스도인이입니다. 그러나 만일 우리에게 이러한 변화가 없다면 '혹시 껍데기만 있는 신앙은 아닌가? 나는 그리스도인이라고 하지만, 하나님 입장에서 볼 때 전혀 구원받지 못한, 가치관이 여전히 바뀌지 않은 그저 종교인 가운데 한 사람이 아닌가?' 우리의 믿음을 다시 한 번 생각해 보아야 합니다.

'믿는 자' 그러면 믿지 않는 자들과 뭔가 달랐습니다. 즉 그들은 구원받은 자로서, 하나님의 자녀 된 자로서 그 위상을 잃지 않았습니다. 초대 교회 시절 예루살렘 교회로 말미암아 그 도시가 떠들썩했습니다. '예수 믿는 사람' 그러면 그들의 위상이 얼마나 하늘을 치솟았는지요?

로마 시대 때는 예수 믿는 사람들을 핍박했습니다. 그러나 그리스도인들은 핍박받을지언정 그들의 위상을 전혀 잃지 않았습니다. 로마 역사를 살펴보면 그들의 자녀를 결혼시킬 때에는 배우자를 그리스도인들 가운데서 찾았다고 합니다. 로마 고관들이 그리스도인들을 잡아다가 감옥에 넣고 핍박하면서도 말입니다. 왜 그렇습니까? 그 당시 로마 사회는 지극히 타락했기 때문입니다. 남자들은 음탕했습니다. 여자들도 음탕했습니다. 서로 믿지 못해서 도무지 딸을 시집보낼 수가 없는 것입니다. 그러나 그리스도인들은 그렇지 않다는 것을 로마 고관들은 알고 있었습니다. 그들은 재산이 없을지 모릅니다. 비록 핍박받는 한 무리의 종교 단체일지는 모릅니다. 그렇지만 그리스도인들에게는 어떠한 위상이 있었습니다. 이것이 기독교가 이렇게 급속도로 전파된 이유 가운데 하나입니다. 다시 말해서 초대 교회 그리스도인들은 자기 나름대로의 독특성을 가지고 그 사회를 암암리에 이끌어 가고 있었던 것입니다.

그렇다면 오늘날 우리의 모습은 어떻습니까? 교회 바깥의 사람들이 과연 우리들을 향해서 어떤 독특성이나 위상을 어느 정도 인정해 준다고 생각하십니까? 아니 더 좁혀 들어가서 당신은 어떻습니까? 가정에서, 직장에서 어떻습니까? 친구들에게서, 친척들에게서, 믿지 않는 그들로부터 어떤 위상을 얻고 계십니까? 하나님께서 주신 이 엄청난 변화! 하나님이 인간의 몸을 입으시고 자신의 몸을 갈보리 십자가에서 다 찢기면서까지 우리를 변화시켜 주신 이 놀라운 신분의 변화! 오늘날 그리스도인들이 이 위상을 다시 한 번 회복해야 할 때입니다.

그렇다면 우리가 이 위대한 위상을 어떻게 회복할 수 있겠는가?

## 하나님의 능력을 나타내는 삶

*

먼저 우리는 그리스도인의 위상을 회복하기 위해 하나님의 능력을 나타내 보이며 살아야 합니다. 굉장히 중요한 말씀입니다. 굉장한 능력이 나타납니다.

> 심지어 병든 사람을 메고 거리에 나가 침대와 요 위에 뉘이고 베드로가 지날 때에 혹 그 그림자라도 뉘게 덮일까 바라고 (행 5:15)

얼마나 사도들의 능력이 나타났습니까? 그리스도인들의 위상이 얼마나 대단한지 베드로만 만나면 모든 병자들이 다 낫고, 앉은뱅이가 일어납니다. 그런데 베드로 한번 만나기가 너무나 어렵습니다. 그래서 길가에 그 병자를 메고 와서 눕혀 놓고 베드로가 지나갈 때 손은 고사하고 그림자라도 덮였으면 낫겠다고 생각하여 그렇게 줄을 선 사람들이 많았다는 것입니다.

이 말씀을 좀 더 강의하기를 원합니다. 왜냐하면 이 말씀은 수많은 오해를 불러일으켜서 우리의 믿음을 잘못된 방향으로 인도하는 구절이기 때문입니다. 혹시 이런 질문을 해 보셨습니까?

> 심지어 사람들이 바울의 몸에서 손수건이나 앞치마를 가져다가 병든 사람에게 얹으면 그 병이 떠나고 악귀도 나가더라 (행 19:12)

사도 바울의 몸에서 손수건이나 앞치마를 가져다가 병자가 나았다면 오늘은 왜 이런 이적이 일어나지 않을까요? 왜 그 절반의 능력도 없는가? 그림자는 고사하고 안수를 열 번씩 해도 왜 감기 하나 못 떨어뜨리는가? 질문해 보셔야 합니다.

많은 사람들이 이것을 기도의 부족이라고 생각합니다. 그래서 기도하면 능력이 일어난다고 그와 관련된 성경 구절을 찾아서 대줍니다. 철야하며 기도합니다. 교회에서 기도하면 그러한 능력을 받지 못할까 봐 기도원에 갑니다. 그냥 기도하면 안 되니까 40일 금식 기도를 합니다. 2회, 3회 연거푸 합니다. 그래서 그런 능력을 가진 혹자들은 수많은 사람을 현혹하며 불러들입니다. 그러나 솔직히 그 기도원에 가 보십시오. 병이 나았다는 사람들을 다 보십시오. 전부 나은 병은 위장병이요, 속병입니다. 앉은뱅이가 일어나는 것은 못 봤습니다.

우리 교회도 지나 온 역사를 보면 능력 있다는 많은 부흥사가 이미 다녀가셨습니다. 그러나 그분들이 오늘 저기에 앉아 계신 우리 이집사님의 눈을 뜨게 하지는 못했습니다. 그 아무도 이 집사님의 눈을 보게 하지는 못했습니다. 이 집사님의 믿음이 부족해서일까요? 아니요! 초대 교회 보면 그 당사자의 믿음에 관계없이 앉은뱅이가 일어났고, 소경이 눈을 떴다고 성경은 분명 이야기합니다.

그렇다면 우리들에게는 왜 이런 능력이 일어나지 않을까요? 성경을 좀 더 자세히 봅시다. 12절을 보면 아주 구체적으로 이야기합니다.

> 사도들의 손으로 민간에 표적과 기사가 많이 되매 믿는 사람이 다 마음을 같이하여 솔로몬 행각에 모이고 (행 5:12)

민간에 표적과 기사가 많이 일어났는데 누구의 손으로입니까? 분명히 '사도들의 손으로' 라고 나와 있습니다. 이 말씀이 너무 중요합니다. 그 당시에 믿는 자는 누구나 다 능력을 받았다고 이야기하지 않습니다. 분명히 성경은 이야기합니다. 사도들이 병을 고쳤다고, 사도들이 기적을 일으켰다고 말합니다.

이 사도는 특이한 사람들입니다. 하나님께서 그 사도들과 선지자들 터 위에 교회를 세우셨다 말씀하셨습니다. 하나님이 그 당시에 이 땅 위에 처음으로 교회를 세우기를 원하셨습니다. 그 교회를 세우는 주춧돌을 삼은 사람들이 바로 사도들입니다. 그래서 하나님이 교회를 처음 세울 때이기 때문에 사도들에게만 특별한 능력을 공급하셨던 것입니다. 그 능력이 이들의 그림자를 통해서라도 덮이기를 원했습니다. 손수건이나 앞치마만 갖다 대도 병이 나을 정도로 특별한 능력을 주신 것입니다. 그러므로 이것은 오늘날 우리가 본받고 답습해야 할 일이 아니라는 말씀입니다.

질문하실 분들이 많을 것입니다. "그러면 오늘날에는 병이 낫지 않는다는 이야기입니까? 기적이 안 일어난다는 이야기입니까?" 아니요! 제 이야기를 오해하지 마십시오. 저는 이적을 믿습니다. 저는 하나님께서 저의 집사람 암을 낫게 해 주신 것을 믿는 사람입니다. 우리 교회 배 성도님이 암을 이기고 지금 저렇게 멀쩡히 살아 있는 것은 의학적으로 설명될 수 없습니다. 우리가 이적을 믿습니다. 오늘도 하나님의 이적은 있습니다. 오늘도 치유는 있습니다. 하나님은 오늘도 병자를 고치십니다.

그럼, 무슨 이야기입니까? 제가 말하는 것은 병 고침은 있되 병 고치는 자는 없다는 것입니다. 하나님은 더 이상 그러한 사도들을 이 땅에 남겨 두지 않았다는 이야기입니다. 오늘날 사도들과 같이 병 고칠 수 있는 사람은 아무도 없습니다. 40일 금식 기도를 밥 먹듯이 해도 그런 일은 나타날 수 없습니다. 왜 그렇습니까? 사도가 더 이상 존재하지 않기 때문입니다.

그러면 우리는 어떻게 병을 고칠 것인가? 그냥 내가 기도하면 됩니다. 하나님 앞에 간절하게 기도할 때 하나님의 뜻이면 하나님께서 내 병을 고쳐 주실 것이요, 그렇지 않으면 저를 데려가실 것입니다. 그것은 하나님께서 하실 일입니다. 우리는 다만 믿음으로 기도할 뿐입니다.

12절에 보면 "사도들의 손으로 민간에 표적과 기사가 많이 되매"라고 나오는데, 그러면 '표적과 기사'란 무엇입니까?

참 재미있는 것이 있습니다. 복음서에 보면 '기사'라는 단어밖에 나오지 않습니다. 예수님께서 기적을 일으키시고 병자를 고치셨는데, 그것을 뭐라고 표현했느냐 하면 '기사'라고 그랬습니다. 그러니까 초자연적인 일입니다.

그런데 요한복음에 가면 똑같이 예수님께서 병을 고치시고 기적 일으키심을 보고 '표적'이라고 이야기합니다. 기사라고 이야기하지 않았습니다.

그리고 사도행전에 오면 '표적과 기사'가 같이 등장합니다. 왜 그럴까요? 표적은 무엇이고, 기사는 무엇입니까? 두 가지 사건이 다른 사건입니까? 아닙니다. 똑같이 병 고친 사건인데 성경이 그것을 다르게 부를 뿐입니다. 무슨 이야기인가 하면 예수님께서 이 땅에 오셔서 소경의 눈을 뜨게 하시고, 앉은뱅이를 일으키셨더니 사람들이 "야, 놀랍다! 저건 기사야. 초자연적인 능력이야!"

공관 복음서가 끝나 가면서 사도 요한이 그 말씀 가운데 이야기합니다. "너희들이 이 기사를 가지고 놀랄 것만이 아니라 이것을 표적으로 인식해야 한다." 표적이란 기사 자체가 중요한 것이 아니라 그 기적 뒤에 있는 하나님의 교훈이 중요하다는 이야기입니다.

그래서 사도행전은 기사가 따라오고 표적이 따라옵니다. 즉 믿는 모든 그리스도인들은 모든 기적, 하나님의 초자연적인 능력 그 자체만을 사모할 것이 아니라는 것입니다. 하나님이 그 기적을 왜 일으키셨는가? 하나님이 그 기사를 왜 우리 가정에 허락하셨는가? 왜 우리 교회에 허락하셨는가? 하나님의 말씀을 들을 줄 알아야 된다고 말씀합니다. 이것을 신학적인 용어로 계시적인 사건이라고 이름 붙였습니다. 사건 자체를 강조하기 위해서가 아니라, 이 사건을 통해서 하나님이 뭔가를 말씀하시려고 한다는 것입니다.

우리에게 주시고자 하는 그 교훈이 무엇이겠습니까? 도대체 그리스도인들은 어떤 위상을 가지고 살아가야 하는가? 우리는 어떤 모습으로 이 세상의 삶을 영위해야 한단 말입니까? 그 원리는 다름 아닙니다. 12절에서 16을 절을 읽어 보면 한 가지 굉장히 비슷한 것이 있습니다.

사도들의 손으로 민간에 표적과 기사가 많이 되매 믿는 사람이 다 마음을 같이하여 솔로몬 행각에 모이고 그 나머지는 감히 그들과 상종하는 사람이 없으나 백성이 칭송하더라 믿고 주께로 나오는 자가 더 많으니 남녀의 큰 무리더라 심지어 병든 사람을 메고 거리에 나가 침대와 요 위에 뉘이고 베드로가 지날 때에 혹 그 그림자라도 누게 덮일까 바라고 예루살렘 근읍 허다한 사람들도 모여 병든 사람과 더러운 귀신에게 괴로움 받는 사람을 데리고 와서 다 나음을 얻으니라
(행 5:12~16)

이 12절에서 16절을 읽어 보니 꼭 예수님이 살아 돌아오신 것 같습니다. 지금 사도들이 행한 기적은 예수님이 행했던 것과 너무나 똑같습니다. 예수님께서 그 방법으로 병을 고치셨고, 예수님이 그 모양으로 그들을 고치셨습니다. 그런데 사도들이 똑같이 예수님 흉내를 내고 있는 것 같습니다.

우리에게 주시고자 하는 메시지는 의외로 간단합니다. 우리가 어떻게 그리스도인의 위상을 가지고 이 세상을 전도할 수 있겠는가? 이 세상을 하나님의 영광을 위해 그들의 눈길을 하나님께로 이끌 수 있겠는가? 원리는 하나입니다. 하나님의 능력을 나타내야 합니다. 그 말씀은 다른 말씀이 아니라 살아 계신 예수 그리스도께서 우리의 삶을 통해 역사하시도록 해야 한다는 말씀입니다.

그리스도인의 삶이란 무엇인가? 과거에 죽었던 예수, '하나님은 저 하늘에 계시고, 나는 예배당에 있구나.' 이것이 아닙니다. 그건 예수 믿는 것이 아닙니다. 그러면 변화가 하나도 없습니다. 차라리 불교에 가면 얼마나 착한 사람들이 많습니까? 얼마나 도를 닦은 사람들이 많고, 물욕을 버린 사람들이 많습니까? 지금 이야기하는 것은 그런 것이 아닙니다. 우리는 지금 종교 생활을 하고 있는 것이 아니란 말씀입니다.

예수 믿는다는 것은 하나님의 능력이 부족한 나를 통해서 나타나야 합니다. 내가 말 한마디 할 때 내가 말하는 것이 아니고, 내 안에 부활

하신 예수께서 사셔서 내 혀를 다스리셔야 합니다. 화가 날 때 내뱉고 싶은 것이 있어도 참을 수 있어야 합니다. 행동 하나를 하더라도 예수님을 닮아야 합니다. 내 생각과 이론을 날마다 그리스도에게 복종시켜야 합니다. 무슨 말씀입니까? 그리스도인의 위상은 다른 데서 나오지 않습니다. 부활하신 예수 그리스도께서 내 마음에 살아 계셔서 나를 통하여 역사하시는 것입니다.

살아 계신 주 나의 소망! 우리는 살아 계신 예수를 믿는 사람들입니다. 하늘에 계신 예수님이 아닙니다. 돌아가신 예수님이 아닙니다. 예수님께서 우리의 삶 속에 살아나시게 함으로 그리스도인의 위상을 회복하시기를 바랍니다.

> 사도들을 잡아다가 옥에 가두었더니 주의 사자가 밤에 옥문을 열고 끌어내어 가로되 가서 성전에 서서 이 생명의 말씀을 다 백성에게 말하라 하매 (행 5:18)

참 놀라운 사실입니다. 사도들이 감옥에 들어왔습니다. 그런데 천사가 나타나서 그들이 감옥에서 기적적으로 풀려나게 했습니다. 그런데 놀라운 것은 이 감옥에서 풀려나온 사도 베드로가 마지막에는 어디서 죽었습니까? 감옥에서 죽었습니다. 왜 하나님께서 이때는 풀어주시고 저때는 안 풀어주셨을까요? 사도 바울도 감옥에서 한 번 풀려났었지만, 그가 마지막에는 감옥에서 죽었습니다. 그러면 우리는 늘 이렇게 생각합니다. '아, 그때는 사도 베드로와 사도 바울이 기도를 많이 했고, 마지막에는 기도를 소홀히 했구나.' 아닙니다.

감옥에서 생활하거나 감옥에서 풀려나거나, 내가 병이 나았거나 병이 낫지 않거나 그것이 상관없다는 말씀입니다. 중요한 것은 내가 감옥에 있든지 이 땅에 있든지, 내가 가난하든지 부하든지, 어느 환경에 처하든지 내가 처한 삶 속에서 예수 그리스도가 나를 통해 살아나시는가 하는 것입니다.

우리는 늘 기도로 승부하려고 합니다. 능력으로 승부하려고 합니다. '믿지 않는 자가 1년 사업에서 2,000만원 벌었다더라. 그런데 우리가 믿고 십일조를 바치고 기도했더니 6,000만원 벌었다. 할렐루야!' 간증합니다. 박수를 칩니다. 오늘 세상은 이런 그리스도인들을 보기를 원합니다.

그렇다면 병 걸려 죽는 그리스도인들은 무엇입니까? 사도 바울은 감옥에서 죽었는데요? 지금 성경이 그것을 이야기하는 것이 아니라는 겁니다. 환경이 중요한 것이 아닙니다. 우리의 환경을 바꾸는 게 중요한 것이 아닙니다. 우리는 때로 건강할 수도 있고, 병들 수도 있습니다. 그것이 중요한 게 아니라 내가 어떠한 환경에 살든지 살아 계신 예수님이 나를 도구 삼아 다시 현현하시는 것이 중요합니다.

지금 처한 환경이 어떻습니까?

때로 제가 "전도하십시오." 이야기합니다.

"목사님, 저를 위해 기도해 주세요. 구호금 타면서 제가 전도하니까 전도가 되겠습니까?"

그럼, 이 말은 부자가 되어야만 전도할 수 있다는 이야기입니까? 그럼, 부자에게 가 볼까요? 그가 전도했습니까? 아닙니다. 오늘 우리가 어떤 환경에 처했든지 그 환경 안에서, 다시 말씀드려 '그 환경 밖에서'가 아니라 '그 환경 안에서' 입니다. 하나님께서 우리에게 능력을 주시는 대로 사시기를 바랍니다. 하나님의 능력을 따라 사시기를 바랍니다. 초대 그리스도인들은 그러한 교인들이었습니다.

우리가 어떻게 그리스도인의 위상을 다시 회복할 수 있습니까? 어떤 환경에서든지 하나님의 능력을 나타내 보이며 살아야 합니다.

## 증거하는 삶

*

두 번째 가르쳐 주는 것은 증거의 삶을 살아야 한다고 말합니다. 복음을 증거하는 삶을 살아야 합니다. 도대체 복음을 전하는 것과 그리스도인의 위상을 높이는 것이 무슨 상관이 있을까요? 어렵게 철학적으로 이야기해서 모든 인생은 두 가지로 분류할 수 있습니다. 하나는 존재론적인 삶을 사는 사람이요, 하나는 목적론적인 삶을 사는 사람입니다. 우리 그리스도인들은 이 두 가지 가운데 후자에 속합니다. 당연히 목적론적인 삶을 사는 사람들입니다.

무슨 이야기입니까? 우리가 왜 사는가? 많은 사람들은 존재하기 위해서 삽니다. 내 존재를 위해 삽니다. 단순히 잘살고, 병 안 걸리고, 행복하고, 병이 걸렸다가도 금방 낫고, 그래서 오복을 다 누리는 이 땅의 존재! 그것을 목표로 사는 사람들이 많습니다. 오늘도 수많은 그리스도인들이 자신의 삶 자체가, 존재 자체를 목적으로 사는 사람들이 얼마나 많은지 모릅니다. 내가 목적입니다.

왜 기도하는가? 내 존재를 위해 기도합니다. 내 행복을 위해 기도합니다. 왜 헌금하는가? 내 축복을 위해서 헌금합니다. 그러나 성경은 그것을 가르치지 않습니다. 우리가 왜 살아야 하는가? 우리는 부름 받은 삶이라고 이야기합니다. 우리는 왜 사는가? 하나님의 부르심을 위해 살아간다고 성경은 이야기합니다. 하나님이 우리를 왜 구원하셨습니까? 왜 이 땅에 보내셨습니까? 이 땅에 더 넓은 아파트 짓게 하기 위해서입니까? 다른 사람들은 70년 사는데, 예수 믿고 100년 살기 위해서입니까? 아니요! 하나님이 우리를 구원하신 후에 천국에 바로 데려가지 않고 이 땅에 남겨 놓으신 이유를 우리는 이미 공부했습니다. 사도행전 1장 8절은 이렇게 이야기합니다.

> 오직 성령이 너희에게 임하시면 너희가 권능을 받고 예루살렘과 온 유대와 사마리아와 땅 끝까지 이르러 내 증인이 되리라 하시니라
> (행 1:8)

오직 성령이 우리에게 임하시면 우리가 권능을 받고 예루살렘과 온 유대와 사마리아와 땅 끝까지 이르러 예수님의 증인이 되는 것입니다. 이것이 우리 인생의 목표가 되어야 합니다. 내가 어떤 환경에 있든지, 사업을 하든지, 병들었든지, 감옥에 있든지, 어느 곳에 있든지 우리는 부름 받은 삶입니다. 무엇을 위해서입니까? 우리는 하늘나라를 이 땅에 전파하는 하나님의 대사라고 말씀하십니다. 우리의 모든 목적이 여기에 초점을 맞추어야 합니다. 병을 고쳤는가, 안 고쳤는가? 그것이 중요한 것이 아닙니다. 감옥에 갇혔는가, 안 갇혔는가? 그것이 중요한 게 아닙니다. 내가 감옥을 탈출했는가, 안 했는가? 그것이 중요하지 않습니다. 중요한 것은 증인 노릇을 했는가, 아니 했는가? 바로 이것이 중요합니다.

그 예로 14절을 보십시오.

> 믿고 주께로 나오는 자가 더 많으니 남녀의 큰 무리더라 (행 5:14)

무슨 이야기입니까? 사도들이 병을 고치니 증거가 일어났습니다. 그래서 믿고 주께로 나온 자가 큰 무리가 되어서 나왔습니다. '아, 그럼 병 고쳤는데 당연히 나와야지.' 그럴까요? 병 고쳤다고 다 믿을까요? 아니요! 예루살렘에는 여전히 믿지 않는 사람들이 더 많았습니다. 예수님이 그렇게 수많은 병자를 고쳤는데도, 그것을 보고도 믿지 않는 사람이 많았습니다. 문제는 그것이 아닙니다. 41절을 보니 놀라운 말씀이 있습니다.

> 저희가 날마다 성전에 있든지 집에 있든지 예수는 그리스도라 가르치기와 전도하기를 쉬지 아니하니라 (행 5:41, 42)

사실 이 논리가 이상하지 않습니까? '바리새인들이 시기하여 군사들을 보내어 그들을 잡으려고 보냈더라. 그 군사 중 하나가 베드로를 잡으려고 오른쪽 어깨에 손을 댈새 그 댄 손이 사정없이 부러지더라.'

이래야 스토리가 맞는 것 아닙니까? 사도들이 그저 손만 얹으면 병자가 나았습니다. 그들이 병 고칠 때에 믿는 무리가 주 앞으로 수없이 돌아왔습니다. 그런데 그 병 고치는 사도들이 다 감옥에 잡혀갔습니다. 그런데 놀라운 것은 그들이 그런 능욕을 받을 때에도, 감옥에 있을 때에도 전도가 계속되었다는 사실입니다.

사도 바울은 빌립보 감옥에서도 전도했습니다. 능욕받을 때에도 그들은 전도하기를 쉬지 않았다는 것입니다. 이 말씀을 잘 들으십시오. 우리가 왜 예수 믿는가? 병 고침을 받기 위해서 믿는 것이 아니라는 것입니다. 이 땅의 환경을 바꾸기 위해서 예수 믿는 것이 아니라는 것입니다. 오직 하나님이 우리을 구원하신 후 이 땅에 남겨 놓으신 단 하나의 목적은 하나님의 나라를 이 땅에 증거하기 위함입니다. 우리가 어떻게 그리스도인의 위상을 회복해야 합니까? 복음을 전파해야 합니다.

오늘 수많은 그리스도인들이 예배에 나옵니다. 새벽 기도에 나옵니다. 그러나 한국 교회가 잃어버린 것이 하나 있습니다. 예수 그리스도! 예수가 그리스도라는 이 기쁜 소식을 전파하는 자들이 없다는 것입니다. 오늘날 우리는 전도를 회복해야 합니다. 지금까지 살아 온 평생에 "교회 나오세요." 이 이야기 말고 한 영혼을 찾아가서 전도해 보신 적이 있습니까? '왜 예수를 믿어야 하는가? 당신의 죄 때문입니다. 당신의 죄를 위해서 돌아가셨습니다.' 성경을 보이며 설명해준 사람이 있습니까? 오늘 이것이 없기 때문에 그리스도인들은 위상을 잃어 갑니다.

무엇이 세상을 바꿉니까? 내가 바꿉니까? 내 착한 행실이 바꿉니까? 아니요! 복음만이 바꿀 수 있습니다. 무엇이 깨어져 가는 가정을 하나로 묶을 수 있을까요? 복음만이 합니다. 무엇이 죽어 가는 사람들을 구원할 수 있습니까? 복음만이 할 수 있습니다.

그래서 사도 바울은 "내가 복음을 부끄러워하지 아니하노니 이 복음은 모든 믿는 자에게 구원을 주시는 하나님의 능력이 됨이라"라고 했습니다(롬 1:16). 복음이 하나님의 능력임을 믿습니까? 복음이 세상을 구원할 줄 믿습니까? 복음이 깨어져 가는 우리 한국 가정들을 다시 일으켜 세우실 것을 믿는다면 그리스도의 증인이 되시기 바랍니다.

오래 전에 나온 한 책이 있습니다. '전도행전'이라는 제목의 이제명 집사님이 지은 책입니다. 사랑의 교회, 옥한흠 원로 목사님이 시무하시던 교회 집사입니다. 그가 누구를 전도했는가? 지존파 6명을 다 전도했습니다. 지존파가 누구입니까? 한때 이 세상을 떠들썩하게 했던 연쇄 살인 조직의 살인마들 아닙니까? 처음에 전도를 하자 그들이 발악했습니다. "예수를 믿느니 내 주먹을 믿으라. 나는 예수 믿을 수 없다." 특히 그 지존파의 두목 김기한은 악이 극에 달했던 사람입니다. 그러나 그 마지막 스토리를 아십니까? 그들이 사형장에서 한명 한명 교수대에 달리며 사라질 때 한 명도 빼놓지 않고 자신들의 죄를 다 자백했습니다.

특히 김기한은 마지막으로 하고 싶은 것이 이 땅에 교회를 세우고 싶다며 가지고 있던 전 재산을 교회에 헌납했습니다. 찬송가를 부르며 할렐루야를 외치며 죽었습니다. 지존파를 전도할 수 있다면 오늘 우리가 전도하지 못할 사람이 누구란 말입니까? 복음은 지존파뿐 아니라 고재봉 같은 살인마도 변화시켰습니다.

무엇이 이 사회를 변화시킵니까? 무엇이 당신의 남편을 변화시키고, 무엇이 당신의 자녀를 올바로 인도할 수 있단 말입니까? 복음뿐입니다. 우리가 이 복음을 증거하지 않기 때문에 교회는 하나의 종교 집단이 되어 버렸습니다. 내 능력으로 하려니까 하나님이 이 사회를 구원하시기 위해서 인간의 몸을 입으시고 이 땅에 오셨습니다. 갈보리 십자가 위에서 피 흘리면서까지 우리에게 복음을 심어 주신 것입니다. 우리 모두 이 복음을 증거함으로 잃었던 그리스도인의 위상을 회복합시다. 복음을 전합시다.

## 온전한 순종의 삶

*

마지막 세 번째, 가르쳐 주는 것은 온전한 순종의 삶입니다.

> 베드로와 사도들이 대답하여 가로되 사람보다 하나님을 순종하는 것
> 이 마땅하니라 (행 5:29)

여기에서 이 순종이라고 하는 헬라어 단어 '히파코네'(페이달케오)는 신약 성경에 네 번밖에 쓰이지 않았습니다. 순종이라는 단어가 신약 성경에 수백 번 쓰였지만, 이 단어는 네 번밖에 쓰이지 않았습니다. 절대적인 순종을 가리킵니다. 오늘날 한국 사회에 왜 그리스도인들의 위상이 땅에 떨어졌습니까? 순종이 없기 때문입니다.

사무엘이 사울을 찾아가서 이렇게 지적합니다. "순종이 제사보다 낫고 듣는 것이 숫양의 기름보다 나으니"(삼상 15:22), 무슨 말씀입니까? 순종 없이도 예배드릴 수 있다는 것입니다. 하나님 말씀을 순종함 없이도 헌금할 수 있다는 것입니다.

이 일이 오늘날 한국 교회에 벌어지고 있습니다. 예배 시간에는 꼬박꼬박 참석합니다. 그러나 가정에 들어가서, 사회에 나가서는 하나님의 말씀을 순종하지 않습니다. 교회에 와서는 찬양하지만 집에 가서는 욕을 쏟아 냅니다. 사회에 가서는 부정을 저지릅니다. 가난한 자들을 탄압합니다. 거리에 다니면서 싸우기는 일등입니다. 아파트에서는 악랄한 사람으로 소문났는데 교회에 가면 집사입니다. 그리스도인들의 위상이 다 떨어져 버렸습니다. 하나님은 이 죄를 끊어 버리라고 말씀하십니다. 그렇게 거짓말하면서 사업하지 말라고 하십니다. 깨끗하게 살라 하십니다. 올바른 말을 하라 하십니다. 오늘 우리가 이 위상을 어떻게 회복할 수 있는가? 하나님의 말씀에 철저한 순종만이 우리를 회복시켜 줍니다.

예배가 무엇입니까? 왜 예배에 참석하십니까? 정말 하나님 앞에 순종하기 위해서 참석하셨습니까? 그렇다면 우리가 다른 일에도 순종

해야 할 줄 믿습니다. 우리의 순종은 교회 안에서만 이루어질 것이 아니라, 우리의 가정에서도 이루어져야 합니다. 사회와 직장에서도 이루어져야 합니다. 만일 우리가 하나님 앞에 순종함이 없는 예배를 드리고 있다면 우리는 현대판 사울입니다. 사울의 말로를 아십니까? 그에게서 하나님의 성령이 떠나 버리고 그는 비참한 죽음을 맞이하였습니다.

세상은 오늘 우리를 보고 세상과 다른 점이 무엇이냐고 항의하고 있습니다.

"예수 믿으세요."

"예. 믿고 싶어요. 그러나 내가 예수 믿는다고 달라질 것이 무엇이 있겠습니까? 제가 보니까 당신도 뭐, 나와 별다른 게 없던데요?" 그러는 사이 그리스도인의 위상은 땅에 곤두박질하고 있습니다.

불신자 가정에서 당신의 위상을 회복하십시오. 어떤 환경에서든지 하나님의 능력을 나타내십시오. 구체적인 복음을 전하십시오. 그리고 하나님 앞에 절대적인 순종의 삶으로 직장에서, 사회에서 잃은 위상을 회복하십시오.

우리가 이 위상을 회복할 때에야말로 이 땅이 복음으로 충만해질 것입니다. 과연 주위의 사람들이 당신을 바라보고 다른 점을 인정하고 있습니까? 나도 언젠가는 이렇게 살고 싶다고, 이렇게 변화되고 싶다고, 당신의 삶을 통해서 복음을 읽고 있습니까?

하나님의 능력을 회복합시다. 우리의 우둔한 입을 열어 전파자로 살아갑시다. 증인으로 살아갑시다.